U0597432

PUHUA BOOKS

我们一起解决问题

物业管理实操从入门到精通

滕宝红◎主编

人民邮电出版社
北京

图书在版编目（CIP）数据

物业管理实操从入门到精通 / 滕宝红主编. -- 北京：人民邮电出版社，2019.1
ISBN 978-7-115-50128-8

Ⅰ. ①物… Ⅱ. ①滕… Ⅲ. ①物业管理—基本知识 Ⅳ. ①F293.347

中国版本图书馆CIP数据核字(2018)第260579号

内 容 提 要

物业经理是物业管理工作的主要负责人，提高物业经理的工作能力是提升物业服务水平的重要手段之一。

《物业管理实操从入门到精通》以图文结合的形式，把物业从业人员需要掌握的各项知识和技能分解到365天当中，形成了365个知识点。物业从业人员可以每天学习一个知识点，并将其应用到实际工作中。本书内容涉及智慧物业管理，物业接管验收管理，物业安全管理，客户服务管理，消防安全管理，物业收费管理，业主入伙及装修管理，人力资源管理，突发事件处理，房屋及设施设备管理，保洁、绿化及外包管理，物业经营管理，物业风险管理，社区文化管理，创优达标管理，物业投标管理等多个方面，可以有效地帮助物业经理提高工作能力和工作效率，增强物业管理团队的战斗力，打造业主认可的物业服务团队。

本书适合物业从业人员阅读，也可作为高等院校相关专业师生的参考读物。

◆ 主　　编　滕宝红
　责任编辑　刘　盈
　责任印制　焦志炜

◆ 人民邮电出版社出版发行　　北京市丰台区成寿寺路11号
　邮编 100164　　电子邮件 315@ptpress.com.cn
　网址 http://www.ptpress.com.cn
　固安县铭成印刷有限公司印刷

◆ 开本：800×1000 1/16
　印张：20　　　　2019年1月第1版
　字数：400千字　　2025年5月河北第39次印刷

定　价：69.00元

读者服务热线：（010）81055656　印装质量热线：（010）81055316
反盗版热线：（010）81055315

前言

物业公司属于服务型企业，它接受业主的委托，并依照有关法律法规对特定区域内的物业实行专业化管理。作为物业公司的主要负责人，物业经理只有充分掌握物业管理的各方面知识和各项技能，才能带领各部门人员做好物业管理工作。

本书内容分为三个部分。

（1）第一部分“岗位职责”主要介绍了物业经理的岗位职责，具体包括物业公司的职责权限以及物业经理的职责要求和工作内容。

（2）第二部分“管理技能”介绍了物业从业人员需要掌握的各项管理技能，如制订工作计划、汇报与下达指示、进行有效授权等。这部分内容特别强调了物业经理应积极进行形象自检，保持良好的个人形象，同时要经常自我反思，以便不断取得进步。

（3）第三部分“专业技能”重点介绍了物业从业人员在日常工作中需要掌握的各项实际操作技能，这部分内容是本书的重点，涵盖了智慧物业管理，物业接管验收管理，物业安全管理，客户服务管理，消防安全管理，物业收费管理，业主入伙及装修管理，人力资源管理，突发事件处理，房屋及设施设备管理，保洁、绿化及其外包管理，物业经营管理，物业风险管理，社区文化管理，创优达标管理，物业投标管理等。

通过对本书的认真学习，物业从业人员可以全面地掌握物业管理的各项技能，更好地开展物业管理工作。

本书具有以下五个特点。

（1）模块清晰。全书分为三大部分，即岗位职责、管理技能和专业技能。通过学习岗位职责部分，物业从业人员可以了解物业公司的职责权限和工作内容；通过学习管理技能部分，物业从业人员可以掌握工作中需要用到的各项管理技能；通过学习专业技能部分，物业从业人员可以学到本岗位的各项专业技能。

（2）365天，每天一个知识点。本书的最大亮点就是把物业从业人员需要掌握的知识和技能分解到365天当中，形成了365个知识点。物业从业人员可以每天学习一个知识点，并将其应用到实际工作中，直至彻底掌握所有知识点。

（3）精心设计了生动、活泼的对话。本书每一章的前面都设计了一段资深物业经理A经理与刚上任的物业经理Q先生的对话，这些对话十分生动、活泼，并简要归纳了每一章的知识要点。

（4）提供了大量图表。本书提供了大量的图表，以最直观的形式展示相关知识点，便于读者阅读和学习。此外，书中还设置了“经典范本”“实用案例”等栏目，对相关知识点进行了丰富和拓展，为读者提供了有价值的信息。

（5）实操性强。由于现代人工作节奏快、学习时间有限，本书尽量做到去理论化、注重实操性，以精确、简洁的方式介绍知识点，尽量满足读者希望快速掌握物业管理技能的需求。

本书不仅可以作为物业从业人员自我充电、自我提升的学习手册和日常管理工作的“小百科”，还可以作为相关培训机构开展岗位培训、团队学习的参考资料。

本书由浙江智盛文化传媒有限公司、深圳市中经智库文化传播有限公司策划，由知名管理实战专家滕宝红主持编写。

由于编者水平有限，加之时间仓促，书中难免会出现疏漏与缺憾之处，敬请读者批评指正。

目 录

第一部分 岗位职责

物业从业人员要想有效地开展工作，首先必须了解物业公司的组织架构、工作职责以及日常工作流程。物业从业人员要明确一年的工作安排，这也是其岗位职责的一部分。

物业经理岗位须知主要包含两方面的内容，即岗位要求和工作内容。岗位要求是对物业经理的任职提出的各种要求，只有达到这些要求，物业经理才能胜任这一职位；工作内容是物业经理主要的工作事项，这也是物业经理必须了解和掌握的。

第二部分 管理技能

物业经理在日常管理工作中需要用到一系列基本管理技能，如制订工作计划、进行有效授权、日常沟通管理等。物业经理只有掌握这些基本管理技能，才能高效地开展工作。

物业从业人员除了要掌握基本管理技能，还要做好自我管理。自我管理主要包括两个方面，即个人形象自检和自我反思。通过形象自检，使物业经理能保持良好的个人形象；而通过自我反思，物业经理可以及时发现自身的不足，及早做出改进，取得更大进步。

第三部分　专业技能

随着互联网、物联网、大数据、云计算等技术的发展及其在物业管理领域的普及，很多物业公司都在改变传统服务模式，积极转型升级。降低物业服务成本，改善物业服务成本结构，改变业主生活体验，引领社区生活方式的转变。物业公司应综合本地的服务优势，围绕广大业主的需求，提供丰富的物业服务和其他增值服务，让业主足不出户便可享受到高度人性化、便捷化的服务。

物业接管验收是指物业公司接交房地产开发商或业主委员会委托管理的新建成或原有物业时，以物业主体的结构安全和使用功能为主要内容的再检验。在完成接管验收后，整个物业就移交给物业公司进行管理了。

物业安全管理是物业公司为了防止盗窃、破坏、灾害、事故等的发生而对所管物业进行的一系列管理活动，其目的是保障物业公司所管物业区域内的人身、财产安全，维护业主的正常生活和工作秩序。

为小区业主提供特约、代办、维修等服务是物业公司日常工作的一部分，物业经理要带领公司所有员工做好服务工作，为业主提供更多便利，使业主与物业公司之间的关系更为融洽。

第九章 消防安全管理

消防管理是物业从业人员的重要工作之一，一旦发生消防事件，就会给业主带来重大损失，同时也会给物业公司的财产和声誉造成重大影响。

第十章 物业收费管理

物业管理是一种有偿服务。如果业主有意或无意地拖欠物业管理费，会使物业公司难以正常运营。物业经理必须做好物业管理费的收取工作，既要为公司收取全部应收物业管理费，同时也要避免与业主产生冲突。

第十一章 业主入伙及装修管理……180

业主入伙及装修管理是物业管理的常规内容。小区总会有业主搬进搬出，有些新业主想对房屋进行装修，因此，物业从业人员要督促相关人员做好管理工作，确保不出现任何纰漏。

第十二章 人力资源管理……191

物业管理工作需要物业公司全体员工携手完成。为了使所有员工都能够出色地完成工作，物业从业人员必须做好人力资源管理工作，如员工配置与招聘、培训与考核以及必要的激励等。

在物业管理的日常工作中，有些隐患不易提前发现，也就很难在事前加以防范，因此突发事件和危机的发生也就在所难免。突发事件发生后，如果物业从业人员能及时而有效地对其进行处理，就可以大大减少事件造成的危害。

房屋及设施设备管理是物业经理的一项常规工作。只有做好了相关工作，才能使小区的房屋保持完好，使设施设备正常运转，降低这方面的维修成本，为物业公司创造更多效益。

为业主们提供一个干净、整洁、优美的居住环境是物业经理的重要责任，这就要求物业公司认真做好日常保洁与绿化工作。物业经理也可以根据公司实际情况，将一些项目外包出去，以节省成本。

物业经营活动是指物业公司在物业管理工作之外开展的一些具有收益的业务，如租赁业务、广告业务、洗车业务等。通过开展这些业务，既可以为物业辖区内的业主提供方便，又可以为物业公司带来更多收入。

第十七章 物业管理风险防范......262

近年来，物业纠纷屡见不鲜，大至人身伤亡、汽车被盗，小到管道堵塞、私搭乱建，这些都可能成为业主向物业公司索赔或拒付物业管理费的理由。因此，物业从业人员必须做好物业管理风险的防范工作。

第十八章 社区文化管理......268

作为小区物业管理工作的负责人，物业经理应该积极组织社区文化活动，提高社区文化活力，同时促进物业公司与小区住户的良性互动，使双方建立良好的合作关系，共同创造一个和谐的小区环境。

创优达标是指物业公司推选合适的管理项目，参加由政府行业主管部门组织的对管理项目整体形象、综合管理及全面服务工作的综合考评验收。参与创优达标有利于提高物业公司的管理水平，因此，物业经理必须认真做好创优达标的管理工作。

参与物业投标能为物业公司带来经营项目，对物业公司而言具有非常重要的意义。因此，物业经理要对从招标信息的获取与跟踪直到招标现场答辩这一系列过程进行严格管理，尽力争取投标成功。

第一部分

岗位职责

第一章　物业公司的职能

导读 >>>

物业从业人员要想有效地开展工作，首先必须了解物业公司的组织架构、工作职责以及日常工作流程。物业从业人员要明确一年的工作安排，这也是其岗位职责的一部分。

Q先生：A经理，请问物业经理应该怎样开展物业公司的管理工作呢？

A经理：首先你要了解物业公司的组织架构，不同的物业公司往往有不同的组织架构。这是你开展物业管理工作必须掌握的知识。

Q先生：那么，我该怎样安排日常工作呢？

A经理：根据我的经验，你可以将日常工作按日、周、月、季度和年等不同的周期进行安排。周期不同，要做的事情也有所不同。例如，每天要做的事情是常规事项，而每年要做的事情则要有长远的计划。只有这样，才能按照时间安排有条不紊地推进各项工作。

说明：A经理是一名拥有多年工作经验的物业经理，Q先生是一名刚上任的物业经理。

第一节　物业公司的组织架构

001　直线制物业公司的组织架构

直线制是一种最简单的组织形式。它的特点是企业按垂直系统直线指挥，不设专门的职能机构，每个上级可领导若干个下级，每个下级只接受一个上级的领导，直线制物业公司的组织架构如图1-1所示。

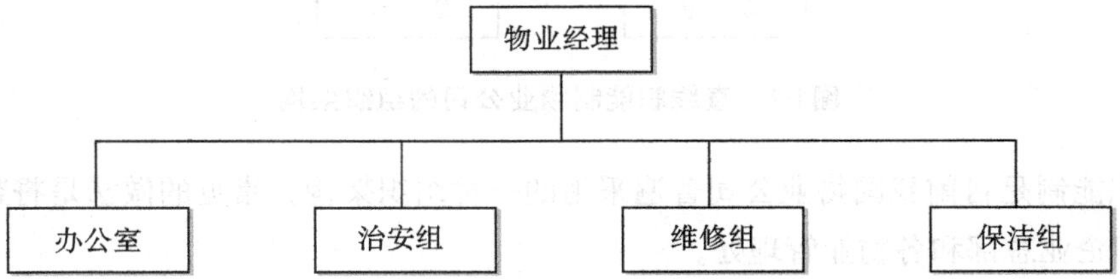
物业经理
办公室
治安组
维修组
保洁组

图1-1　直线制物业公司的组织架构

直线制组织的优点是指挥统一、命令统一、责权对应、工作效率高。但这种组织架构对管理者要求比较高，管理者要通晓多种专业知识，并亲自处理许多具体业务。直线制一般适用于规模较小的物业公司。

002　直线职能制物业公司的组织架构

直线职能制是在直线制的基础上发展起来的一种组织架构。它的特点是企业既有直线指挥系统，又有职能参谋系统。直线指挥系统按隶属关系对下级进行指挥，职能参谋系统作为领导的参谋和助手，对下级没有指挥的权力。直线职能制物业公司的组织架构如图1-2所示。

直线职能制既保证了直线指挥系统的统一指挥和统一领导，又发挥了职能参谋系统的参谋作用。但其缺点是高层管理者高度集权，难免决策迟缓，对环境变化的适应能力差；职能部门之间横向协调配合困难，不利于沟通信息，影响工作效率；不利于后备人才的培养。

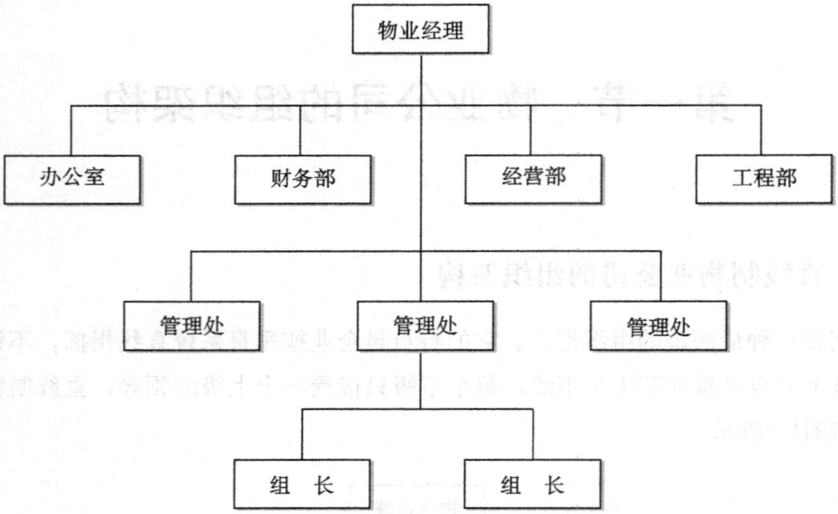
物业经理
办公室
财务部
经营部
工程部
管理处
管理处
管理处
组　长
组　长

图1-2　直线职能制物业公司的组织架构

直线职能制是目前我国物业公司普遍采用的一种组织架构，常见的做法是将整个组织分成两级，即企业总部和各物业管理处。

003　分部制物业公司的组织架构

分部制是指规模较大的公司把那些相对独立的业务部门划分为独立的经营单位或分公司，使之独立核算的一种组织架构。每个独立经营的单位都是在公司控制之下的利润中心。

按照集中管理、分散经营的原则，公司最高管理层负责制定重大方针，掌握影响公司发展的重大问题的决策权，如资金的使用、分公司负责人的任免、发展战略的制定等。分公司经理根据公司总经理的指示，负责分公司的管理。分部制物业公司的组织架构如图1-3所示。分部制让各分部（分公司）在公司允许的范围内独立经营，既提高了各分部（分公司）的积极性和主动性，增强了其管理的灵活性和对市场竞争的适应性，又具有较高的稳定性。

分部制这种组织架构让其最高管理机构能够从日常的事务性工作中摆脱出来，集中精力做好全局性、长远性的战略决策，有利于培养全面的管理人才。但由于管理机构重叠，管理人员较多，费用开支较大，各分部（分公司）之间的横向联系和协调比较困难，各分部（分公司）独立核算，有其自身的经济利益，所以很容易造成各分部（分公司）产生的本位主义思想。

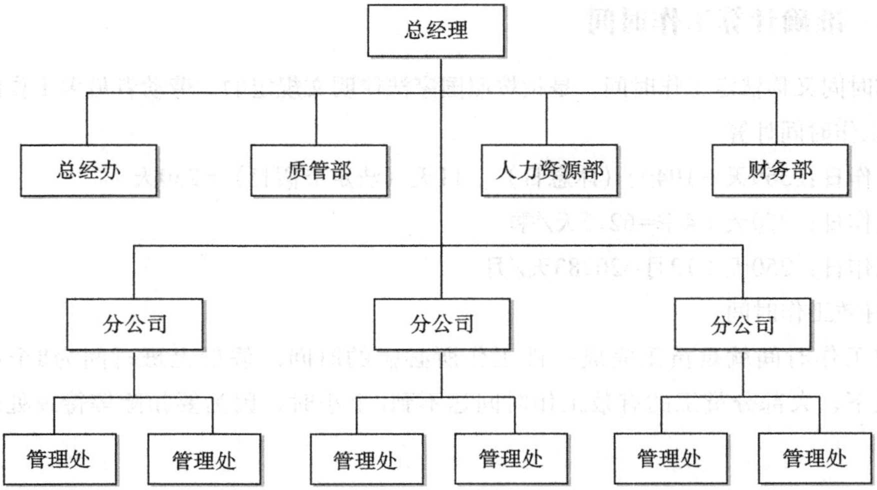
总经理
总经办
质管部
人力资源部
财务部
分公司
分公司
分公司
管理处
管理处
管理处
管理处
管理处
管理处

图1-3　分部制物业公司的组织架构

第二节　365天工作安排

004　了解国家法定节假日

物业经理要想对时间进行合理分配，就必须了解一年中有哪些国家的法定节假日。物业经理可以将这些法定节假日逐一列出来，如表1-1所示。

表1-1　国家法定节假日

序号	节假日名称	放假天数	日期
1	新年	1天	1月1日
2	春节	3天	农历正月初一、初二、初三
3	清明节	1天	农历清明当日
4	劳动节	1天	5月1日
5	端午节	1天	农历端午当日
6	中秋节	1天	农历中秋当日
7	国庆节	3天	10月1日～10月3日

005　准确计算工作时间

工作时间又称法定工作时间，是指按照国家法律明文规定的，劳动者最多工作的时间。

1．工作时间计算

年工作日：365天－104天（休息日）－11天（法定节假日）=250天

季工作日：250天÷4季=62.5天/季

月工作日：250天÷12月=20.83天/月

2．有效工作时间

有效工作时间就是员工完成一件工作所必需的时间。假设上班时间为8个小时，在通常情况下，大部分员工的有效工作时间达不到8个小时，因为要扣除等待或处理私事的时间。

006　采用阶段工作法

物业经理可以采用阶段工作法对一年的工作进行具体安排。这里所说的阶段是指一日、一周、一月、一季度及一年度这五个不同阶段。物业经理应按每天、每周、每月、每季度及每年度做好工作安排，具体如表1-2所示。

表1-2　物业经理阶段工作安排

阶段	工作事项
日	（1）制订日工作计划 （2）做好每日形象自检 （3）日常巡视工作 （4）日常监控管理 （5）小区人员出入管理 （6）日常车辆、物品出入管理 （7）日常服务管理 ……
周	（1）制订周工作计划 （2）业主入伙手续办理 （3）业主装修审批与监督 （4）日常保洁工作 （5）物业绿化管理 （6）日常消防事务管理

（续表）

阶段	工作事项
周	（7）物业档案收集与使用 （8）每周自我反思 ……
月	（1）制订月工作计划 （2）开展员工培训工作 （3）日常物业经营活动 （4）物业收费工作 （5）日常布告的发布与管理 （6）物业设施设备的维护与保养 （7）开展业主走访、回访工作 （8）员工绩效考核 （9）编写月度工作总结 ……
季度	（1）制订季度工作计划 （2）物业收费标准公示 （3）物业收支情况公示 （4）员工激励管理 （5）举办季度员工生日会 （6）开展社区文化活动 （7）开展业主满意度调查 ……
年度	（1）年度工作总结与下一年计划 （2）制订年度培训计划 （3）编制年度预算 （4）制订年度物业设施设备维护保养计划 （5）开展员工招聘工作 （6）年度活动安排 （7）评选年度优秀员工 （8）开展创优达标工作评审 （9）进行年终绩效考核 ……

第二章 物业经理岗位须知

导读 >>>

物业经理岗位须知主要包含两方面的内容，即岗位要求和工作内容。岗位要求是对物业经理的任职提出的各种要求，只有达到这些要求，物业经理才能胜任这一职位；工作内容是物业经理主要的工作事项，这也是物业经理必须了解和掌握的。

Q先生：A经理，一个合格的物业经理应该达到哪些要求呢？

A经理：物业经理要具备良好的个人形象、较强的心理素质、丰富的专业知识以及较强的个人能力，同时还要有良好的职业道德，只有这样才能胜任这份工作。

Q先生：我刚刚入职，还不清楚物业经理应做的事情有哪些，您能教教我吗？

A经理：物业经理的工作千头万绪，但总体来说分两部分，即日常管理和专业管理。前者是指制订工作计划、下达工作指示等；后者是指每天要做的专业事务，如物业安全管理、客户服务管理等。

第一节 物业经理岗位要求

007 个人形象要求

物业经理若没有良好的形象，即使再有能力、管理得再好，别人对他的整体评价也会打折扣，也会影响他在下级心目中的形象。对物业经理的个人形象要求包括衣着服饰、言谈举止、神态等，具体说明如表2-1所示。

表2-1 对物业经理的个人形象要求

序号	形象素质	具体说明
1	衣着服饰	朴素、舒适、大方、整洁是物业经理着装的基本要求。无论穿什么款式的服装、佩戴什么样的饰品，都要做到衣着雅致美观、外表整洁端庄
2	言谈举止	言谈举止是一个人文化水平、性格特征、嗜好、经历等的直接表现，物业经理应做到彬彬有礼，谈吐文雅、严谨
3	神态	（1）物业经理的神态应该自然、温和、稳重，使人感到亲切、可以信赖 （2）在日常事务中，一般采用“公事凝视”，可以给人以郑重、严肃的感觉 （3）面对下级时，应使自己的目光更加柔和一些，给下级以平易近人的感觉

008 心理素质要求

物业经理应该有过硬的心理素质，即有敢于决断的勇气、坚忍不拔的意志和承受心理压力的能力，具体要求如图2-1所示。

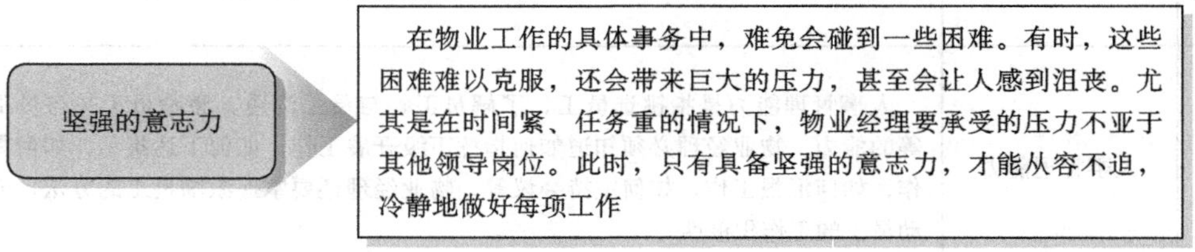
坚强的意志力
在物业工作的具体事务中，难免会碰到一些困难。有时，这些困难难以克服，还会带来巨大的压力，甚至会让人感到沮丧。尤其是在时间紧、任务重的情况下，物业经理要承受的压力不亚于其他领导岗位。此时，只有具备坚强的意志力，才能从容不迫，冷静地做好每项工作

超强的忍耐力

物业经理要想保持一定的威望，就必须要忍受一些他人的不理解，有时员工有些想法，也是不可避免的。经验告诉我们：先控制好自己才能管理好别人，只有具有超强的忍耐力，才能在被员工误解时调整好心态，冷静化解与员工之间的隔阂

图2-1　物业经理的心理素质要求

009　个人能力要求

物业经理需要具备表2-2所示的能力。

表2-2　物业经理的个人能力要求

序号	能力	具体要求
1	计划能力	计划能力是指物业经理经过预先思考，制订出周详的计划、策略、方案、程序及目标等的能力。好的工作计划会使工作效率大幅度提升。工作计划的内容包括： （1）确定工作方针，拟定实施方案； （2）决定工作的方法； （3）对工作的安排及方法的改善方案。 物业经理必须掌握制订工作计划的方法、一般流程以及物业公司对制订工作计划的要求
2	组织能力	组织能力是指管理人员系统地协调部门内部人力和物力资源，提高部门工作效率，以达到预定的管理目标的能力。组织工作的具体内容包括： （1）确定物业公司各部门职责，建立组织，适当授权； （2）明确物业公司各岗位的工作范围及任务； （3）配置与利用物业管理资源； （4）与其他部门合作等。 物业经理要为每个岗位整理出一份完整、准确的岗位说明书，并将各项工作分配给适当的人选，在日常管理工作中还应根据实际情况做出适当调整
3	人事管理能力	人事管理能力是指挑选员工，了解员工，与员工沟通，激励员工并与员工共事等的能力。物业经理必须知道如何指挥下级开展工作，如何下达指示，如何督办工作，如何汇报工作，如何主持会议等。物业经理还要掌握激励员工的方法，充分调动员工的工作积极性

（续表）

序号	能力	具体要求
4	领导能力	管理工作必须发挥物业经理领导下级的能力。物业经理不可能独自处理所有事务，必须带领和协助下级共同完成工作。但指挥和影响下级不只是发号施令，还要有适当的培训及激励。领导能力具体体现在： （1）带领员工为公司的利益而工作； （2）评价员工表现； （3）维持工作纪律； （4）处理员工抱怨等
5	控制能力	控制能力是指物业经理检查工作进度是否按照事先制订的计划及指示去实行，当有偏差出现时，立即采取适当的修正行动（例如，监督下级工作，控制物业成本，纠正错误，衡量下级的工作成绩，向上级反映工作上的困难以求得支持与帮助等），确保工作按既定目标完成的能力。 要将工作控制好，物业经理还需具备设计工作流程和运用流程的能力。物业经理要知道自己需要解决的问题是什么，应该建立哪些工作流程，并能推动这些流程运转起来，检查流程是否得到了落实，必要时还要对流程进行调整，让流程为物业管理工作服务

010　职业道德要求

对物业经理的职业道德的要求，不仅高于一般的社会道德，而且其起点也高于一般岗位。凡是要求下级和员工遵守的制度，自己首先要遵守；要求下级和员工不做的事，自己也不能做。

物业经理对自己职业道德的要求不能混同于对下级的要求，更不能混同于对一般员工的要求。在职业道德方面，物业经理只有严格要求自己，才能做到言传身教、影响他人，与员工齐心协力实现目标。

第二节　物业经理工作内容

011　日常管理工作的内容

物业经理日常管理工作的内容包括制订工作计划、汇报工作与下达指示、进行有效授权、团队管理、日常沟通管理、个人形象自检以及自我反思等。

物业经理日常管理工作的具体内容如表2-3所示。

表2-3 日常管理工作的内容

序号	工作	具体内容
1	制订工作计划	物业经理在开展日常管理工作时的首要任务便是制订清晰有效的工作计划。不论是长期的战略规划，还是短期的年度培训计划、人员招聘计划、年度预算等，都需要物业经理具备一定的计划能力
2	汇报工作与下达指示	汇报工作与下达指示是物业经理日常管理工作的一个重要组成部分，也是其必须掌握的基本管理技能。物业经理要掌握汇报工作与下达指示的各种方法，并在工作中熟练运用
3	进行有效授权	物业经理在授权时，必须对自己的岗位职责有一个明确的定位，按照责任大小将工作分类，选择工作中较为重要的部分加以监控，其他工作可采取授权的方式来完成，但要注意加强督导
4	团队管理	物业经理在团队中扮演着领导者的角色，其主要任务和职责就是实现团队目标，与员工一起制订计划，召开团队会议，修正错误，承担起管理整个团队的责任
5	日常沟通管理	沟通是开展一切工作的前提，没有沟通，物业经理就很难有效地开展日常管理工作。因此，物业经理要充分认识到沟通的重要性，及时发现沟通中的问题并予以解决
6	个人形象自检	物业经理要做好个人形象自检。没有良好的个人形象，物业经理将很难树立个人威信，取得更大成绩
7	自我反思	物业经理应该定期或不定期地进行自我反思，并如实记录发现的问题，以便及时改进

012 专业管理工作的内容

物业经理专业管理工作的内容涉及物业管理的具体事项，如办公环境优化、物业接待管理等，具体如表2-4所示。

表2-4　专业管理工作的内容

序号	工作	具体内容
1	物业安全管理	物业安全管理是物业公司为防止盗窃、破坏、灾害、事故的发生而对所管物业区域进行的一系列管理活动，其目的是保障物业公司所管物业区域内业主的人身、财务安全，保护业主正常生活和工作的秩序
2	客户服务管理	为小区业主提供特约、代办、维修等服务是物业公司日常工作的一部分，物业经理要带领公司所有员工做好服务工作，为业主提供更多便利，使业主与物业公司之间的关系更为融洽
3	消防安全管理	作为小区物业的主要负责人，物业经理承担着各项安全管理工作的重任。消防安全管理是安全管理工作的重中之重，一旦发生消防事故，会给业主和物业公司带来重大损失，同时也会给物业公司的声誉造成严重影响
4	物业收费管理	物业管理是一种有偿服务。如果业主拖欠物业管理费（无论是否有意而为之），会使物业公司难以正常运营。物业经理必须做好收费工作，既要为公司收取全部应收物业管理费，同时也要避免与业主产生冲突
5	业主入伙及装修管理	业主入伙及装修管理是物业管理的常规内容。小区总会有业主搬进搬出，有些新业主想对房屋重新进行装修，因此，物业经理要督促相关人员做好业主入伙及装修管理，确保不出现任何纰漏
6	人力资源管理	物业管理工作需要物业公司全体员工携手完成。为了使所有员工能够出色地完成工作，物业经理必须做好人力资源管理工作，如员工的配置与招聘，培训与考核以及必要的激励等
7	突发事件处理	在物业管理的日常工作中，有些隐患是不易被提前发现的，也就很难在事前对其加以防范。因此，一些突发事件也就在所难免。突发事件发生后，如果物业经理能够及时而有效地对其进行处理，就可以大大减少事件造成的危害
8	房屋及设施设备管理	房屋及设施设备的管理是物业经理的一项常规工作内容。只有做好相关工作，才能使小区的房屋保持完好，使设施设备正常运转，降低这方面的维修成本，为物业公司创造更多效益
9	物业管理风险防范	近年来，物业纠纷屡见不鲜，大至人身伤亡、汽车被盗，小到水管堵塞等，这些都可能成为业主向物业公司索赔或拒付物业管理费的理由。因此，物业经理必须做好对物业管理风险的防范工作

（续表）

序号	工作	具体内容
10	社区文化管理	作为小区物业管理工作的负责人，物业经理应该积极组织社区文化活动，提高社区文化活力，同时促进物业公司与小区住户的良性互动，使双方建立良好的合作关系，共同创造一个和谐的小区环境
11	创优达标管理	创优达标是指物业公司推选合适的管理项目，参加由政府行业主管部门组织的对管理项目整体形象、综合管理及全面服务工作的综合考评。参与创优达标有利于提高物业公司的管理水平，因此，物业经理必须认真做好这项工作
12	物业投标管理	参与物业投标能为物业公司带来经营项目，对物业公司而言具有非常重要的意义。因此，物业经理要对招标信息的获取与跟踪、投标准备、招标现场答辩的全过程进行严格管理，尽力争取投标成功

第二部分

管理技能

第三章　基本管理技能

导读 >>>

物业经理在日常管理工作中需要用到一系列基本管理技能，如制订工作计划、进行有效授权、日常沟通管理等。物业经理只有掌握这些基本管理技能，才能高效地开展工作。

Q先生：A经理，最近我在工作中遇到了一点问题，我不知道该怎么向下级下达指示。

A经理：首先，你要放平心态，不要认为自己担任了物业经理就很了不起，切忌傲慢自大、居高临下，这会令下级产生反感。其次，你要掌握下达指示的一些技巧，如明确指示的内容、把奖惩措施说清楚等，只有把这些都做到，才算是正确地下达了指示。

Q先生：A经理，您能教我一些授权和沟通的技巧吗？

A经理：好的。授权不是一项简单的工作，你要掌握必要的授权方法，避免踏入授权的误区，同时要做好团队管理工作。沟通分很多种，如向上沟通、向下沟通，水平沟通，你要根据不同的情况采取相应的技巧。例如，向上沟通时，不要给上司出“问答题”，而要尽量出“选择题”。

第一节　制订工作计划

013　物业工作计划的格式与内容

1．物业工作计划的格式

物业工作计划的格式一般如下。

（1）计划的名称。包括计划的名称和时效两个要素，如“××物业公司××××年××月工作计划”。

（2）计划的具体要求。一般包括工作的目的和要求、工作的项目和指标、实施的步骤和措施等，也就是为什么做、做什么、怎么做、做到什么程度。

（3）最后注明计划制订的日期。

2．物业工作计划的内容

物业工作计划的内容可用“5W1H”来概括，具体如图3-1所示。

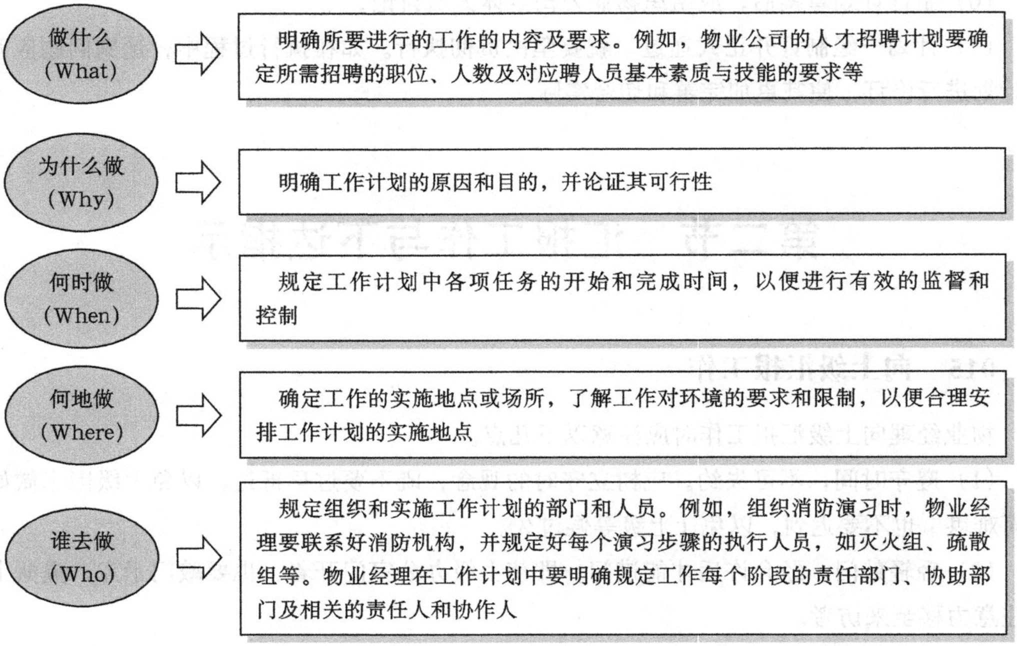
做什么（What）
明确所要进行的工作的内容及要求。例如，物业公司的人才招聘计划要确定所需招聘的职位、人数及对应聘人员基本素质与技能的要求等
为什么做（Why）
明确工作计划的原因和目的，并论证其可行性
何时做（When）
规定工作计划中各项任务的开始和完成时间，以便进行有效的监督和控制
何地做（Where）
确定工作的实施地点或场所，了解工作对环境的要求和限制，以便合理安排工作计划的实施地点
谁去做（Who）
规定组织和实施工作计划的部门和人员。例如，组织消防演习时，物业经理要联系好消防机构，并规定好每个演习步骤的执行人员，如灭火组、疏散组等。物业经理在工作计划中要明确规定工作每个阶段的责任部门、协助部门及相关的责任人和协作人

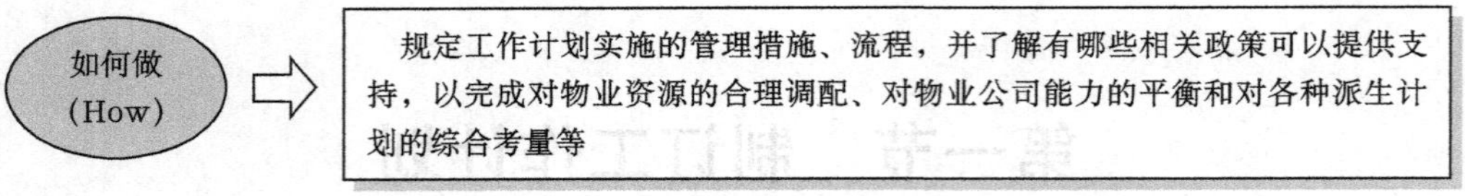
如何做
(How)
规定工作计划实施的管理措施、流程，并了解有哪些相关政策可以提供支持，以完成对物业资源的合理调配、对物业公司能力的平衡和对各种派生计划的综合考量等

图3-1　工作计划的内容

014　物业工作计划的制订步骤

物业工作计划的制订步骤如下。

（1）认真学习、研究相关法律法规和政策，不可违背相关规定。

（2）认真分析物业公司的具体情况，这是制订物业工作计划的基础和依据。

（3）根据物业公司的实际情况，确定工作方针、工作任务、工作要求以及具体办法和措施。

（4）针对工作中可能出现的偏差、缺陷、障碍、困难，事先确定应对办法和措施，以免发生问题时工作陷入被动。

（5）根据工作任务的需要，组织和分配参与人员，并明确分工。

（6）制订计划草案后，应组织物业公司全体人员讨论。

（7）计划一经制订并正式通过，就要坚决贯彻执行。如在执行过程中，遇到问题应及时对计划进行修订，使其更加完善和切合实际。

第二节　汇报工作与下达指示

015　向上级汇报工作

物业经理向上级汇报工作时应注意以下几点。

（1）遵守时间，不可失约。应树立守时的观念，既不要过早抵达，以免上级因未做好准备而难堪，也不要迟到，以免让上级等候过久。

（2）轻轻敲门，经允许后才能进门。即使上级办公室门开着，也要敲门示意，提醒上级将注意力移至来访者。

（3）汇报时应文雅大方，彬彬有礼。

（4）汇报的内容要真实，汇报时应吐字清晰、语调平稳、音量适当。

（5）如果遇到上级不注意礼仪的情况，不可冲动，仍然要以礼相待，可以暗示上级有不礼貌之处，或者直言相告，但要注意表达方式。

（6）汇报结束后不可表现得不耐烦，应等上级表示谈话结束方可离开。

（7）离开时要整理好自己的材料、衣着、茶具与座椅，当领导送别时要主动说“谢谢”或“请留步”。

016　听取下级汇报工作

物业经理在听取下级的汇报工作时要注意以下几点。

（1）应守时。如果已约定时间，应准时等候，如有可能，可稍提前一点做好相关准备。

（2）应及时招呼下级进门入座。

（3）要善于倾听。当下级汇报工作时，可与之进行目光接触，并点头等动作示意下级自己在认真倾听。

（4）对汇报中不清楚的问题，可及时提出来，要求下级重复、解释，也可以适当提问，但要注意提问的方式。

（5）听取汇报时不要有不礼貌的行为。希望下级结束汇报时可以通过适当的体态或用委婉的语气告诉对方，不能粗暴地打断。

（6）当下级离开时，应起身相送。如果来汇报的人数不多，还应送至门口，并与下级亲切道别。

017　向下级下达指示

物业经理经常需要对下属下达指示，但有些物业经理对此不以为然，认为“不就是下命令吗，那还不简单”，这种想法是不可取的。

在下达指示时，物业经理要注意以下几个问题。

（1）下指示时可用口头谈话、电话、书面通知、派人转达等方式，但应尽量当面传达。

这里要注意一个问题，如果要求下级完成高难度项目时，要把奖励和处罚都说清楚，这样才能更好地激励下级去工作。

（2）下达指示之前，可以先向下级询问一些相关的小问题，通过下级的回答了解其对所谈话题的兴趣和理解程度之后，再把自己真实意图讲出来。

（3）除了绝对机密情报，应对下级说明你发出该指示的原因，不要只做一个“传话筒”。

（4）已发出的指示需要更正时，应向下级说明原因，以免下级因频繁更正指示产生抵触情绪，导致执行不力。

（5）尽量当面下达指示，必要时要进行示范，另外，下达完指示后应让下级复述一遍，以便及时发现疏漏之处。

物业经理和下级最好都将指示记录在工作日记本上，这样便于物业经理检查与监督，也便于下级记忆和传达。

第三节　进行有效授权

018　明确授权的构成要素

授权是指物业经理将分内的若干工作交托给下级员工执行。授权行为本身是由工作指派、权力授予及责任担当三个要素构成的，具体如表3-1所示。

表3-1　授权的构成要素

序号	要素	具体内容
1	工作指派	在授权过程中，物业经理总是强调工作的指派。不过，在指派工作时，物业经理往往只做到令员工了解工作性质与工作范围，却未能令员工了解物业经理所要求的工作绩效 不是物业经理的所有工作都能指派给员工完成的。例如，目标的确立、政策的研拟、员工的考核与奖惩等工作，都须由物业经理亲自完成，不得授权他人
2	权力授予	物业经理授予下属的权力应以刚好能够完成指派的工作为标准。倘若授予的权力不及执行工作所需，则指派的工作将无法完成；反之，倘若授予的权力超过执行工作的需要，则会产生权力失衡。所以物业经理必须对所授予的权力作必要的追踪、修正，甚至对权力作适当回收
3	责任担当	物业经理向员工授权，就意味着员工对公司承担了与权力对等的一份责任，这是员工的责任担当。另外，物业经理对自己的授权行为也要承担责任，即当该员工无法或错误地执行了工作指令时，物业经理要承担相应的责任

019 避免踏入授权误区

授权是一种可以让员工边做边学的在职训练，通过这种在职训练，可以提高员工的归属感与满足感。许多物业经理虽然大致了解授权的好处，但却对授权存有担忧，影响物业经理授权的主要原因如表3-2所示。

表3-2 影响授权的原因

序号	原因	具体内容
1	担心员工做错事	担心员工做错事的物业经理往往对员工缺乏信心。员工难免做错事，但若物业经理能给予其适当的训练与培养，其做错事的可能性必然会降低。授权是一种在职训练，物业经理不能因怕员工做错事而不予授权，反而更应提供充分的训练机会让员工承担起责任
2	担心员工工作表现太好	不可否认，有些物业经理会因担心员工太露锋芒，或“功高震主”而不愿授权，但是从另一个角度来看，员工良好的工作表现也反映了物业经理的知人善任与领导有方，所以物业经理不必担心，大可放心授权
3	担心丧失对员工的控制权	只有领导力薄弱的物业经理才会在授权之后失去控制权。物业经理在授权的时候，倘若能划定明确的授权范围，注意权责相称，并建立追踪制度，就不用担心失去控制
4	不愿放手得心应手的工作	基于惯性或惰性，许多物业经理往往不愿将自己得心应手的工作交给员工完成。另外，有许多物业经理以“自己做比费唇舌去教导员工做更省事”为理由而拒绝授权
5	找不到适合授权的员工	“找不到合适的员工”常被一些物业经理当作不愿授权的借口。每一个员工都具有一定的可塑性，就算真的找不到可以授权的员工，物业经理还可通过招聘、培训等解决人员问题

020 掌握必要的授权方法

1．学会授权工作

授权员工的过程可分为决定授权、交代情况和跟踪了解三个步骤，物业经理要对每一步骤有所计划，具体如表3-3所示。

表3-3 授权计划

序号	步骤	具体内容
1	决定	物业经理要把工作授权给具有相应能力和知识的人去完成

（续表）

序号	步骤	具体内容
2	交代	物业经理要确保自己向员工清楚交代了工作内容和要求，并在员工工作的过程中给予支持和指导
3	跟踪	在授权后，物业经理要跟踪检查工作的质量，提供积极的反馈意见。如编制一份核查表，帮助自己监督已授权工作的进度

2．全面授权

当物业经理对员工进行授权时，除了要清楚地交代工作任务外，还必须提供顺利完成任务所需的全部信息。物业经理要与员工一起讨论可能出现的困难和其应对方案，并解答员工在工作过程中产生的疑问。

3．强化被授权者的职责

对授权员工的任务要设定明确的、切实可行的完成时间。授权员工办事不仅意味着把项目的控制权交给员工，同时也交付了对这项任务的职责。物业经理在授权的同时，明确被授权员工的职责至关重要。另外，物业经理要鼓励被授权员工用自己的方式来完成工作，这样能引导员工通过运用他们的专业知识和技能完成工作，或是为他们提供发展新技术的领域与机会。

第四节　团队管理技能

021　团队管理的基本要点

团队管理的基本要点如表3-4所示。

表3-4　团队管理的基本要点

序号	要点	具体内容
1	制定良好的规章制度	所谓“强将手下无弱兵”，没有不合格的兵，只有不合格的将领。一个合格的管理者首先是一个合理的规章制度的制定者。规章制度包含纪律条例、组织条例、财务条例、保密条例和奖惩制度等。好的规章制度能让执行者感觉到规章制度的存在，但并不觉得这是一种约束

（续表）

序号	要点	具体内容
2	带头遵守规章制度	物业经理不仅是规章制度的制定者和监督者，更应该成为遵守规章制度的表率
3	建立明确的共同目标	物业经理应为团队设定一个共同的目标，设定目标时要注意以下几点： （1）目标要具体、可衡量 （2）要设定目标完成的最后期限，并兼顾目标的挑战性和可行性 （3）设定团队目标时，要考虑团队成员各自的目标
4	坚持提供信息支援	员工在工作当中会遇到信息不对称的情况，这就要求物业经理能及时为员工提供相应的信息。此外，可以让员工也了解其他部门的运作程序，以便在其他部门需要时提供帮助
5	营造积极进取、团结向上的工作氛围	假如团队缺乏积极进取、团结向上的工作氛围，成员的力量就很难凝聚在一起，大家相互扯皮、推诿、指责，目标也就不可能达成。因此物业经理必须为团队营造一种积极的氛围。 （1）奖罚分明。对于工作成绩突出的员工，物业经理必须给予奖励；对于出工不出力的员工，物业经理也应给予相应的惩罚 （2）让每个成员都承受一定的压力，适当的压力可以成为完成任务的动力 （3）在生活中，多关心、照顾团队成员，让大家都感受到团队的温暖
6	良好的沟通能力是解决复杂问题的金钥匙	由于知识结构和能力水平的差别，不同人对同一问题的认识会出现一些偏差，所以拥有良好的沟通能力是“修正”这种偏差、解决复杂问题的金钥匙

022 团队建设的措施

物业经理应采取以下措施进行团队建设。

（1）珍惜人才，热忱投入、出色完成本职工作的员工是团队最宝贵的资源和资本。

（2）尊重员工的个性，尊重员工的个人意愿，尊重员工选择的权力，为员工提供良好的工作环境，营造和谐的工作氛围，倡导简单真诚的人际关系。

（3）打造、培养自己的管理团队，持续培养专业的富有激情和创造力的队伍，让每一个员工都成长为全面发展、能独当一面的综合型人才。

（4）倡导健康丰盛的人生，在工作之外要鼓励员工追求身心健康、家庭和谐。

（5）鼓励各种形式的沟通，提倡信息共享，帮助员工培养自己的学习能力，迅速提升自己的工作技能和综合素质。

第五节 日常沟通管理

023 了解常见的沟通方式

常见的沟通方式如表3-5所示。

表3-5 常见的沟通方式

序号	沟通方式	具体内容
1	文字形式	以报告、备忘录等文字形式进行沟通。采用文字进行沟通的原则为： （1）语言简练 （2）合理组织内容，一般应将最重要的信息要放在最前面 （3）如果文件较长，应在文件之前加目录或摘要 （4）标题准确
2	语言形式	利用语言进行面对面沟通。语言沟通需要物业经理表现自信、真诚、待人诚实、幽默、机智、友善等
3	非语言形式	是指伴随沟通的一种非语言表达，包括眼神、面部表情、手势、姿势和其他肢体语言等

024 了解常见的沟通障碍

常见的沟通障碍一般来自三个方面，即传送方的问题、接收方的问题及传送渠道的问题，具体如表3-6所示。

表3-6 常见的沟通障碍

障碍来源	传送方	传送渠道	接收方
主要障碍	· 用词错误，词不达意 · 咬文嚼字，过于啰唆 · 不善言辞，口齿不清 · 只要别人听自己的 · 态度不正确 · 对接收方的反应不敏感	· 经他人传递而产生误会 · 环境选择不当 · 沟通时机不当 · 有人从中破坏、挑衅	· 听不明白 · 只听自己喜欢的部分 · 带有偏见 · 光环效应 · 情绪不佳 · 没有听出言外之意

025 明确沟通的注意事项

物业经理与人沟通时应注意以下几点。

（1）欢迎别人提出不同意见。

（2）感谢别人的建议。

（3）先听后说。

（4）不将非理性情绪直接反应出来。

（5）态度诚恳，说话中肯。

026 进行向上沟通

要想做好与上级的沟通，物业经理需要做好以下几点。

1．不要给上级出“问答题”，尽量出“选择题”

遇到事情需要解决时，物业经理沟通时千万不要出问答题，而要出选择题，否则，上级可能会因为忙而搁置这件事，这样就永远没有结果了。

2．抓住时机

这里有一个经验值得借鉴：上级很忙，但有些只需简单回答“是”或“否”的问题，就可以采取这种方法——到公司停车场等候上级。抓紧时间询问，上级通常都会直接给出答复。

3．一定要准备答案

没有准备好答案就问问题，上级可能会觉得你考虑问题不周全，办事不力。另外，如果上级一时也没有合适的办法，事情就无法得到解决。因此，一定要准备好自己对问题的答案，为上级提供决策参考。

027 进行水平沟通

水平沟通是指没有上下级关系的人员之间的沟通。要想消除水平沟通的障碍，就要做到图3-2所示的几点。

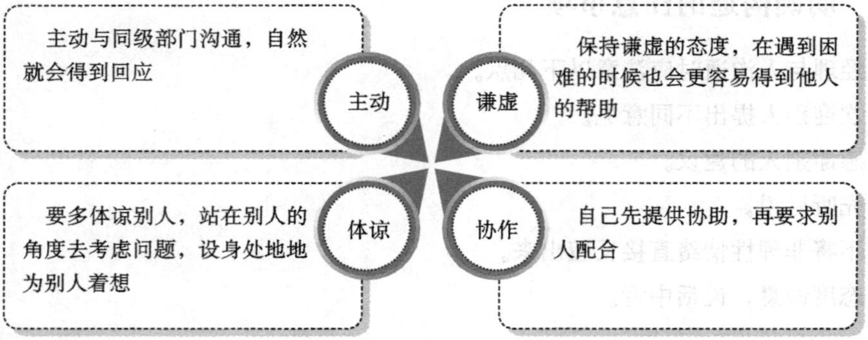
主动与同级部门沟通，自然就会得到回应
主动
保持谦虚的态度，在遇到困难的时候也会更容易得到他人的帮助
谦虚
要多体谅别人，站在别人的角度去考虑问题，设身处地地为别人着想
体谅
自己先提供协助，再要求别人配合
协作

图3-2　水平沟通的注意事项

028　进行向下沟通

物业经理要想与下级员工进行有效的沟通，至少要做到以下三点。

（1）多了解情况。在与下级沟通前应先做好功课，这样你才会言之有物，下级才更愿意与你沟通。

（2）不要只会责骂。花点学费让下级去体验是值得的。很多管理者担心犯错而不愿让下级做任何尝试，或在下级出错时只一味地责骂，这样你的下级是无法得到成长的。

（3）为下级员工提供方法。与下级沟通时，为下级的问题提供方法十分重要。这样可以减少下级在工作中所走的弯路。

029　明确需要立即沟通的情况

当工作中出现某些情况时，物业经理一定要及时与员工进行沟通，沟通的内容也应在特定范围内展开，具体如表3-7所示。

表3-7　需要立即沟通的情况

序号	情况	详细说明
1	阶段性绩效考评结束之前的绩效沟通	这是最重要的一种沟通形式，也是物业经理必须要与员工进行的

（续表）

序号	情况	详细说明
2	员工工作职责与内容发生变化	在这种情况下，物业经理需要向员工解释具体哪些工作内容发生了变化，变化的原因是什么，这种变化对公司有什么好处，同时征求员工对这种变化的看法，最后要对变化后的工作职责与内容重新进行确认
3	员工工作中出现重大问题或某个具体工作的目标未完成	注意沟通时的语气，向员工表明沟通的目的是解决问题和帮助其在工作上有所提高，而不是为了追究责任，希望其能坦诚分析原因
4	员工表现出明显变化，如表现优异或非常差	（1）对表现优异的员工，物业经理要对其表现突出的方面及时提出表扬，并适当了解和分析其出现变化的原因，以加强和延续其良好势头 （2）对表现非常差的员工，物业经理要指出其表现不佳的现象，询问其遇到了什么问题，帮助其找出原因和制定改进措施，并在日常工作中不断给予指导和帮助
5	员工工资、福利或其他利益发生重大变化	物业经理要向员工说明变化的原因，不管是增加还是减少，都要解释公司这么做的依据。尤其是减少时，更要阐述清楚公司对调整所持的慎重态度，并表明再次做出调整的时间和依据
6	员工提出合理化建议或看法	（1）如建议被采纳，物业经理应及时告知员工并进行奖励，肯定员工的建议对公司发展的帮助，对员工提出这么好的建议表示感谢 （2）如建议未采纳，物业经理也应告知未采纳的原因，表明公司和物业经理本人对其建议的重视，肯定其对公司工作的关心和支持，希望其继续提出合理化建议
7	员工之间出现矛盾或冲突	要了解和分析员工间出现矛盾的原因并进行调解，物业经理应主要从双方矛盾的出发点、对方的优点、矛盾对工作的影响、矛盾严重程过等方面与双方分别进行沟通
8	员工对物业经理有误会	一名合格的物业经理，应首先检讨自己，发现自身工作中的不妥或错误，并制定改进方案或措施，及时与员工沟通并希望其能谅解
9	新员工到岗或员工离开公司	（1）新员工到岗，物业经理要与其确定工作职责和工作内容，明确工作要求并表达个人对他的殷切希望。通过沟通，对员工的个人情况进行了解，帮助其制订学习和培训计划，使其尽快融入团队 （2）员工辞职时，物业经理应对其为公司所做的贡献表示感谢，了解其辞职的真实原因和对公司的看法，便于今后更好地改进工作
10	员工生病或家庭发生重大变故	作为管理者和同事，物业经理应关心员工的生活，了解和体谅其生活中的困难，并提供力所能及的帮助，培养相互之间的感情

030 掌握倾听的方法

倾听的方法如表3-8所示。

表3-8 倾听的方法

序号	方法	具体运用要点
1	主动	如果不愿意尽力去倾听和理解工作中的问题，就没有办法改进工作
2	目光接触	通过与员工进行目光接触来集中自己的注意力，降低分神的可能性，同时也起到尊重和鼓励员工的作用
3	表示关注	通过非言语信号，如在眼神接触时坚定地点头、适当的面部表情等，表示你正在专心倾听
4	避免分神行为	在倾听的过程中不要看表、翻动文件或做其他分神的动作
5	换位思考	将自己置于倾听者的位置来理解员工，不要将自己的要求和意志强加到员工身上
6	把握整体	对员工的情绪也应有所关注，如果只听语言的内容而忽视其他声音信息和非言语信号，将会漏掉很多细微的信息
7	提问	分析自己所听到的内容，并适时进行提问，以确保对内容正确理解，并向员工表明你正在倾听
8	解释	用自己的语言复述员工所讲内容
9	不要打断员工讲话	在提问或回答之前，让员工将其想法全部表达出来
10	整合所讲内容	边倾听边整合，更好地理解员工的想法
11	不要讲太多话	大部分人都喜欢表达自己的看法，而不愿听其他人说，但有互动的交谈更能鼓励讲话者，沉默则令人不适

第四章　自我管理技能

导读 >>>

物业从业人员除了要掌握基本管理技能，还要做好自我管理。自我管理主要包括两个方面，即个人形象自检和自我反思。通过形象自检，使物业经理能保持良好的个人形象；而通过自我反思，物业经理可以及时发现自身的不足，及早做出改进，取得更大进步。

Q先生：A经理，最近公司有人说我不该留长指甲，说这样会影响公司形象，是这样吗？

A经理：这得根据公司的具体规定来看。我建议你在每天上班之前，按照公司规定对自己形象进行自检，如果着装、打扮不符合规定，就要改正过来。

Q先生：前几天我因为一次工作失误与一位同事发生争吵，伤了他的自尊心，我心里很不安，该怎么办呢？

A经理：如果确实是因为你的工作失误导致争吵，你应该向同事道歉。你平时也应定期进行自我反思，将自己出现的过失记下来，找出解决方案，并在实际工作中不断改进，这样才能取得进步。

第一节 个人形象自检

031 男士形象自检的内容

男士形象自检的内容具体如表4-1所示。

表4-1 男士形象自检表

序号	项目	检查标准	自检结果
1	头发	（1）发型款式大方，不怪异 （2）头发干净整洁，长短适宜 （3）无浓重气味，无头屑，无过多的发胶发乳 （4）额前头发未遮住眼睛 （5）鬓角修剪整齐	
2	面部	（1）胡须已剃净 （2）鼻毛不外露 （3）脸部清洁滋润 （4）牙齿无污垢 （5）耳朵清洁干净	
3	手	（1）干净整洁，无污物，无异味 （2）指甲修剪整齐	
4	外套	（1）与工作环境相匹配 （2）外套上没有脱落的头发、头皮屑，无灰尘、油渍、汗迹 （3）衣袋平整，不放过多物品，无棉尘、脏物，放有纸巾	
5	衬衫	（1）领口整洁，纽扣已扣好 （2）袖口清洁，袖子长短适宜 （3）领带平整、端正，颜色不怪异	
6	裤子	（1）熨烫平整 （2）裤缝折痕清晰 （3）裤长及鞋面 （4）拉链结实、已拉好 （5）无污垢、斑点	

（续表）

序号	项目	检查标准	自检结果
7	袜	（1）袜子干净 （2）每日换洗 （3）袜子与衣服的颜色、款式协调	
8	鞋	（1）已上油擦亮 （2）鞋后跟未磨损变形 （3）鞋与衣服的颜色、款式协调	
9	其他	（1）面带微笑 （2）精神饱满	

032　女士形象自检的内容

女士形象自检的内容具体如表4-2所示。

表4-2　女士形象自检表

序号	项目	检查标准	自检结果
1	头发	（1）头发干净整洁，有自然光泽，没有太多发胶 （2）发型大方、高雅、得体、干练 （3）额前头发未遮住眼睛 （4）头上饰品佩戴合适	
2	面部	（1）化淡妆 （2）口红、眼影合适 （3）脸部清洁滋润 （4）牙齿无污垢 （5）耳朵清洁干净	
3	手	（1）手掌干净，无异味 （2）指甲已修剪整齐，长短合适 （3）指甲油颜色适宜，无脱落	
4	饰品	（1）饰品不可太夸张、太突出 （2）款式精致，材质优良 （3）走动时饰品安静无声 （4）不妨碍工作	

（续表）

序号	项目	检查标准	自检结果
5	外套	（1）与工作环境相匹配 （2）外套上没有脱落的头发、头皮屑，无灰尘、油渍、汗迹 （3）衣袋平整，不放过多物品，无棉尘、脏物，放有纸巾	
6	衬衫	（1）领口整洁，纽扣已扣好 （2）袖口清洁，袖子长短适宜 （3）表面无明显内衣轮廓的痕迹	
7	裙子	（1）长短合适 （2）得体合身 （3）拉链拉好，裙缝位正 （4）无污物、无绽线	
8	长筒袜	（1）颜色合适，不影响工作 （2）干净、整洁、无绽线	
9	鞋	（1）洁净 （2）款式大方简洁，没有过多装饰 （3）鞋跟高度适当，走动时不发出过大响声 （4）鞋后跟未磨损变形 （5）鞋与衣服的颜色、款式协调	
10	其他	（1）面带微笑 （2）情绪饱满	

物业经理应以个人形象自检表为标准，对物业公司所有员工做出要求并进行检查。因为无论是管理者还是员工，其个人形象都代表着整个物业公司的形象，应当加以重视。

第二节　自我反思工作

033　了解自我反思的内容

物业经理是物业公司的负责人，其工作包括了与部门内外各级人员的沟通与交流。既然是与人交流，就难免会出现一些问题。例如，某天同一位部门主管沟通时过于急躁以致发生冲突；或者某一次处理客户投诉时态度不好，导致与该客户关系变得恶劣等。因此，物业经理应该经常对工作中遇到的问题进行自我反思。

034　做好自我反思的记录

物业经理应针对自己工作中出现的问题进行深刻反思，以提高自己的水平。一般来说，物业经理应每周进行一次全面反思，并将反思结果记录下来，提出解决方案。物业经理自我反思记录表如表4-3所示。

表4-3　物业经理自我反思记录表

日期＼内容	个人问题	解决方案
周一		
周二		
周三		
周四		
周五		
周六		
周日		

035　自我反思的推广运用

物业经理要将自我反思的结果如实地记录下来，并经常检查记录表，吸取经验教训，以此改进工作。

同时，物业经理还可以将自我反思的做法在公司中推广，要求员工也这样进行自检，促进大家共同进步。

第三部分

专业技能

第五章 智能物业管理

导读 >>>

随着互联网、物联网、大数据、云计算等技术的发展及其在物业管理领域的普及，很多物业公司都在改变传统服务模式，积极转型升级，降低物业服务成本，改善物业服务成本结构，改变业主生活体验，引领社区生活方式的转变。物业公司应综合本地的服务优势，围绕广大业主的需求，提供丰富的物业服务和其他增值服务，让业主足不出户便可享受到高度人性化、便捷化的服务。

Q先生：A经理，目前互联网、物联网、大数据、云计算等技术发展迅猛，特别是借助于这些技术兴起的社区O2O，涵盖了整个社区的消费需求，包括衣食住行、居家生活、养老服务、健康医疗、教育理财等。

A经理：是啊，基于物业服务的特性，我们应该转变思维，借助先进技术，从企业内部和服务外延两方面进行新的尝试。

Q先生：那么我们应该如何尝试呢？

A经理：物业管理行业的转型升级，不是离开原来的行业去做其他行业，智能物业管理也不是鼓励大家都去做电商，而放弃行业最基础的物业服务。物业管理行业抛弃基础服务，却大谈社区O2O、App，就成了无本之木。

第一节　智能环境下物业管理的要点

036　智能环境给物业管理带来的变化

智能环境给物业管理带来的变化如图5-1所示。

从传统物业到社区生活运营服务

传统的物业管理

· 保安、保洁、园艺
· 设备安装、维修、保养
· 处理投诉及报修
· 物业缴费
· 水电煤气费代收代缴
· 为开发商提供预售服务（保安，样板间清洁、保养）

智能社区

1. 公共服务智能化
· 物业报修、物业缴费、代收费
· 小区停车场、公共消费场所
· 安防、巡更、监控、工程监管
· 社区Wi-Fi等公共设施建设与管理
· 社区医疗、急救辅助服务
· 社区金融、社区购物、体验中心
· 快递代收、配送

2.住户家庭智能化
· 手机App：人—社区的连接
· 智能管家：可视对讲、报警
· 小区一卡通：门禁、停车、消费
· 儿童、老年人定位服务

3. “社区生态”系统
· 社区内社交、社区C2C
· 能源管理、排放管理
· 公共资产增值运营

社区O2O

· O2O服务：一公里生活圈内的点餐、购物，商户信息推送
· 虚拟服务：生活、出行、汽车、金融理财
· 连锁经营：平台、商家、业主共赢的经营模式，如桶装水、干洗、营养早餐等

图5-1　智能环境给物业管理带来的变化

物业管理的外延将扩大至生活的各个方面，如图5-2所示。

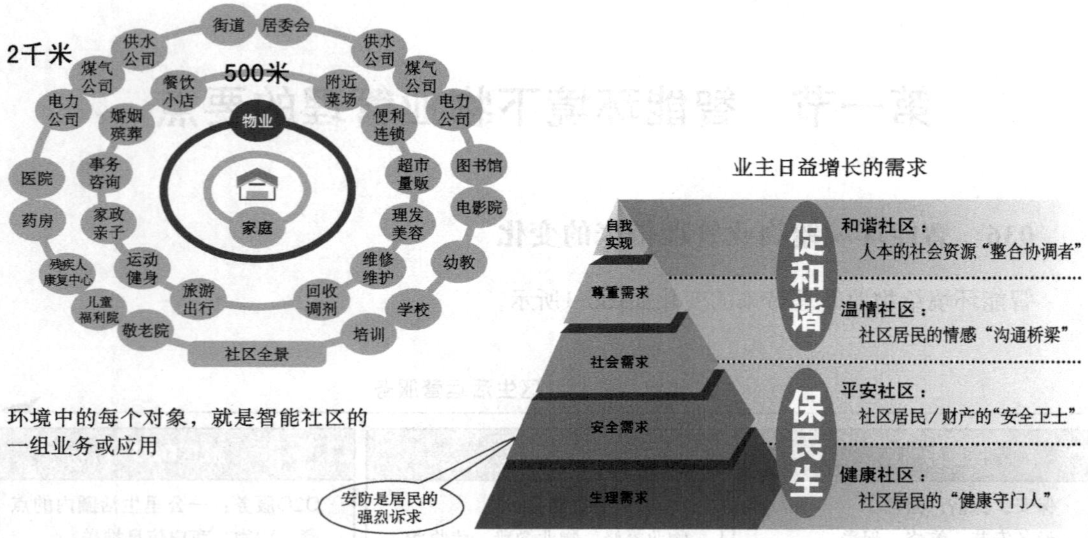
2千米
500米
街道
居委会
供水公司
煤气公司
电力公司
医院
药房
残疾人康复中心
儿童福利院
敬老院
社区全景
培训
学校
幼教
电影院
图书馆
餐饮小店
附近菜场
婚姻殡葬
便利连锁
事务咨询
超市量贩
家政亲子
理发美容
运动健身
维修维护
旅游出行
回收调剂
物业
家庭
环境中的每个对象，就是智能社区的一组业务或应用
业主日益增长的需求
自我实现
尊重需求
社会需求
安全需求
生理需求
安防是居民的强烈诉求
促和谐
保民生
和谐社区：
人本的社会资源“整合协调者”
温情社区：
社区居民的情感“沟通桥梁”
平安社区：
社区居民/财产的“安全卫士”
健康社区：
社区居民的“健康守门人”

图5-2　物业管理的外延将扩大至生活的各个方面

信息技术将彻底改变物业管理的方式，如图5-3所示。

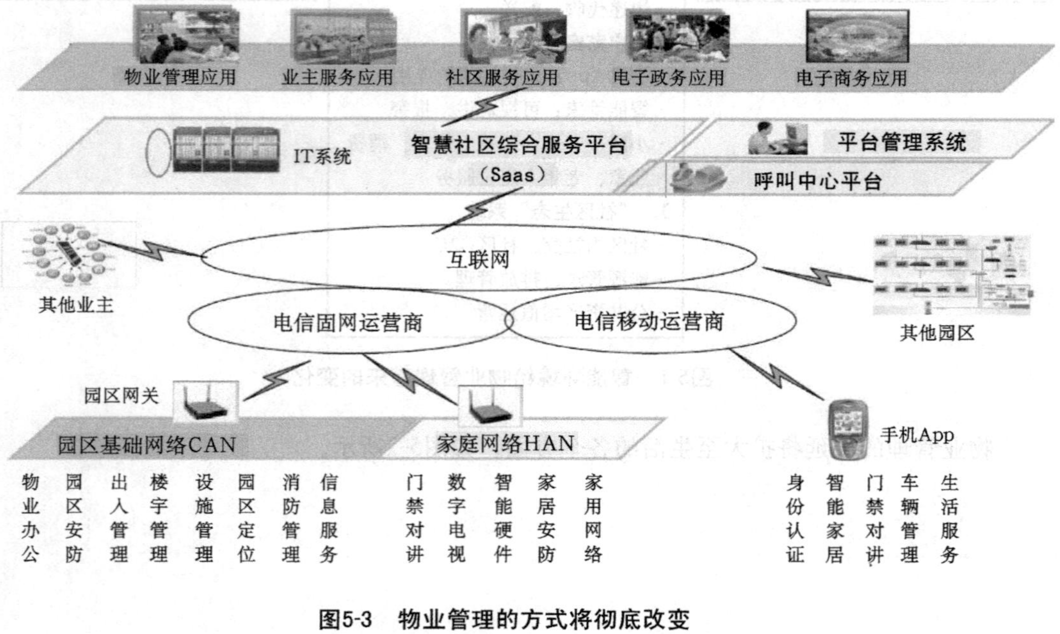
物业管理应用
业主服务应用
社区服务应用
电子政务应用
电子商务应用
IT系统
智慧社区综合服务平台
（Saas）
平台管理系统
呼叫中心平台
互联网
其他业主
其他园区
电信固网运营商
电信移动运营商
园区网关
手机App
园区基础网络CAN
家庭网络HAN
物业办公
园区安防
出入管理
楼宇管理
设施管理
园区定位
消防管理
信息服务
门禁对讲
数字电视
智能硬件
家居安防
家用网络
身份认证
智能家居
门禁对讲
车辆管理
生活服务

图5-3　物业管理的方式将彻底改变

037 物业公司如何创新商业模式

1．从盈利模式的角度看物业商业模式

从盈利模式的角度来看，物业公司的商业模式可概括为图5-4所示的几种形式。

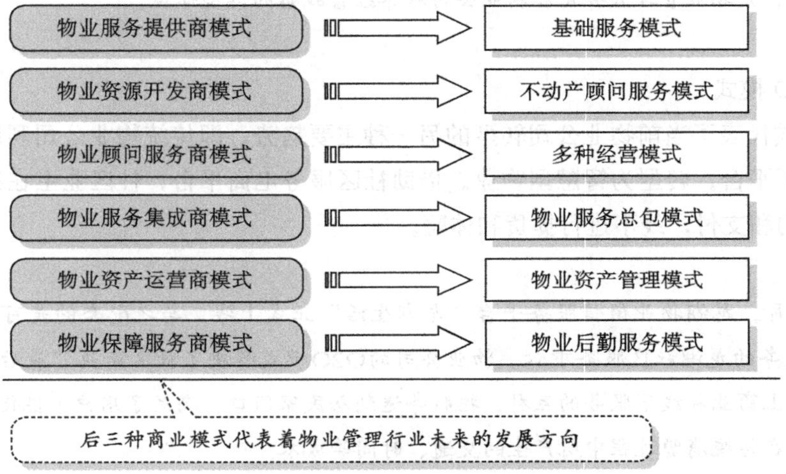
物业服务提供商模式
基础服务模式
物业资源开发商模式
不动产顾问服务模式
物业顾问服务商模式
多种经营模式
物业服务集成商模式
物业服务总包模式
物业资产运营商模式
物业资产管理模式
物业保障服务商模式
物业后勤服务模式
后三种商业模式代表着物业管理行业未来的发展方向

图5-4 物业公司的商业模式

2．互联网时代的物业商业模式

如今，互联网技术已经融入了物业公司日常经营的各个环节，并对提升管理水平、拓展盈利渠道发挥着不可或缺的作用，这一点在以上六种模式中也都有不同程度的体现。从互联网技术应用的角度来看，现阶段物业公司创新商业模式主要有两种：商业机构对家庭（Business To Family，B2F）和线上对线下（Online To Offline，O2O）。

（1）B2F 模式

B2F模式指物业公司跨界转型为商业机构平台，面向社区家庭直接提供增值服务，通过互联网平台整合自身及社会资源（家政服务、文化旅游、养老养生、金融资产等），将社区居民转化为潜在消费者，满足社区居民多层次、多方位的需求，实现多方共赢的转型模式，企业的经营思路也由对物的管理转变为对人的服务。

彩生活采用的就是B2F模式。借助App等网络技术，彩生活为其管理的数百个小区打造出一个生活服务的云平台，基于此种商业模式，彩生活获得了远比传统物业公司高的利润增幅，其2011年、2012年度的净利润率分别是16%和22.8%，2013年的净利润率更是高达29.3%（除去上市费用），大大超过了行业平均水平。2014年6月彩生活在港交所主板挂牌上市，成为我国物业管理企业中的第一家上市公司。根据彩生活2014年的中期报告，彩生活上半年收入为1.634亿元，同比增长49%；净利润为6530万元，同比增长188.5%。其中，直接得益于商业模式转型的业务为社区租赁、销售及其他服务，收入为3270万元，同比增长79.7%。彩生活由传统物业管理商转型为社区服务电商运营商，是物业管理差异化和物业公司跨界经营战略的典型体现。

（2）O2O模式

O2O模式代表了当前物业公司转型的另一种主要趋势，即传统物业公司利用互联网技术搭建线上线下平台，转型为智慧型物业。借助社区服务电商平台，社区业主在线上完成商品和服务的选购和支付，线下进行提货和体验。

2014年3月，龙湖物业微信服务平台“龙湖生活”正式上线，与之配套的是可以为业主提供体验和增值服务的龙湖社区服务中心。物业公司的O2O模式解决了社区商业“最后一公里”的问题，实现了线上商业和线下服务的互补，把服务送到居民家门口，满足了用户个性化的消费需求，也降低了用户在传统消费过程中所产生的交通、时间等成本。

3．物业公司创新商业模式的注意事项

在互联网大环境下，物业公司要想创新商业模式，必须注意以下几点。

（1）以物业服务为中心

物业管理的三大职能是服务、管理和经营，其中以服务为首。

对物业公司而言，物业服务是一切工作的中心，是立身之本，是满足业主需求的核心资源，是物业公司做大做强的基础，没有优质的物业服务，一切都是空中楼阁。那些依托房地产开发企业的物业公司，如万科物业、碧桂园物业等，更是在服务上大做文章，将服务作为提升产品附加值的重要方法，不但为企业的多元化增值经营打下良好基础，而且也促进了集团房产的销售和增值。

（2）建立互联网思维

所谓互联网思维，是指在互联网、大数据、云计算等技术不断发展的环境下，人们对市场、用户、产品、企业价值链乃至整个商业生态进行重新审视的思考方式。互联网带给物业公司的不仅仅是技术，更是一种全新的理念。在互联网环境下，物业公司尤其要注重建立互联网思维，包括图5-5所示的几个方面。

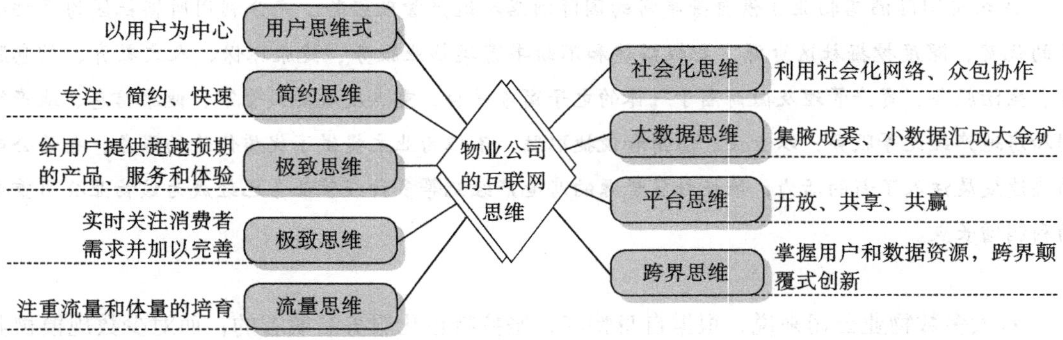
以用户为中心
用户思维式
专注、简约、快速
简约思维
给用户提供超越预期的产品、服务和体验
极致思维
实时关注消费者需求并加以完善
极致思维
注重流量和体量的培育
流量思维
物业公司的互联网思维
社会化思维
利用社会化网络、众包协作
大数据思维
集腋成裘、小数据汇成大金矿
平台思维
开放、共享、共赢
跨界思维
掌握用户和数据资源，跨界颠覆式创新

图5-5 物业公司的互联网思维

（3）加强资源整合和商业合作

苹果公司抓住了网络社会最大的权力拥有者———消费者，并借助网络联结创造了共享价值。这很值得物业公司借鉴。物业公司作为距离社区消费群体最近的实体，具有做社区服务O2O的天然优势。但物业公司缺乏互联网基因，更缺乏社区服务产业链条上的其他资源，因此需要采取资源整合、共同发展的方式，与市场上的软件开发企业、商家和物流企业开展商业合作，创造多方共赢的局面。

2014年，深圳市软酷网络科技有限公司携手万科温馨花园共同为考拉社区课堂揭幕，正式为社区居民提供便民服务；搜房网重点在社区金融服务和房屋租赁买卖服务方面积极与物业公司合作；顺丰和京东则通过社区便利店O2O的商业模式，给社区业主提供更便捷的服务和体验。

（4）选择适合自身的盈利模式

物业公司的自身情况千差万别，发展模式也多种多样。物业公司的发展模式没有最理想的、只有最适合的。物业公司要用发展的眼光来看待商业模式，在实践中结合自身特点不断摸索和调整，重新定位自身业务的重心，找到适合自身发展的商业模式。在这方面不少物业公司进行了有益的尝试。

金科推出了以资产管理为重点的线上线下相结合的大社区服务，向用户提供集资产托管、资产服务、资产经营于一体的资产增值服务。

河北卓达物业整合社区内外老龄服务的相关资源，搭建社区养老服务网络平台，向业主提供了多达672项的养老助老服务，带动了企业品牌美誉度和综合实力的大幅提升。

达尔文国际酒店物业凭借自身丰富的国际酒店和地产管理经验，充分利用所辖社区为高档小区的优势，深度挖掘社区资源，积极搭建和不断丰富集物业服务、健康环保、人文教育、信息服务、生活服务、资产管理及微商圈于一体的电子商务平台，重点发展英式管家、健康信息、地产策划和房地产经纪等服务，以专业、温情和便捷取胜，不但为业主提供了优质优价的服务，也为公司的快速发展注入了新的活力，依托社区资源的房地产经纪等多种经营业务已经成为该物业公司重要的利润增长点。

对大多数物业公司来说，根据自身特点，坚持特色化服务是明智的；而对少数规模物业公司来说，在保持核心业务优势的前提下，通过整合产业资源，开展商业合作，尝试多元化的经营模式，通过标准化推进低成本经营和复制管理，也能够实现规模化的快速、良性发展。

038　物业公司如何创新管理体制

物业公司应充分利用物联网技术，通过室内定位等技术，实现与业主的远距离交互，从而更全面地掌握业主及流动人员的信息，并针对业主所遇到的问题进行安排，最大化地节省重复浪费，并通过App或其他载体缩短与业主的距离，实现科技信息化的高标准管理体系。具体可从以下方面入手。

（1）缩短与业主的距离。

（2）实时掌握区域内人员的位置信息。

（3）实时了解区域内车辆的位置信息。

（4）可视化的界面展示区域内物业工作所需信息。

第二节　物联网技术在物业管理中的应用

物联网的内涵很丰富，应用范围也很广。小到我们身边的门禁卡、公交卡、二代身份证、二维码，大到如停车场系统、门禁系统、楼宇对讲等都可以是物联网的一部分，物联网技术也并非新出现的技术，而是各行各业信息化升级的必然要求。互联网让人与人之间的信息沟通超越空间限制，而以互联网为基础加入传感技术的物联网，则进一步将信息互通从人与人之间拓展到物与物、物与人之间，真正实现万物相联。物业管理行业需要拥抱物联网，物业社区也需要拥抱物联网。

039　基于物联网技术的物业服务平台

物联网技术之下的物业服务平台下设基础设施服务、信息服务及应用服务三个子平台，全面处理业主需求及物业信息。

基础设施服务平台主要是通过计算机控制负责楼宇内的硬件设备的日常运转及维修养护，保证楼宇内负责监控光线、温度、湿度等的传感器正常运转。信息服务平台主要是搭建业主与服务人员交流的信息平台。应用服务平台主要是针对物业公司自身以及业主信息的信息化管理，如对业主基本信息，物业公司的财务、人力资源等相关信息的记录，另外还有对日常管理、服务过程中出现的典型案例进行记录与整理的重要功能。

三个平台并非独立运作，而是相辅相成，信息彼此联通的。

040　基于物联网技术的小区综合平台构建与实施

基于物联网技术的智能小区综合平台的构建，要求从基础设施、RFID读写器、网络传输、控制中心等方面协调进行。具体的实施步骤是：首先，搭建物联网+互联网的技术平台，在小区物业管理办公室设置智能监控中心；其次，在小区每隔50～300米的距离安装读写器或读写定位器，形成一个覆盖整小区的物联网无线骨干通信网络；最后，将该无线网络与物业监控中心的计算机连接起来。在搭建好小区物联网基础平台后，再建立小区业主智能身份系统，每一位业主须配置一张基于RFID技术的无线身份卡。该卡为有源卡，电池使用寿命为3～5年，是小区业主的身份识别卡，在智能小区功能实现中发挥着举足轻重的作用。通过计算机可以将小区业主的基本物业信息录入其中，包括业主姓名、楼号、房号、车辆信息等，这些信息可以通过物联网平台进行交互。

041　运用物联网对设备进行维护管理

物业公司可通过运用物联网技术，将各物理设备通过网络联通，再通过中央服务器对设备数据进行采集和控制。

1．设备互联

通过传感器、接口协议等方式使设备内的数据信息实现传输和共享；监控设备的实时数据，识别设备的异常信号，如掉线、报警等。

2．业务管理

对设备进行远程控制、联动和管理，输出统计报表和能耗分析表。

3．大数据及人工智能

通过大量相关数据分析故障点原因；综合分析能耗节点，提出优化方案；预测故障问题点和风险。

042　运用物联网卡为智能物业管理和服务提供便利

物联网卡可以在以下方面为智能物业管理和服务提供便利。

1．便于物业公司管理

物联网卡应用于智能物业后，社区业主可通过智能社区的App把报修的信息提交给社区，在线预约物业公司维修服务。这样不仅方便物业公司管理，同时也方便了社区业主，业主足不出户就可以完成设施报修。对物业公司而言，为小区的公共设施设备植入物联网卡等，可以收集并向物联网云平台上传设备信息，在线查看设备状态，管理报警信息和维修信息，实现社区内部物物相连，为社区设备以及公共设施管理提供便利。

2．智能社区网上通知服务

物业可以通过智能社区的App提示业主近期的天气情况、社区活动，进行停水停电通知等，业主可以通过智能社区的App缴纳水电费，减少因为水电费单子丢失或业主不在家而通知不到位的问题，实现网上在线支付功能，服务社区业主的同时也可以节约物业管理的人工成本和减少人工差错。

3．智能监控在智能社区安全管理中的应用

智能监控系统能够保障业主的人身安全及财产安全。智能监控系统只要感应到异常状态，就会通过物联网卡将图像信息及时传给物业管理人员，确保及时发现并解决问题。访客来访时会发放临时智能卡片，内置物联网卡能准确定位访客运动轨迹。

4．更多个性化智能社区服务

在智能社区手机App或小程序中展示智能社区内的便民服务，对智能社区内的自助服务，预约周边便民服务等实现远程控制，让业主享受便利与实惠。

043 如何选择好的物联网卡平台

1．物联网卡平台的口碑

选择物联网卡平台时一定要关注其口碑，一个口碑好的物联网卡平台实力绝对差不了，只有实力强的物联网卡平台才会赢得客户的口碑。

2．物联网卡平台的实力

一定要选择有实力的物联网卡平台，因为这样不仅物联网卡质量好，还可以为企业提供稳定长久的服务。这些服务不仅包括后续对物联网卡的生命周期管理、数据统计分析、业务管理等，还包括针对企业的特性提供个性化物联网卡方案，帮助企业搭建完善的物联网应用体系等服务。

3．物联网卡的质量和价格

由于物联网卡可以用于各个领域，所以其应用环境也比较复杂，对物联网卡的质量要求也就非常高。所以物业公司选择的物联网卡要能承受高温、剧烈震动、强光、灰尘、潮湿等不同环境。

4．物联网卡平台的可扩展性和灵活性

要选择扩展性和灵活性强的物联网卡平台。除了可扩展性外，物联网卡平台还应具有足够的灵活性，用以适应快速变化的技术、协议或功能。灵活的平台通常是基于开放标准的，并且平台承诺会跟上物联网协议、标准和技术不断发展的步伐。

第三节 物业管理大数据运用

对于劳动密集型的物业管理行业来说，现代科学技术的运用大大降低了物业公司的管理成本，提高了工作效率，增加了公司的核心竞争力，云计算、物联网、移动终端等技术的发展，使物业管理发生了颠覆性变化。

044 物业管理大数据的类别

“物业管理大数据”是基于物业管理所覆盖的社区生活的相关数据，包括以下两大类。

1．关于人（业主）的数据

如社区业主的年龄、职业、家庭成员、爱好、交费习惯，以及宠物、车辆、旅游等方面的消费信息。通过“大数据”分析统计，物业公司就可以对业主未来的需求进行预测，再匹配相应的服务资源满足业主的各种需求。

2．关于物的数据

即物业管理工作中针对物的管理所产生的数据，如设施设备、保洁对象、园艺养护对象、安防系统等的数据。数据内容包括设备的数量、品牌、能耗水平、故障原因、日常维护成本等。

045 逐步树立大数据的概念

物业管理行业要逐步树立大数据的概念，主要有以下三个方面。

（1）业主信息的大数据。在这方面已经有一些物业公司开始行动，如建立400呼叫中心收集和记录信息。

（2）对业主信息做出准确分析，为业主提供更及时、更快捷的服务的大数据分析。

（3）企业内部资源的大数据。

046 大数据促进物业管理个性化

1．个性化服务

将个性化融入管理之中是众所周知的难题，大数据业务则为这个难题创造了“快捷方式”。通过对海量信息的分析，大数据的业务使管理者能够更加精准地掌握管理中和服务对象的个性化需求，从而提供更有针对性的管理服务。

某物业公司于2013年便开始在家政等固有服务的基础上，为住宅区业主增设净菜入户、社区Wi-Fi和便民服务站等服务；为别墅区等高端业主则导入了智能社区系统，通过物联网将社区内的监控系统与家庭可视系统进行捆绑，让业主通过手机、计算机等设备实现对家庭信息的实时监控，最大限度地保证业主安全。

2．社区商业的运营向个性化转型

大数据技术也使得社区商业的运营向个性化转型。社区消费可以说是刚性消费，也是日渐扩大的消费模式，而商业形态的多样性又为其贴上了个性化的标签。

正荣集团在江西打造的首个百万超级大盘正荣·大湖之都，其业主全部入住后，将形成一个庞大的消费圈，消费圈内的商业类型涉及餐饮、医疗、零售、服务等。这个百万大盘在建立初期就需要处理海量的数据，通过大数据导入，做出精准的分析，如业主的消费需求、消费能力等。依据分析得出的数据，在社区中搭建起衣、食、住、行、娱、购、游等商户资源的平台，再通过审核把关，构建社区“微商圈”来服务业主。之后，社区内的生活服务商和业主也会在大数据平台上留下行为记录，不断补充与更新数据信息，物业公司也可以更好地、有针对性地为业主推送信息，更精准地从中获得商业价值。

3．员工管理的转型

对外，物业公司应注重制定针对不同业主的体验式服务；对内，物业公司则应关注管理模式转型中员工需求的变化，让员工在输出高效能的同时保持积极的心态。对员工需求的把握同样需对大量数据进行采集和分析，比如定期的问卷分析、对员工网络日志信息的收集、日常员工访谈以及对员工调岗异动率、离职率等数据的分析等，分析后的信息便能有效地帮助管理者了解员工的需求。依靠大数据，物业公司基于员工的管理模式可呈现出新的组织特征：

(1) 通过对培训体制的建立，逐渐形成激励员工掌握知识和技巧的自律、自控环境；

(2) 通过对企业文化机制的建立，让员工从内心认同企业的价值观，并形成向心力。

047　大数据促进物业管理动态化

大数据业务的特点在客户关系管理上表现得非常鲜明——客户和潜在客户通过手机App、社交网络等各种平台创建了大量的新数据，这些数据成为物业公司领导层决策的重要依据，也为企业动态管理提供了决策参考。根据这些数据，物业公司持续跟进客户需求收集—反馈的PDCA（Plan-Do-Check-Action）计划，在数据业务拓展的帮助下，这个PDCA的过程将形成一个动态螺旋上升的模型。

动态化管理的一大重要体现是物业公司为业主定制的系列活动。

某物业公司根据上半年的业主需求反馈和热点分析，结合当下最热潮的电视元素，计划在下半年启动旨在拉近社区生活圈、亲近邻里情的两项重磅活动。物业公司将当红的综艺节目搬进社区，让业主参与其中，活动还依托移动终端的App为平台，随时对活动数据进行收集和整理。

这样的动态化管理显然更具有时效性，通过在重要的时间节点对客户进行定期调查反馈，每次活动结束后收集活动反馈信息并整合梳理，再将提炼的有效信息反馈到下一个计划中去，如此一来便能简单高效地实现“PDCA”的真正动态化管理。

048　大数据促进物业管理集约化

物业服务想要摆脱劳动力密集的桎梏，必须先将大量的劳动力从繁杂的基础性服务中解脱出来。物业经理可通过对各部门人员、岗位、设备等的数据进行分析、梳理、调配、整合和优化，从而使管理更加地集约化。

某物业公司在广西的在管物业面积超过130万平方米，原设有10个监控中心，按照四班三运转的人员设置，需要配备工作人员至少40人。通过对监控点所采集的数据进行分析，物业公司将监控中心合并调整为4个，每个监控点内再对监控区域进行细分，便可实现分级管理；而在人员调配上，每班负责一岗，采取三班两运转模式，工作人员由原来的40人调整到了24人，其余人员添补至巡逻队等，既完善了立体式安防体系，又节约了管理成本。

监控点从10个调整到4个，物业公司如何确保每个人的监控区域变大的情况下，监控力度不减弱呢？一方面，经数据分析处理后的分级管理，使得调配人员的配置更科学，中控作用得以增强；另一方面，安防秩序部采取立体交叉巡逻，再由巡逻队与监控室联动，使不同岗位间的协作能力得到最大化发挥，从而保证了安防监控和巡逻的全天候、全区域覆盖。

049　大数据促进物业管理信息化

物业公司可以利用大数据技术来促进物业管理的信息化。

某物业公司在其智慧平台建立了一个物业子平台，该子平台主要含“呼叫中心+CRM（客户关系管理）”及PMS（物业管理解决方案）两大系统，参考平衡计分卡的方式对物业公司的管理进行两个层面的数据分析及统计。

在客户层面，通过“呼叫中心+CRM”系统，物业公司可以获取客户的投诉数量、客户投诉的分布（保洁、工程或安防）等。物业公司可以通过呼叫中心回访，得知投诉或者请修的反应及时率如何，以及客户的满意度如何；同时，系统中有“限时服务”的提醒，一旦超时，服务不满意度及回访不满意度就会升级，在该公司的管理体系中不满意度升级率是一个非常关键的KPI数值。CRM系统也会对业主满意度测评数据例行进行周期化收集与整理，并在年度汇总时进行统计和分析处理，得出满意度的对比及变化情况。

在内部流程上，PMS系统可以支持整个工作计划达到较高的完成率。该系统的显著功能之一是任何一个工作都可以按照工作计划自动触发工单。如1月5日设定了设备维修保养单，按照一个月保养一次的要求，2月5日系统会自动弹出一个限期三日之内完成的工单，且工单必须现场扫描工作对象的二维码才能启动，这样设置就是强调必须到现场去真实地完成工作。按要求完成后工单会自动关闭，系统自动统计工作计划的完成率；如果工作超时，则该项工作会被纳入不满意升级率统计。公司依据这些信息掌握管理动态、考核员工绩效。在员工培训方面也可以进行数据化，员工学分、课时、考试通过率等都可记入相应系统。

050 科学地分析与优化数据

物业公司应对物业管理的既定流程、计划安排、设施的使用情况进行实时的数据展示，并根据所展示出的信息对流程、计划安排、设施的使用情况做出科学的调整。同时，物业公司应利用信息收集分析所得到的结果，科学有效地对物业管理的整体情况进行把控，及时做出相应调整，具体内容如下。

（1）掌握区域内整体人流分布情况。

（2）监控区域内可疑人员路径和停留时长。

（3）掌握工作人员的位置及停留时长。

（4）收集、分析业主位置和偏好。

（5）通过对所收集数据的分析增加区域的安全系数。

051 根据大数据提供有效的服务

物业公司可通过对物业大数据的分析了解客户的需求点，并了解服务的内容是否符合客户当前的需求，从而为客户提供更有效的服务，具体内容如下。

（1）根据收集到的信息提供有效的服务。

（2）完善服务反馈机制，了解真实需求。

（3）对每一次服务进行记录，从数据中总结经验模式。

（4）用服务创造价值，衍生各种附加收益。

052　通过分析大数据了解问题所在

物业管理平台体系的建立就是为了更好地解决物业管理行业所面对的各种问题。随着平台技术的不断完善，物业公司可以通过对大数据分析了解以下问题的成因。

（1）成本为何无法降低。

（2）如何有效提升效率。

（3）业主满意度曲线为何摇摆不定。

（4）物业行业的智能化能做到什么程度。

053　通过大数据掌握未来

一个良好的智慧体系不仅要实现对现状的分析与把握，也要能对未来的发展趋势做出科学的判断与预测，可以根据以往数据预测趋势并及时推送相关信息，具体可应用于如下方面。

（1）通过 App 推送天气预警。

（2）推送差异化信息到适宜人群。

（3）对区域内未来的停水停电计划进行推送。

（4）对突发事件及区域内的群体事件进行预警。

054　合理化激励，提升员工绩效

如今，物业行业的人力成本持续攀升，通过激励措施提升员工绩效已很常见。物业经理借助智慧物业平台数据库的分析，可以制定出更为合理的绩效标准。

通常，一些好的智慧物业平台大数据报告会将员工的工作表现反映在图表中，通过对各员工工作绩效的比对，能制定出更有针对性的激励措施，有助于全面提升物业服务水平及业主满意度。另外，通过智慧物业平台对阶段性工作绩效的分析对比，更能清晰认识到不同阶段激励策略的成效与不足，从而及时进行调整。

第四节　物业社区O2O平台

055　识别O2O与社区O2O

O2O即Online To Offline（线上到线下），是指将线下的商务机会与互联网结合，让互联网成为线下交易的前台。

社区O2O是指在移动互联网和电子商务普及的时代，通过线上和线下资源的互动整合，完成服务或产品在物业社区“最后一公里”的闭环，其核心是以物业管理社区为中心，构建物业公司、社区居民与相关联的企业和服务者之间交互连接的平台。

056　物业公司开展社区O2O的优势

物业公司具有拥有客户资源、了解社区周边的产品和服务提供商、拥有综合服务优势、拥有精准而且成本低廉的推广渠道，以及配送资源等，在开展社区O2O时具有图5-6所示的优势。

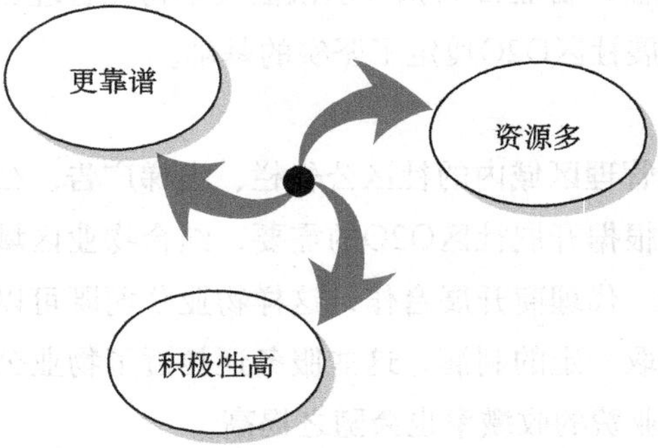
更靠谱
资源多
积极性高

图5-6　物业公司开展社区O2O的优势

1．更靠谱

不论是购物、房屋租赁，还是包裹的收发，业主都希望有一个信得过的合作伙伴，物业公司就是最好的人选。

(1) 物业服务合同是最好的保障

物业公司是由物业管理区域内的业主大会选聘的，并且与业主委员会签订了物业服务合同，业主的权利义务是受法律保护的，在合同期限内物业公司的服务要接受业主的监督，其可靠性是有保证的。

(2) 用户体验每天都在进行

业主每时每刻都在接受物业公司的服务，对物业服务的好坏再清楚不过了。物业公司服务得好，有偿服务价格高一些，业主们也会心甘情愿的接受；相反，如果物业公司的服务跟不上，那么即使再低的价格，业主也不愿意接受。

(3) 随时联系的便利性

物业公司都设有24小时的客服电话，方便业主有问题随时联系物业公司，这为业主提供了极大的便利。另外，网络社区论坛和社区App既可方便业主之间相互交流，也为物业公司进行物业费收缴等工作提供了便利。

(4) 价格优势明显

物业公司的工作地点就在物业管理区域内，距离业主相对较近，这种近距离很大程度上降低了物流成本，使物业公司的个性化服务在价格上具有了一定的优势。

2．资源多

物业公司在资源方面有着绝对的优势。

(1) 信息资源多

从业主办理入住的时候，物业公司就可以依法收集物业管理区域内业主的基础信息，这些信息为物业公司后期开展社区O2O奠定了坚实的基础。

(2) 公共资源多

物业公司对整个物业管理区域内的社区公告栏、电梯广告、公共停车场等的使用有着得天独厚的优势。物业公司根据开展社区O2O的需要，结合物业区域内业主的需求，合理使用公共资源，与广告、服务、代理商开展合作，这样物业公司既可以从中获得广告收入，又可以通过相关产品和服务获取一定的利润。这些服务还拉近了物业公司与广大业主的关系，提升了物业服务的品质，物业费的收缴率也会随之提高。

(3) 合作关系多

与开发商的合作，让物业公司在装饰装修和维修保养等方面获取了一些支持；与社区居委会的合作，使物业公司开展各种活动和组织人员更加容易；与供水、供电、供气、有线电视等单位的合作，为物业公司拓展除代收费用以外的其他业务合作提供了可能。所有这些合作都为物业公司开展O2O提供了更多的资源选择。

3．积极性高

（1）物业公司的积极性高

互联网为物业公司增加效益提供了新的机遇，物业公司通过开展社区O2O能够获取更多利润，当然积极性有所提高。

（2）业主们的积极性高

业主希望找到价格低、效率高、诚信度好的服务，当物业公司开展社区O2O时，业主们的获益最大，业主自然很乐意参与到社区O2O中来。

057　物业公司开展社区O2O的项目

1．快递包裹的寄存和配送

（1）快递包裹的寄存

物业服务公司可以充分利用其管理的物业公共区域（包括楼宇大堂、地下室、公共办公区域等），开展快递包裹的代收和代发业务。目前万科开展的代收快递的收费标准是0.6～0.7元/件。

（2）快递包裹的配送

物业公司可以利用现有的保安和服务人员对代收的快递进行配送，在基本不增加成本的情况下，完成最后100米的配送。

2．房屋租赁

（1）有信息，有信任，有效益

物业公司提供房屋租赁服务，既可以利用自身的优势获取大量租户信息，帮助业主解决租户信息不足的问题，又能解决业主对其他房屋中介不信任的问题。同时，物业公司也可以通过房屋租赁服务得到一定的收益。

（2）业主放心有保障

业主租赁房屋后，物业公司可以及时跟进业主房屋的使用情况，帮助业主及时掌握房产安全，让业主放心。

3．其他项目

超市、餐馆等能够满足业主日常生活起居的项目，都是物业公司开展社区O2O时需要积极考虑的，物业公司应根据不同社区的实际情况，从满足业主需要出发开展社区O2O项目。

058　物业公司开展社区O2O的主要切入点

1．服务平台

将物业服务关联到O2O的服务中，为业主提供一键缴费、投诉保修、小区动态通知等日常服务，同时为小区物业提供收缴费用、监督测评员工等管家服务。

2．电商平台

从社区的商品配送切入，将周边三公里的范围设定为商圈，整合商圈内的商家并与之合作，为业主们提供在线购物、商品优惠、团购、秒杀等增值服务。

3．社交平台

以社区信息整合及搭建社区居民的社交平台为切入点，提供社区资讯、邻里间的互动等服务。

059　物业公司开展社区O2O的主要服务模式

1．跨界结合

形式：物业+电商+物流。

以上房物业牵头的10家上海著名的物业公司和社区增值服务公司的战略合作为代表。社区增值服务公司为这10家战略合作物业公司所管理的约500个小区、近100万的居民提供物业及生活增值服务、社交服务、免费福利、打折优惠等内容。

2．自营兼加盟

形式：自有物业兼带其他非自有物业的社区联盟

主要以彩生活的彩之云和长城物业的一应生活平台为代表，它们通过上市融资或结盟的方式为用户提供专属物业服务，并提供以社区为中心辐射一公里的微商圈，包含衣、食、住、行、娱、购、游在内的各领域商户服务资源，从平台实时为客户推送并更新活动信息。

3．自给自足

形式：开发商或物业自主开发，开发商或物业与商户、用户三者形成一个闭环。

以万科五坊商业建筑2049为代表，万科2049商业提供社区生活所需的最后一公里解决方案，商户用户提供互通平台，在这个平台上，商户可以实现线上购买，也可将用户引流至线下开展体验，做到线上电商、线下实体店与移动互联网的结合。

060　社区O2O的宣传推广

社区O2O的宣传推广方法多种多样的，其中主要的宣传方式有图5-7所示的三种。

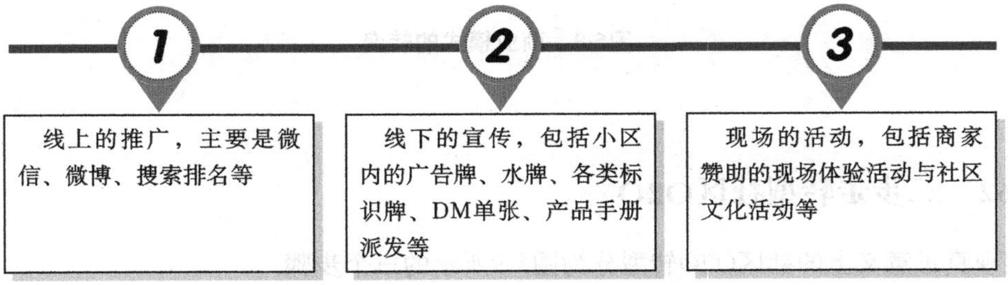
1
2
3
线上的推广，主要是微信、微博、搜索排名等
线下的宣传，包括小区内的广告牌、水牌、各类标识牌、DM单张、产品手册派发等
现场的活动，包括商家赞助的现场体验活动与社区文化活动等

图5-7　社区O2O的宣传推广方式

线上与线下的推广应当是同步的，当然，线上的推广成本低廉限制也少，而线下的推广通常会因物业公司、业主委员会的干涉等受到影响。线下推广时由物业公司利用日常上门服务或与业主沟通的机会上门推广是比较有效的一种方式。

061　传统物业到社区O2O的两个转变

1．服务范围的转变

传统物业管理包括对房屋建筑、公共设施、绿化、卫生、交通、生活秩序和社区环境等项目的管理。社区O2O模式在传统物业的基础上，将信息系统和各类资源进行整合，构建出统一的社区信息平台，改善社区服务。

2．商业模式的转变

从传统物业到社区O2O，物业公司在商业模式上的转变主要体现在管理重心、管理方式、人员结构和盈利模式等方面，如图5-8所示。

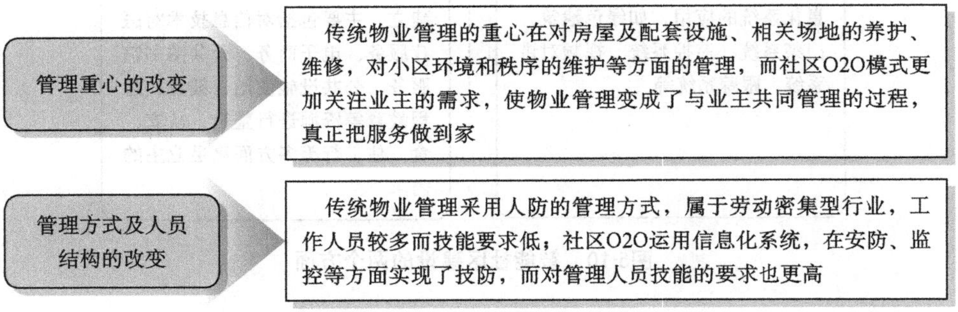
管理重心的改变
传统物业管理的重心在对房屋及配套设施、相关场地的养护、维修，对小区环境和秩序的维护等方面的管理，而社区O2O模式更加关注业主的需求，使物业管理变成了与业主共同管理的过程，真正把服务做到家
管理方式及人员结构的改变
传统物业管理采用人防的管理方式，属于劳动密集型行业，工作人员较多而技能要求低；社区O2O运用信息化系统，在安防、监控等方面实现了技防，而对管理人员技能的要求也更高

盈利模式改变
传统物业到社区O2O最直接的转变在于其盈利模式，社区O2O的收入不再仅依靠物业管理费，物业管理收入将主要来源于客户增值服务等

图5-8　商业模式的转变

062　三步走转型社区O2O

实现真正意义上的社区O2O转型分为图5-9所示的三个步骤。

建设智能社区
搭建O2O平台
打造服务生态圈

图5-9　转型社区O2O的三个步骤

1．建设智能社区

实现线上线下的连接，仅依靠手机App是不够的，而是需要社区O2O以智能社区作为基础来实现。智能社区的建设包括硬件和软件两个方面，如图5-10所示。

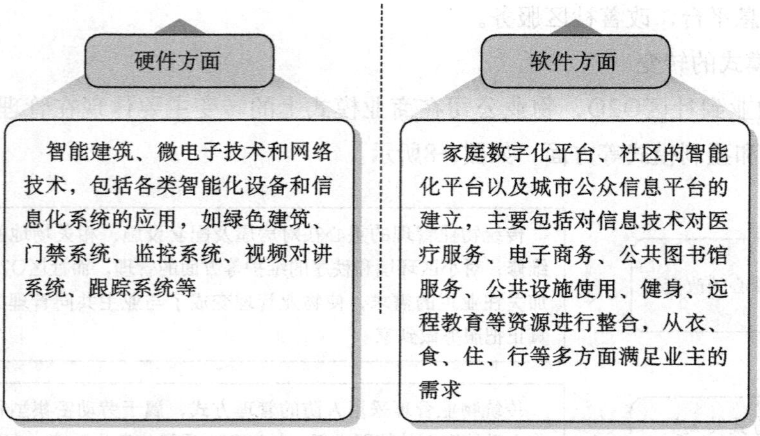
硬件方面
智能建筑、微电子技术和网络技术，包括各类智能化设备和信息化系统的应用，如绿色建筑、门禁系统、监控系统、视频对讲系统、跟踪系统等
软件方面
家庭数字化平台、社区的智能化平台以及城市公众信息平台的建立，主要包括对信息技术对医疗服务、电子商务、公共图书馆服务、公共设施使用、健身、远程教育等资源进行整合，从衣、食、住、行等多方面满足业主的需求

图5-10　智能社区建设的两个方面

2．搭建O2O平台

利用移动互联网，搭建以社区为中心的生活服务平台，将服务深入到住户中去。社区O2O平台的搭建可从电商、服务和社交三个方面切入，具体如图5-11所示。

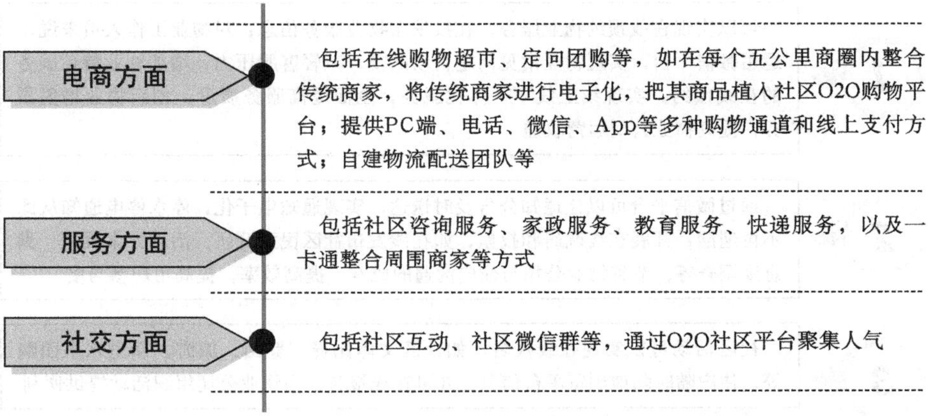
电商方面
包括在线购物超市、定向团购等，如在每个五公里商圈内整合传统商家，将传统商家进行电子化，把其商品植入社区O2O购物平台；提供PC端、电话、微信、App等多种购物通道和线上支付方式；自建物流配送团队等
服务方面
包括社区咨询服务、家政服务、教育服务、快递服务，以及一卡通整合周围商家等方式
社交方面
包括社区互动、社区微信群等，通过O2O社区平台聚集人气

图5-11　社区O2O平台搭建切入的三个方面

3．打造服务生态圈

打造良好的服务生态圈是社区O2O的核心，真正意义上的社区O2O应是充分体现以人为本和可持续发展的内涵，具备智能社区硬件与软件功能，整合各类O2O平台信息，将社区、家庭作为服务背景的生态圈。以互联网为依托提供物业服务，提供精细化服务和高端定制服务，让业主对社区产生了归属感和认同感，形成了业主、物业公司、商家全面参与互动、共生共荣、相互促进的关系，使物业真正融入生活，提高了人们的舒适度和幸福感。

第五节　建立物业微信公众平台

063　物业微信运营的三大板块

一个基于微信的物业管理和社区服务平台能帮助物业公司整合社区资源，营造可持续运营的社区生态体系。从社区居民的角度来说，我们可以让客户随时随地了解物业服务和社区生活的相关资讯；从物业公司的角度来说，我们可以实现线上线下一体化服务，全面提高服务质量，拓展更多物业增值服务。

物业的微信运营可以按照三个板块进行分类。

1．物业服务方面

从物业服务方面来说，物业的微信运营有很多便利之处，如图5-12所示。

1. 可以实现在线预约物业服务，在线发布物业服务信息；对物业工作人员来说，运用微信平台，实现物业常见问题自动回复，减轻客服压力；增加物业特色服务的在线预约，实现线上线下一体化服务，全面提高服务质量；创新物业增值服务，提高物业公司运营收益
2. 通过微信平台可以让通知公告及时送达，实现通知电子化，停水停电通知从此不再遗漏；开展在线调研和投票，如在线发布社区民意调研、活动方案投票、满意度调查等，节省物业公司与住户沟通的成本，提高效率，提高用户参与度
3. 社区活动可以实现在线报名，如社区文体比赛、登山、旅游、新鲜水果团购等，住户随时随地浏览平台信息，并可在线报名，为物业公司组织活动提供便利

图5-12　物业服务方面的便利之处

2．社区住户方面

从社区住户方面来说，物业的微信运营主要有如图5-13所示的便利之处和优势。

1. 物业微信平台可以实现社区生活资讯、便民信息的发布，方便住户了解社区周边配套服务
2. 物业在线客服接受社区住户的在线咨询、反馈、投诉与建议，实现物业一对一回复，及时解决社区住户问题，提升服务质量和社区住户满意度
3. 业主认证平台支持物业公司对社区用户的认证管理，方便物业为认证业主们提供更周全的服务
4. 第一时间发布社区周边购物、娱乐、饮食等优惠信息，拓展社区增值服务；运营后台的数据统计功能，帮助物业及时了解社区住户状态，反馈公告阅读率、活动报名统计等信息，为社区服务运营提供数据支持

图5-13　社区住户方面的便利之处与优势

3．社区电商的角度

从社区电商的角度来说，物业的微信运营拥有图5-14所示的优势。

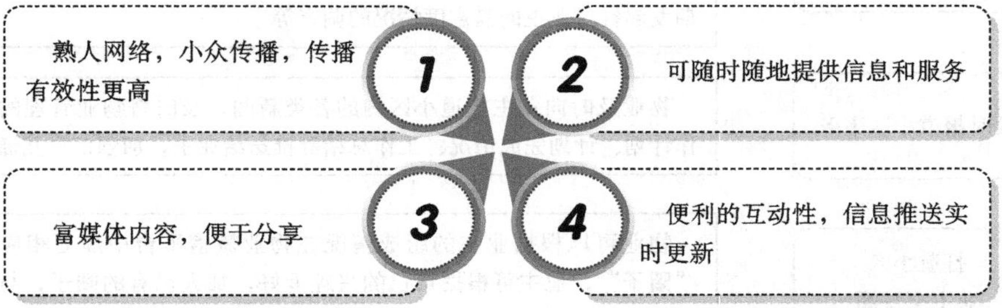
熟人网络，小众传播，传播有效性更高
1
2
可随时随地提供信息和服务
富媒体内容，便于分享
3
4
便利的互动性，信息推送实时更新

图5-14 社区电商角度的优势

微信公众服务如果能在物业管理行业得到推广，对于提升物业服务的品质、品牌和形象将大有帮助。微信平台为业主提供了一个反馈社区问题的通道，实现商家、企业与业主之间的真实对话。通过建设公众平台，运用微信的强大功能，物业公司可以在为业主创造便利的基础上，通过服务为公司赢得更多的发展空间，也可寻找到更大的合作商，实现物业公司、业主、合作商的三方共赢。

064 物业微信公众平台的功能

物业微信公众平台可实现六大功能如图5-15所示。

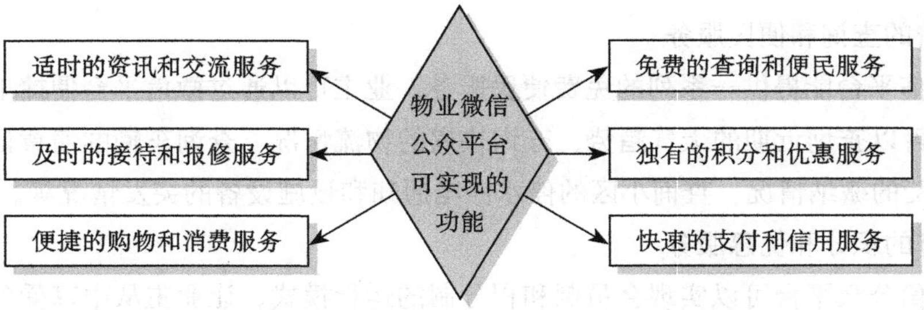
适时的资讯和交流服务
及时的接待和报修服务
便捷的购物和消费服务
物业微信公众平台可实现的功能
免费的查询和便民服务
独有的积分和优惠服务
快速的支付和信用服务

图5-15 物业微信公众平台可实现的功能

1．适时的资讯和交流服务

这一功能主要体现在三个方面，如图5-16所示。

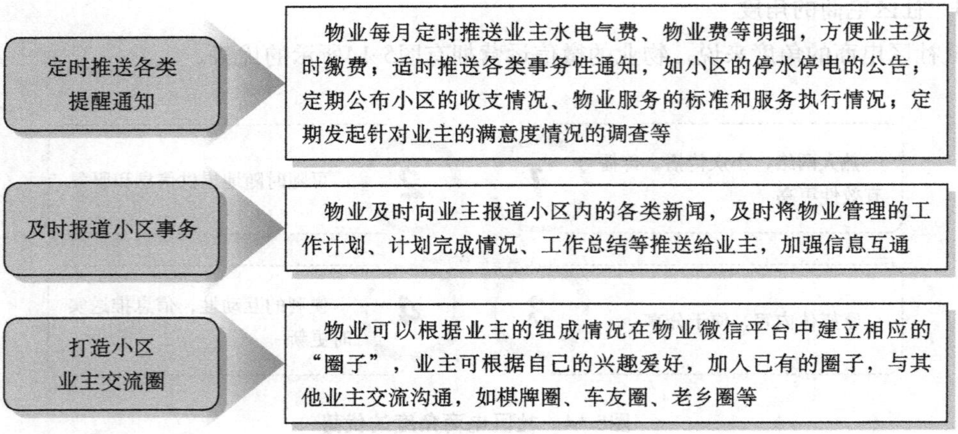
定时推送各类提醒通知
物业每月定时推送业主水电气费、物业费等明细，方便业主及时缴费；适时推送各类事务性通知，如小区的停水停电的公告；定期公布小区的收支情况、物业服务的标准和服务执行情况；定期发起针对业主的满意度情况的调查等
及时报道小区事务
物业及时向业主报道小区内的各类新闻，及时将物业管理的工作计划、计划完成情况、工作总结等推送给业主，加强信息互通
打造小区业主交流圈
物业可以根据业主的组成情况在物业微信平台中建立相应的“圈子”，业主可根据自己的兴趣爱好，加入已有的圈子，与其他业主交流沟通，如棋牌圈、车友圈、老乡圈等

图5-16　资讯和交流服务的体现

2．即时的报修与投诉服务

物业微信平台通过建立“微客服”板块，改变传统接待和报修必须通过电话或到现场进行的模式，业主有任何问题可以直接在微信上留言，简单完成报修或投诉；物业公司通过对后台的查看，快速回复和处理业主提出的问题。这样可以解决上班族因早出晚归无法与物业面对面沟通的麻烦，也实现了报修和投诉的简化。

3．便捷的购物和消费服务

微信平台可以针对业主的需求并广泛征集业主意见，通过与源头商、供应商、生产商的合作，以最低的团购价格或批发价格，为业主提供各类与生活息息相关的商品。业主在平台上进行挑选与购买，享受在线支付、免费送货上门的服务。

4．免费的查询和便民服务

物业微信平台能提供一系列的免费便民服务，业主可以通过微信平台便捷地实现多种需求，如业主可以查询近期的天气趋势、查询快递的物流情况、查询车辆的违章记录、查询水电气和物业费的缴纳情况、查询小区的停水停电通知和设施设备的突发情况等。

5．独有的积分和优惠服务

物业微信公众平台可以实现会员制和积分制的运行模式，让业主从中享受到更多的、真正的实惠。物业可在平台发起各类团购、打折、积分等优惠活动，让利于业主。业主可以通过积分返现，也可以在会员和积分达到一定要求后减免相应的物业费用。而这部分费用实质上是由通过平台引流获得业务量的商家承担的，最终得益的是业主和物业双方。

6．快速的支付和信用服务

业主可以通过微信平台的代支付接口查询家庭的水费、电费、天然气费、有线电视费、电话费等的使用情况，并直接在线缴费。同时，业主还可以通过微信平台直接缴纳物业服务费等。另外，平台还可以通过与银行等金融单位合作，推出无担保抵押式的即时贷款服务，为急需资金周转的业主实现短期融资，以解业主燃眉之急。支付和信用服务可以为业主减少很多时间和资源浪费，并为业主带来实惠。

065 物业微信公众平台的建立

下面以微小区公众平台的使用为例来对物业微信公众平台的建立进行说明。

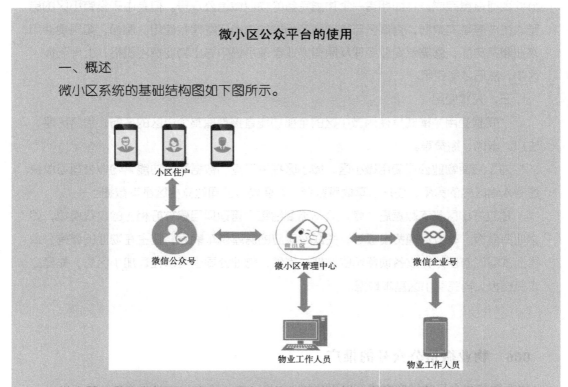

【实用案例】

微小区公众平台的使用

一、概述

微小区系统的基础结构图如下图所示。

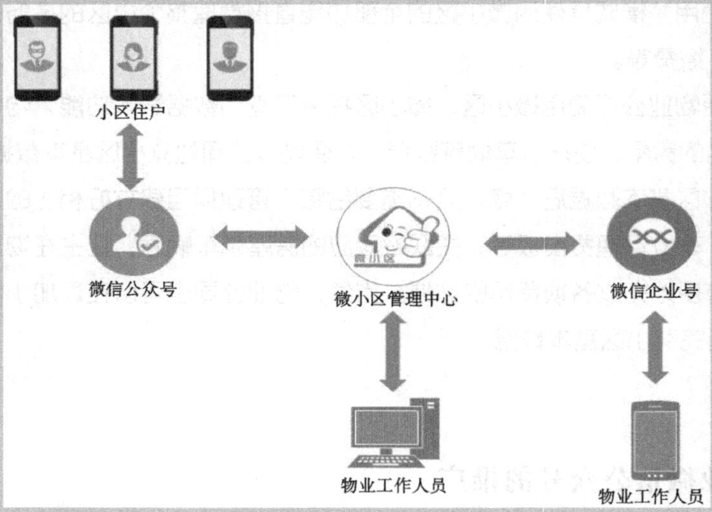
小区住户
微信公众号
微小区
微小区管理中心
微信企业号
物业工作人员
物业工作人员

微小区既是物业管理系统，也是专业的物业微信第三方开发平台。根据需求物业公司可以使用微小区“快速”和“完整”两种模式。

二、快速使用

“快速使用”模式不改变原有的物业管理系统，仅将微小区作为小区物业微信运营平台使用，其使用方法如下图所示。

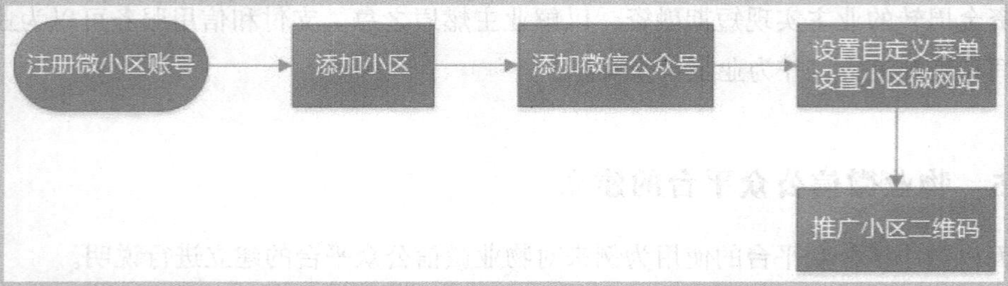
注册微小区账号
添加小区
添加微信公众号
设置自定义菜单
设置小区微网站
推广小区二维码

“快速使用”模式，可以让物业公司在最短时间体验到微小区基本功能，只需要几分钟即可设置完成，立即拥有一个功能完备的物业微信公众号。但是由于没有小区的房屋、住户等基本数据，有很多与物业服务相关的功能不能完整使用。例如，如果要使用物业缴费功能，就需要物业经理从原有物业管理系统中导出物业费用表格，上传到微小区中，然后才能使用。

三、完整使用

“完整使用”模式是使用微小区的全部功能直接管理整个小区的事务，包括房屋、住户、车辆、缴费等。

为了方便物业公司使用微小区，微小区提供了基础数据导入功能，物业公司可以快速导入辖区内的房屋、住户、车辆等数据，方便物业公司建立小区基本数据。

建立好小区基本数据后，物业公司需要给每个管理项目建立好相应的收费模板，如物业费模板、车位管理费模板等，关联好对应的房屋或车辆后，业主在物业的微信公众号上就可以方便地完成各项费用的缴纳。当然，物业公司也可以在添加小区后，先建立收费模板，再完善小区基本数据。

066　物业微信公众号的推广

物业微信公众号的推广方式有以下几种。

（1）在社区内张贴二维码海报。

（2）物业发放通知或短信提醒。

（3）召集社区内主动缴纳物业费的业主开会宣传。

（4）社区联合商家举办活动时扫二维码宣传。

第六节　物业App平台

067　建设物业App平台的益处

物业服务管理的App平台，是基于智能手机平台开发的创新物业服务模式。将物业服务、信息通知、物业缴费、周边商铺、社区活动、社区养老、社区圈子等诸多生活信息及服务整合在一个小小的手机App里，为社区住户带来便捷与实惠。

物业App平台将移动互联网技术运用于传统物业管理服务，搭建业主与物业间即时沟通的桥梁，以服务网站、手机App客户端、官方微信和客服呼叫中心四个平台为载体，最大限度地方便业主使用，业主只要动动手指就可以找到物业，报修求助、查看维修进程、反馈意见等，还可以随时查看小区的通知公告及周边信息。同时物业App平台集成了社区服务、周边商家、业主基本生活需求等内容，在周边一公里微商圈内搭建起了供需交流平台。业主可以享受安心快捷的生活服务，增进邻里交流；商家可以进行品牌推广，互动营销；物业可以借此向多元化管理的盈利模式转型。

068　物业App平台应具备的功能

物业App平台需要具备满足以下物业管理服务需求的功能：

（1）小区居民物业 App 移动端服务；

（2）楼盘及业主在物业 App 移动端的沟通与交流；

（3）物业与周边信息的查询及推送服务；

（4）客服中心的投诉、报修及其他应急服务；

（5）预约上门及特色服务；

（6）周边电商的在线服务；

（7）物业员工的任务管理；

（8）物业的工作统计及考核管理；

（9）支持物业管理人员的移动办公。

069　物业App平台的社区消息交流模块

1．社区黄页

在网站上提供社区及周边的各类服务信息，方便居民业主用App查询热线电话并可一键拨号，包括物业、居委会、家电维修、会所休闲、衣物干洗、快递、订餐送水、废品回收、开修换锁、管道疏通、物流搬家等服务信息。

2．小区通知发布

向小区业主发布一般通知、公告、紧急通知、节日贺词及注意事项等，提高公司信息的传达效率。

通知发布分点击查看和手机微信推送两种发布形式，具体如图5-17所示。

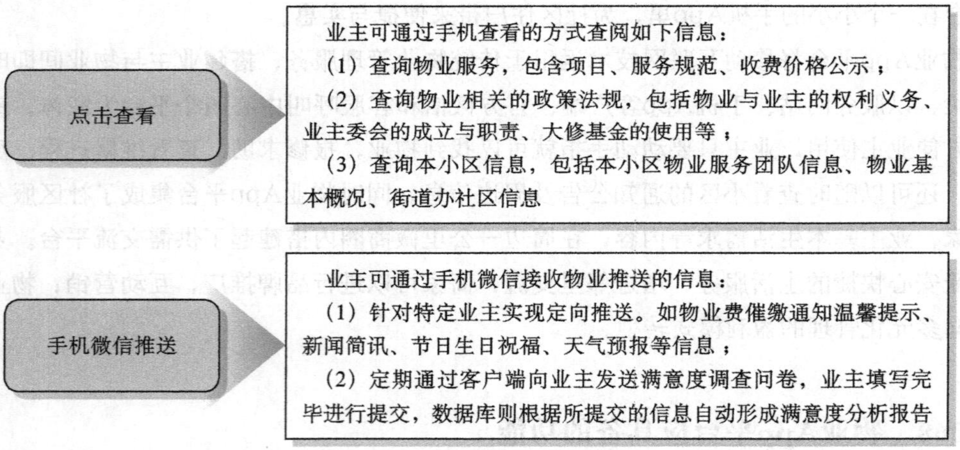
点击查看
业主可通过手机查看的方式查阅如下信息：
（1）查询物业服务，包含项目、服务规范、收费价格公示；
（2）查询物业相关的政策法规，包括物业与业主的权利义务、业主委会的成立与职责、大修基金的使用等；
（3）查询本小区信息，包括本小区物业服务团队信息、物业基本概况、街道办社区信息
手机微信推送
业主可通过手机微信接收物业推送的信息：
（1）针对特定业主实现定向推送。如物业费催缴通知温馨提示、新闻简讯、节日生日祝福、天气预报等信息；
（2）定期通过客户端向业主发送满意度调查问卷，业主填写完毕进行提交，数据库则根据所提交的信息自动形成满意度分析报告

图5-17　通知发布的两种方式

070　物业App平台的故障报修功能模块

故障报修功能模块又细分为多个子模块，如图5-18所示。

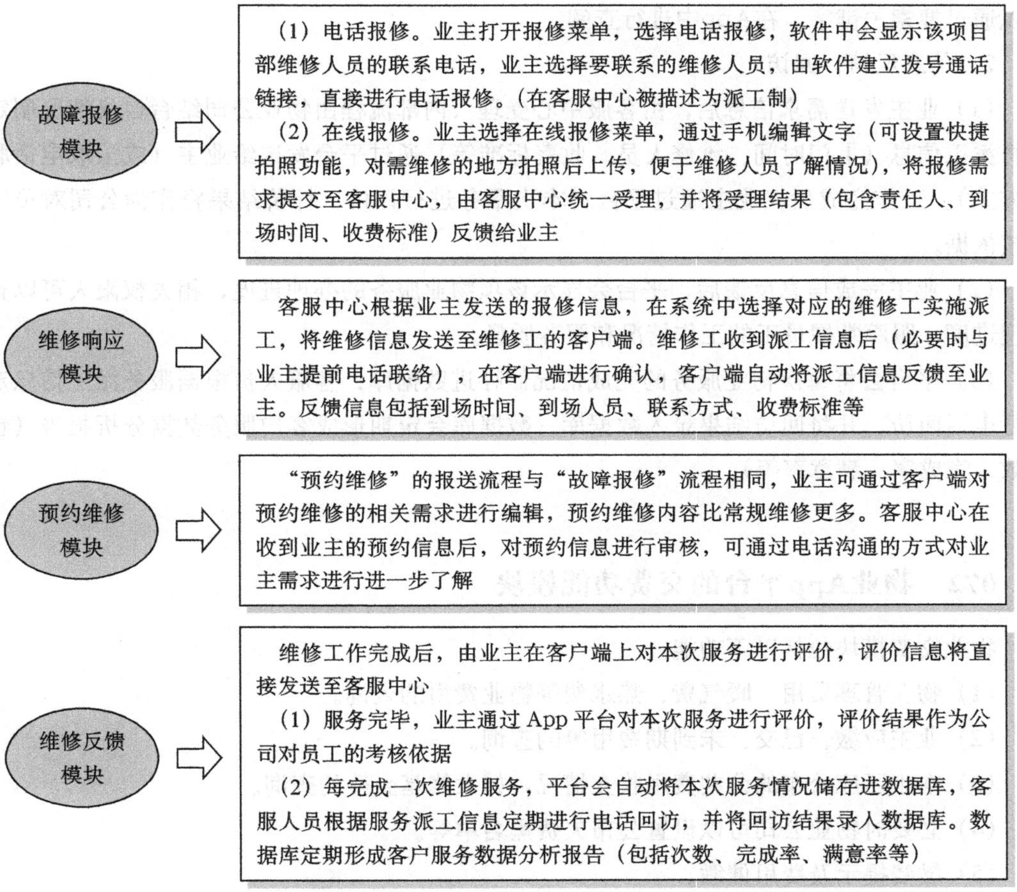
故障报修模块
（1）电话报修。业主打开报修菜单，选择电话报修，软件中会显示该项目部维修人员的联系电话，业主选择要联系的维修人员，由软件建立拨号通话链接，直接进行电话报修。（在客服中心被描述为派工制）
（2）在线报修。业主选择在线报修菜单，通过手机编辑文字（可设置快捷拍照功能，对需维修的地方拍照后上传，便于维修人员了解情况），将报修需求提交至客服中心，由客服中心统一受理，并将受理结果（包含责任人、到场时间、收费标准）反馈给业主
维修响应模块
客服中心根据业主发送的报修信息，在系统中选择对应的维修工实施派工，将维修信息发送至维修工的客户端。维修工收到派工信息后（必要时与业主提前电话联络），在客户端进行确认，客户端自动将派工信息反馈至业主。反馈信息包括到场时间、到场人员、联系方式、收费标准等
预约维修模块
“预约维修”的报送流程与“故障报修”流程相同，业主可通过客户端对预约维修的相关需求进行编辑，预约维修内容比常规维修更多。客服中心在收到业主的预约信息后，对预约信息进行审核，可通过电话沟通的方式对业主需求进行进一步了解
维修反馈模块
维修工作完成后，由业主在客户端上对本次服务进行评价，评价信息将直接发送至客服中心
（1）服务完毕，业主通过App平台对本次服务进行评价，评价结果作为公司对员工的考核依据
（2）每完成一次维修服务，平台会自动将本次服务情况储存进数据库，客服人员根据服务派工信息定期进行电话回访，并将回访结果录入数据库。数据库定期形成客户服务数据分析报告（包括次数、完成率、满意率等）

图5-18　故障报修功能模块的细分

071　物业App平台的咨询与投诉服务模块

1．接受业主的咨询与投诉

App内有相应咨询、投诉的联系电话和受理人，业主可通过电话号码链接接通客服中心电话。

在App内加入在线客服功能，业主即可进行在线咨询、投诉（类似QQ、微信聊天），即时与客服人员进行沟通。

在数据库中录入物业政策法规、物业公司价格公示、服务流程、服务标准等信息，业主

可以通过搜索关键字，在App中进行查阅。

2．信息反馈、回访

（1）业主发送需求信息后，由客服中心受理（内部流程由物业公司结合自身情况制定），并将派工信息（上门时间、维修人员、收费标准等）通过平台发送给业主（或采取电话联系的方式）。工作完成后，业主通过平台对本次服务进行评价，评价结果将作为公司对员工的考核依据。

（2）业主完成信息反馈后，平台会显示该项物业服务的办理进度，相关权限人可以查看办理进度，跟踪掌握员工的工作情况和服务质量。

（3）平台会将每次物业服务的完成情况储存进数据库，客服人员根据服务派工信息定期进行电话回访，并将回访结果录入数据库。数据库会定期形成客户服务数据分析报告（包括次数、完成率、满意率等）。

072　物业App平台的交费功能模块

物业交费模块包括以下功能。

（1）物业管理费用、暖气费、热水费等物业费用的查询。

（2）业主应缴、已交、未到期费用等的查询。

（3）本小区应公布的公共费用收支情况，如大修基金等的查询。

（4）必要时物业公司可以设置公布欠费黑名单等。

（5）缴费提示及费用催缴。

①缴费提示：根据业主的缴费信息，在平台设置自动缴费提醒，将业主的缴费日期、应缴金额推送给业主。

②费用催缴：根据平台显示的业主欠费信息，挑选欠费金额较大的业主，通过平台发送催费通知。

073　物业App平台的延伸服务模块

延伸服务可涵盖图5-19所示的内容。

上门有偿维修	通过服务清单，明码标价，向业主提供快速便捷的入户有偿维修服务，如家庭内部电路维修、家庭内部管道维修等
家政服务	通过服务清单，明码标价，向业主提供家政服务，如卫生打扫、油烟机清洗、清擦窗户等
其他费用代收代缴	通过与其他收费平台对接，为业主提供水、电、煤气费用，通信费、取暖费等的代收代缴服务
家电维修	向业主提供家电故障检测及维修服务
便民查询	通过接入其他查询平台的信息，向业主提供快递、公交线路、违章、常用电话、生活常识、新闻资讯等的查询服务
预订服务	通过接入其他平台的信息，向业主提供机票、火车票、电影票、演唱会门票等的预订服务，还可以延伸至餐厅预订、外卖预订、KTV预订等服务
定期探访	对独居空巢老人定期登门探访
预约服务	按业主要求提供送菜、送餐、送医以及保洁等有偿服务
老人辅助服务	按业主要求提供老人室外活动、聚会等的辅助服务
二手商品转让	可以在社区二手商品市场发布转让或者求购信息
宠物交流	在宠物板块可以发布关于宠物的转送、领养和约会信息
拼车	发布拼车信息，包含起点、终点和时间信息，可以找乘客也可以找车主
家教	发布家教信息，可以推荐和被推荐，发布的信息包含家教科目、价格、性别、年龄、照片、标题和内容等信息

图5-19 延伸服务的内容

074　物业App平台的物业管理模块

1．业主信息管理

在平台设置注册菜单，业主通过注册更新、完善业主信息，通过数据库建立业主信息电子档案。

2．客服中心管理

客服中心设置专职人员负责平台的运营维护工作，配置如下。

(1) 信息管理员1名，负责平台的管理、维护，信息的汇整、发送以及业主档案资料的管理工作。

(2) 客服专员1名，负责服务热线接听、在线受理咨询与投诉、维修派工、服务回访等工作。

3．维修工管理

将各项目部维修工的个人信息和联系方式录入数据库中，客服中心根据业主提交的报修信息，在系统中选择对应的维修工实施派工，将维修信息发送至维修工的客户端。

4．信息查询权限管理

业主通过平台发送的所有信息都将被储存进客服中心的数据库，根据物业公司人员的行政职级和职责，为公司人员设置不同的信息浏览权限，具体设置如下。

(1) 公司领导层可以浏览所有信息，可以根据信息内容直接作出批示并部署相关工作。

(2) 相关部门（项目部）负责人可以浏览与自身职责相关的信息。

(3) 客服中心工作人员可以浏览所有信息，但无法对信息进行人工操作。业主所发送的所有信息都将通过数据库自动发送至相关权限人。

(4) 业主可以通过平台浏览已发送的信息、提交事项的办理进度和客服中心的反馈信息。

5．其他

(1) 物业管理人员信息维护。

(2) 延伸服务及商户管理。

(3) 公司自营的延伸服务。

(4) 签约商户的延伸服务。

(5) 有偿服务的清算。

075　物业App平台的推广

可以通过以下方法进行物业App平台的推广。

（1）媒介宣传：利用电梯广告等宣传。

（2）短信宣发：群发短信向业主宣传。

（3）活动宣传：组织社区活动宣传。

（4）有奖下载：以发放小礼品或给予商圈优惠服务的方式吸引业主下载。

（5）登门拜访推广：由物业人员逐一登门拜访，通过面对面交流的方式推荐业主体验。

第七节　物业公司的网站建设

076　网站建设的意义

在互联网高速发展的今天，网站已经成为各行业进行形象展示、信息发布、业务拓展、内部沟通的重要阵地，它不但具有快捷、无距离及便于更新的特性，还能提供一些具有互动性的功能。

物业公司建立网站，不仅能让区域内的客户了解公司的企业文化、服务宗旨和服务内容，还能快捷、无距离地与广大客户进行在线沟通。公司网站极大地满足了客户了解、咨询公司的服务、个性化产品，为公司提出意见、建议等的需求。

077　网站设计的原则

1．品牌性原则

网站设计应充分体现物业公司的品牌优势，重点塑造公司网络品牌的个性化形象，建立忠诚于物业公司的客户群体。

2．商业性原则

作为物业公司商业运作的一个重要组成部分，网站设计应服务于物业公司企业文化的对外传播，服务于公司与客户、公司与员工沟通渠道的建立。服务于公司服务体系的完善，为公司创造了更多的商业机会。

078　网站的主要栏目及内容

物业公司网站栏目的规划应充分考虑如何展示公司形象、扩大公司知名度。

1．网站首页

网站首页是网站的第一内容页，整个网站最新、最值得推荐的内容将在这里展示，主要包括公司简介、最新动态、服务项目等，管理员在后台可以动态更新首页的内容。

2．关于我们

该栏内容传导的是公司的经营理念和企业价值观，可以运用现代网络媒体的优势树立企业品牌和形象，力求将物业公司的企业形象更好地传达。该栏目的内容可以包括公司简介、领导介绍、组织机构、公司荣誉、公司品牌等。

3．新闻中心

该栏目向客户介绍公司的近期活动及行业内最新资讯，让客户能更直观地了解公司的发展规划和行业的发展趋势。该栏目的内容包括企业报道、集团资讯、行业动态等。

4．服务项目

该栏目是网站的重要栏目，也是向所有浏览者展示公司实力的栏目。该栏目的内容包括公司经营范围、服务项目及服务特色等。

5．企业文化

该栏目主要用于展示公司的企业文化，可由员工发布对企业文化的理解与感悟，为公司的发展提出建议，同时也向客户展示了公司员工丰富的业余文化生活。该栏目的内容包括公司活动、员工心声等。

6．社区活动

该栏目用于展示公司以往组织的社区活动，树立公司良好的服务品牌和企业形象。

7．人才招聘

该栏目用于发布公司的职位需求信息，为的是吸引和储备同行业的优秀人才。该栏目的内容包括加入公司、新人旅程、职业发展、人才招聘等。

8．客户留言

该栏目是公司管理者获得网站访客反馈信息的一个重要途径。客户可在该栏目内在线填写对服务或其他内容的意见，留言将直接发送至管理员。

9．联系我们

该栏目主要介绍公司的联系方式，方便客户和物业公司联系。

10．视频中心

该栏目主要以视频的方式展示公司最近的活动，有利于提升公司的整体形象及品牌效应。

11．其他栏目

（1）网站流量分析：包括流量日志、流量统计、网页分析、访问分析、来源分析、搜索分析等。

（2）友情链接：与相关行业的其他网站互换链接以提升网站权重。

（3）在线客服：以即时聊天的方式实现网站访客与网站管理员的在线交流。

第六章　物业接管验收管理

导读　>>>

物业接管验收是指物业公司接交房地产开发商或业主委员会委托管理的新建成或原有物业时，以物业主体的结构安全和使用功能为主要内容的再检验。在完成接管验收后，整个物业就移交给物业公司进行管理了。

Q先生：A经理，请问物业接管验收的基本流程是怎样的呢？

A经理：首先你要组建一个验收小组，并划分好各小组成员的职责，然后准备好验收资料，编制好验收计划。之后先进行预验收，通过预验收发现问题，让开发商进行改进，然后才能进行正式验收。验收后要注意清理现场，并保管好设施设备。

Q先生：那么，验收工作又有哪些内容呢？

A经理：验收工作涉及很多方面，如房屋主体结构验收、采暖系统验收、玻璃幕墙工程验收等。每一项验收工作你都要认真做好。

第一节　物业接管验收的流程

079　物业接管验收的职责划分

物业接管验收工作中，物业公司各部门的职能不尽相同，具体如下。

（1）物业公司接到开发商竣工验收的通知后，物业经理负责指定主管人员、各职能部门负责人及专业的技术人员，组成验收小组。

（2）验收小组负责对物业原设计图纸、设计变更、竣工图、设备出厂合格证书及设备试运行记录等技术检验资料进行验收。

（3）验收小组按设备移交的要求，对移交清单上的设备进行验收，并对设备的规格型号、安装数量、安装位置及竣工图进行验收。

（4）验收小组验收物业的运行系统，主要包括供电系统、给排水系统、供暖系统、中央空调系统、土建工程、装饰工程、给排风系统、消防系统、防盗对讲系统及电梯系统。

（5）物业经理与开发商办理接管手续。

080　准备验收文件

物业经理在验收工作正式开始之前应准备好所需的验收文件，一般包括以下几种。

（1）物业管理委托合同。

（2）前期物业管理协议书。

（3）初步建立的业主档案。

（4）业主公约。

（5）住户手册和装修守则。

（6）收楼通知书。

（7）物业管理收费标准一览表。

（8）商场／住宅（公寓）物业移交及二次装修流程说明。

（9）物业公司业主收楼、二次装修的手续与凭证。

081　制订验收计划

验收小组应于验收接管前制订好验收计划，对验收的时间、地点、参与人员做出明确规定，以便验收人员按照计划开展验收工作。

082　物业接管验收的基本流程

物业接管验收应要按照一定流程进行，具体如下。

（1）验收小组根据验收计划，按专业分工进行预验收。

（2）在预验收过程中，检查出未达到验收标准的楼宇、设施设备，应向开发商提出书面整改报告，由开发商督促施工单位进行整改。

（3）对于在验收中未达到验收要求的楼宇、设施设备，实施整改后由验收小组再次进行检查、验证，整改合格后进行正式验收。

（4）楼宇的实物验收要点是对每套单元房的水、电、土建、门窗、电器设备进行全面检查，并将检查结果记录在楼宇接管验收清单中。

（5）设备的实物验收要点如下：

• 图纸设计与设备的规格、型号、数量符合要求；

• 主要设施设备的安装位置与安装质量符合要求；

• 设施设备与整个系统的技术性能，应符合设计要求，检查结果应记录在相应的设施设备接管验收清单中。

（6）对物业的其他配套系统、设施进行验收，验收结果记录应在设施设备接管验收清单相应的表格内。

（7）移交档案和资料验收。根据验收文件计收提交档案、资料并进行对照、检查，将检查结果填写在楼宇资料交接清单中。

083　物业档案资料的移交

验收工作结束后，在实施物业管理之前，开发商应向物业公司移交关于物业的各类资料，具体如下。

1．综合资料

包括项目土地使用合同，红线图，立项文件，工程申报批建文件及计划批准文件，建设许可证，工程建筑报建表，工程招、投、定标书，上级机关的决议、决定、批示以及工程重要会议纪要和指导性文件等。

2．土建资料

包括主体隐蔽工程验收记录，图纸会审和设计修改变更及联系单，事故处理记录，建筑物、构筑物及重要设备安装测量定位及各种观测记录（长期），原材料产品及重要构件出厂证明，试验报告，材料换审批单，试件试验报告（长期）。

3．给排水、消防资料

包括开（竣）工报告及中间交工验收证明书，图纸会审及设计修改变更通知，事故处理及探伤记录，隐蔽工程验收记录，材料构件出厂证明及材料代换审批单，管线标高、位置、坡度、测量记录，试水、闭水试压试验记录，设备调试记录，管线清洗、通水、消毒记录等

4．电气资料

包括开（竣）工报告及中间交工验收证明书，图纸会审及设计变更通知，事故处理及探伤记录，隐蔽工程验收记录，防雷电接地实测记录，空调资料，动力、通信、有线电视资料等。

5．施工图

包括总平面布置图（包括综合系统图），建筑施（竣）工图，结构施（竣）工图，给排水、消防设备设施施（竣）工图，电气施（竣）工图，空调施（竣）工图，智能化系统施（竣）工图，通信施（竣）工图，液化气、煤气施（竣）工图。

6．声像资料

包括建筑前后的状态，侧、立面照片，内外景观照片，建筑小品，工程奠基、开（竣）工典礼、重要领导人或知名人士视察、剪彩、题词的照片、录音和录像，工程主要部位隐蔽和大事故原状及处理后的照片、录像。

084　物业验收现场的清理

现场验收工作会产生一些垃圾或脏污，物业经理要安排清洁人员清理现场，保证验收工作圆满完成。

085　物业接管后的设备设施保护

在物业接管验收后、业主入伙前，物业公司要对物业内的设备设施有针对性地进行保护，具体措施如下。

（1）建立巡查制度，对已经验收的区域、机房和单元要做好巡查记录。

(2) 建立应急预案（包括火警、停电、管道爆裂等），及时处理突发事故。

(3) 对已经接收的区域机房和单元要尽可能封闭，钥匙由专人保管。

(4) 建立专门的清洁制度，由专人负责已接收区域的清洁工作，发现问题及时报告。

(5) 严禁在已经验收区域和机房内吸烟。

(6) 严禁擅自动用已经验收的卫生洁具（特许使用的除外）。

(7) 不得在验收后的区域内用餐。

(8) 准备必要的运输工具（四边有橡胶保护的塑胶轮小车、塑料搬运箱等）及保护用品（阻水沙袋、旧地毯、塑料保护膜、垃圾袋、鞋套等）。

(9) 建立消防安全制度，遇有动火整改、维修必须办理相关手续，按要求规范配置灭火器具。

第二节　物业接管验收实务

086　房屋主体结构的验收

房屋主体结构验收的具体内容如下。

(1) 地基基础的沉降不得超过建筑地基基础设计规范的规定范围，不得引起上部结构的开裂或相邻房屋的损坏。

(2) 钢筋混凝土构件产生的变形、裂缝不得超过钢筋混凝土结构设计规范的规定值。

(3) 木结构应结点牢固，支撑系统应可靠、无蚁害，其构件的选材必须符合结构工程施工及验收规范的规定。

(4) 砖石结构必须有足够的强度和刚度，不得有明显裂缝。

(5) 凡应抗震设防的房屋，必须符合建筑抗震设计规范的有关规定。

087　楼道的验收

1．楼梯

踢面、踏面无缺口、破损或断裂，阳角线顺直，无明显污渍。（检查方法：观察）

2．扶手

木制扶手表面无龟裂，油漆无脱落，色泽一致，扶手表面平滑、不扎手，安装牢固。

（检查方法：用手触摸，用力摇晃无晃动）

3．墙面

抹灰面平整，涂料均匀，无漏刷，无剥落，无明显裂缝和空鼓，无污渍，无残浆；阳角线、阴角线顺直。（检查方法：观察，用小手槌轻扣墙面。如发现裂缝，即用小手槌在裂缝边缘轻扣，以判断有无空鼓；发现裂缝、空鼓、污渍的，用红色粉笔将其圈出）

4．开关

安装水平、牢固，完好无损，连接正确，表面无水泥、抹灰。（检查方法：单指轻击检查盖板，盖板应无晃动并紧贴墙面；进行开关操作，检验连接是否正确）

5．照明灯具

灯罩完好，无明显污渍，照明正常。（检查方法；打开灯具，检查电源接通是否正常，灯具发光是否正常）

6．单元电子对讲门

开启灵活，通话器完好无损，表面不得有明显的损伤（碰瘪、擦伤、划伤），通话清晰，液晶显示清楚。（检查方法：观察，对单元电子对讲门进行开启操作和可视对讲操作）

088　天台的验收

1．屋面

地砖粘贴牢固，无缺棱掉角，表面无裂纹、损伤；砖面色泽一致，对缝线顺直；防水玻璃胶饱满，线条顺直。（检查方法：观察）

2．地漏、排水管

完好无缺损，排水畅通。（检查方法：观察，下雨后检查是否有积水）

3．女儿墙

外墙涂料不脱落、起皮，墙面无破损、缺口。（检查方法：观察）

4．避雷设施

表面油漆正常，无脱落、锈蚀，各连接点无断裂、牢固可靠。（检查方法：观察）

089　电梯的验收

电梯厅的验收内容具体如下。

(1) 检查电梯楼层指示灯与轿厢实际位置是否符合。

（2）检查厅门按钮及按钮灯是否正常工作；厅门关闭是否密封牢固，是否有碰撞痕迹；电梯到达平层是否平稳；厅门地坎与轿厢地坎误差是否达到标准要求（水平距离偏差不超过3毫米，距离间隙不超过35毫米），是否影响业主进出。（检查方法：观察、直尺测量）

（3）检查轿厢内各附件设施（层楼信号灯、风扇、照明设备、警铃、电话、开关门按钮等）是否正常，是否有明显碰撞痕迹或划痕。（检查方法：观察、逐一试用）

（4）按使用说明书在机房内对电梯的各项功能进行切换。对电梯升降情况进行以下三方面的检查：

——电梯起动是否平稳，是否有明显失重或超重感；

——是否恒速运行，运行中有无震动感和异常声响；

——减速停层有无明显失重感。（检查方法：乘坐电梯从一楼到顶楼）

（5）将电梯升起后查看电梯井道底坑是否有渗漏水痕迹，检查保护装置、潜水泵等是否正常，对潜水泵进行试运行。

090 消防设施的验收

1．消防箱

消防管、消防带等配套设备齐全；箱门上标识清楚，箱门玻璃安装牢固，门锁开启自如，箱内铁盒无脱开、锈蚀、损坏。（检查方法：逐一检查。用单指轻扣玻璃，稳固无晃动；对箱门进行开关操作）

2．消火栓

油漆均匀，无少刷、漏刷现象；阀门完好，无渗漏水情况。（检查方法：观察）

091 小区路灯及道路的验收

1．小区路灯的验收

对照图纸对小区路灯进行逐一检查，开启照明，检查灯泡是否点亮；用木片或硬竹片等轻碰灯具无摇晃。路灯按设计要求安装，灯具安装牢固，配件齐全，灯罩无损伤，灯泡照明正常；灯柱安装牢固，柱面油漆均匀，无损伤、刮花。

2．小区道路的验收

仔细观察小区道路，观察路面是否平整，无起砂、空鼓、损伤；路沿砌筑整齐，灰缝饱满，无损伤；块料面层拼砌整齐，平整稳固，块料面无裂纹、缺棱掉角；地面线条顺直。

092　垃圾桶的验收

1．木桶或金属类

对照图纸逐一检查垃圾桶是否按原设计配备，油漆均匀，无损伤或锈迹，安放地面平稳。

2．塑料类

对照图纸逐一检查，要求垃圾桶桶身完好无损，桶底无裂纹，必要时做盛水试验，检查垃圾桶有无漏水；配有桶盖且完好无损。

093　车库的验收

1．露天停车场

仔细检查，要求停车场地面平整，无起砂、空鼓、裂纹。

2．地下停车场

(1) 防水层应满铺、不断，接缝严密，各防水层与基层之间应紧密结合，无气泡、裂缝、空鼓、损坏或脱层现象。

(2) 管道、电缆等穿过防水层处应封严，不得有渗水现象。

(3) 变形缝的止水带不得有折裂、脱焊或脱胶；预埋件螺栓应拧紧，缝隙应用填缝材料填严。

(4) 自行车架应焊接牢固、平直，油漆面均匀、无锈迹。

(5) 应设有专门的排水沟，具体可参照明暗沟验收标准；排水泵的验收应参照水泵验收的相关标准进行。

094　明暗沟的验收

仔细观察明暗沟，要求沟底无断裂、积水；沟壁和沟底抹灰平整；沟盖板安装平稳、牢固，排水畅通。

095　检查井的验收

检查井进出水口高度差不小于5厘米，井盖搁置稳妥并设置井圈，井内无垃圾杂物，进排水畅通。验收小组可以打开检查井盖板后实地查看。

096 水泵的验收

水泵以及主要给水系统的验收内容如下。

（1）检查生活水池和消防水池水位是否正常，水池自动注水装置是否正常，可采用现场观察法。

（2）检查各阀门转动是否正常。

（3）检查各阀门、管道有无漏水现象，压力表读数是否正常。

（4）逐一运行各个水泵，检查水泵有无振动及异常响声；检查仪表工作情况是否正常。

（5）检查机械密封是否滴漏水，排除不正常的漏水现象，要求轴封漏水不超过每分钟20滴，且不呈连线状滴落。

（6）检查电气控制柜和电气柜信号灯，观察是否与实际情况相符。检查变频器的工作情况，观察指示灯是否与实际情况相符。

（7）检查电气柜接触器，紧固接线头线柱螺钉。

（8）转动平时不用的阀门，开启备用泵。

097 卫生器具的验收

验收人员要根据表6-1所列的方法检查卫生器具的安装是否符合标准，其偏差是否在允许范围内。

表6-1 卫生器具安装的允许偏差和检验方法

项次	项目		允许偏差（毫米）	检验方法
1	坐标	单独器具	10	拉线、吊线和尺量检查
		成排器具	5	
2	标高	单独器具	15	
		成排器具	10	
3	器具水平度		2	水平尺、尺量检查
4	器具垂直度		3	吊线和尺量检查

098　门禁系统的验收

1．门禁系统单元门口机的验收

门禁系统单元门口机按以下步骤进行验收。

（1）检查单元门口机对监控中心通话及图像传输情况。

（2）检查单元门口机对户内通话及图像传输情况。

（3）单元门锁具用各种方式（密码、钥匙、遥控）开启 1 ～ 3 次。

（4）在停电的情况下启用备用电源后检查使用情况。

（5）上述功能及信号应正常。

2．访客（楼宇）对讲系统户内对讲主机的验收

访客（楼宇）对讲系统户内对讲主机按以下步骤进行验收。

（1）检查对讲主机与单元门口机、监控中心通话及图像监视情况。

（2）户内防灾系统撤布防和各传感器的检测，以及与监控中心的信息传输情况。

（3）单元门开启门 1～3 次。

（4）上述功能及信号应正常。

3．管理（监控）中心管理主机的验收

管理（监控）中心管理主机按以下步骤进行验收。

（1）检查管理主机与各单元门口机的通话、图像监视、开锁情况。

（2）检查管理主机与户内对讲主机的通话情况。

（3）物业管理软件的各功能运行及记录。

（4）上述各功能及信号均应正常。

4．访客（楼宇）对讲系统各控制箱验收

访客（楼宇）对讲系统各控制箱安装位置应正确、固定、可靠。暗式箱盖（门）紧贴墙面，箱体油漆光亮、标识清楚，箱内外清洁，箱盖开闭灵活。室外设备须有必要的防雨措施。

099　采暖工程的验收

采暖工程验收的内容具体如下。

（1）采暖工程的验收必须在采暖期前两个月完成。

（2）锅炉、箱罐等压力容器应安装平正、配件齐全，不得有变形、裂纹、磨损、腐蚀等缺陷。安装完毕后，必须由专业部门出具检验合格证。

(3) 炉排必须进行 12 小时以上试运转，炉排之间、炉排与壁毯之间不得互相摩擦，炉排应无杂音、不跑偏、不凸起、不受卡、运转自如。

(4) 各种仪器、仪表应齐全、精确，安全装置必须灵敏、可靠，控制阀门应开关灵活。

(5) 炉门、灰门、煤斗闸板、烟挡板、风挡板安装平正、启闭灵活、闭合严密，风室隔墙不得透风漏气。

(6) 管道的管径、坡度及检查井必须符合采暖与卫生工程及验收规范的要求，管沟大小及排列应便于维修，管架、支架、吊架应牢固。

(7) 设备、管道不应有跑、冒、滴、漏现象，保温、防腐措施必须符合采暖与卫生工程施工及验收规范的规定。

(8) 锅炉辅机应运转正常、无杂音，消烟除尘、消音减震设备应齐全，水质、烟尘排放浓度应符合环保要求。

(9) 经过 48 小时连续试运行，锅炉和附属设备的热工、机械性能及采暖区室温必须符合设计要求。

100　防水工程的验收

1. 检验内容

(1) 根据规范规定，对屋面细部构造、接缝、保护层等进行外观检验，进行淋水或蓄水检验，并应全数检查。

(2) 对有防水要求的楼地面渗漏部位进行蓄水试验。

(3) 外墙渗漏检验方法是通过雨后观察或淋水检查。

2. 检查标准

(1) 屋面不得有渗漏水或明显积水现象。

(2) 对有防水要求的楼地面进行蓄水试验，蓄水深度为 20～30 毫米，要求 24 小时内无渗漏。

(3) 外墙面无渗漏水。

101　给排水工程的验收

1. 检验内容及方法

(1) 管道渗漏的验收。根据安全和功能的要求观察并检验。

(2) 管道坡向。水平尺检查，全数检查。

(3) 地漏水封高度。试水观察或检查是否设置存水弯。

2．检查标准

(1) 给水管道、阀门、水嘴等无渗漏水，排水管灌水后管道及接口无渗漏水。

(2) 管道坡向正确、无倒坡。

(3) 地漏的水封高度不得小于 50 毫米或设置存水弯。

(4) 伸缩节设置必须符合设计或规范要求（间距不大于 4 米），高层建筑明设排水塑料管道应设置阻火圈或防火套管。

(5) 塑料排水立管宜每六层设置一个检查口，但在最底层和设有卫生器具的二层以上的最高层，应设置检查口；在立管水平拐弯处和乙字管的上部应设置检查口。

102　电气工程的验收

1．检验内容及方法

(1) 配电箱安装质量。观察和检查漏电保护装置、线路回路标志。

(2) 开关、插座安装质量。仔细观察、检验。

2．检查标准

(1) 漏电保护装置动作灵活可靠，动作电流不大于 30 毫安，动作时间不大于 0.1 秒；接线整齐，回路编号齐全，标识正确；接地连接可靠。

(2) 开关、插座面板应紧贴墙面，安装牢固，相位正确，接地可靠。

103　玻璃幕墙工程的验收

1．检查内容及方法

(1) 玻璃幕墙工程验收前应将其表面擦洗干净。

(2) 玻璃幕墙工程质量检验应进行观感检验和抽样检验，并应以一幅玻璃幕墙为检验单元，全数检验。

2．检查标准

(1) 玻璃幕墙框料应竖直横平，单元式幕墙的单元拼缝或隐框墙分格玻璃拼缝应竖直横平，缝宽应均匀，并符合设计要求。

(2) 玻璃的品种、规格与色彩应与设计相符，整幅幕墙玻璃的色泽应均匀；玻璃不应有析碱、发霉和镀膜脱落等现象。

（3）玻璃的安装方向应正确。

（4）幕墙材料的色彩应与设计相符，材质均匀，铝合金料不应有脱膜现象。

（5）装饰压板表面应平整，不应有肉眼可察觉的变形、波纹或局部压砸等缺陷。

（6）幕墙的上下边及侧边封口、沉降缝、伸缩缝、防震缝的处理及防雷体系应符合设计要求。

（7）幕墙隐蔽节点的遮封装修应整齐美观。

（8）幕墙不得渗漏。

104 抹灰工程的验收

1．检查内容及方法

室外，以4米左右的高度为一检查层，每20米长抽查一处（每处3延长米），但不得少于三处。室内，按有代表性的自然间抽查10%，过道按10延长米抽查，礼堂、厂房等大间可按两轴线为1间抽查，但不得少于3间。检查抹灰所用材料的品种、面层的颜色及花纹等是否符合设计要求，检查墙面的面层是否有爆灰和裂缝等。

2．检查标准

（1）水刷石：石粒清晰，分布均匀，紧密平整，色泽一致，不得有掉粒和接槎痕迹。

（2）水磨石：表面应平整、光滑，石子显露均匀，不得有砂眼、磨纹和漏磨处。分格条应位置准确，全部露出。

（3）斩假石：剁纹均匀顺直，深浅一致，不得有漏剁处。阳角处横剁和留出不剁的边条应宽窄一致，棱角不得有损坏。

（4）干粘石：石粒粘结牢固，分布均匀，颜色一致，不露浆，不漏粘，阳角处不得有明显黑边。

（5）假面砖：表面应平整，沟纹清晰，留缝整齐，色泽均匀，不得有掉角、脱皮、起砂等缺陷。

（6）拉条灰：拉条清晰顺直，深浅一致，表面光滑洁净，上下端头齐平。

（7）拉毛灰、洒毛灰：花纹、斑点分布均布，不显接槎。

（8）喷砂：表面应平整，砂粒粘结牢固、均匀、密实。

（9）喷涂、滚涂、弹涂：颜色一致，花纹大小均匀，不显接槎。

（10）仿石、彩色抹灰：表面应密实，线条清晰。仿石的纹理应顺直，彩色抹灰的颜色一致。

（11）干粘石、拉毛灰、洒毛灰、喷砂、滚涂和弹涂等，在涂抹面层前，应检查其中层砂浆表面的平整度。

105　吊顶工程的验收

1．检查内容及方法

按有代表性的自然间抽查10%，过道按10延长米抽查，大间按两轴线为1间抽查，但不得少于3间。检查吊顶工程所用材料的品种、规格、颜色以及基层构造、固定方法等是否符合设计要求。

2．检查标准

（1）罩面板与龙骨应连接紧密，表面应平整，不得有污染、折裂、缺棱掉角、锤伤等缺陷，接缝应均匀一致，粘贴的罩面板不得有脱层，胶合板不得有刨透之处。

（2）搁置的罩面板不得有漏、透、翘角等现象。

（3）吊顶罩面板工程质量须符合国家相关规定。

第七章　物业安全管理

导读＞＞＞

物业安全管理是物业公司为了防止盗窃、破坏、灾害、事故等的发生而对所管物业进行的一系列管理活动，其目的是保障物业公司所管物业区域内的人身、财产安全，维护业主的正常生活和工作秩序。

Q先生：A经理，巡逻是开展物业安全管理的一个重要方式，我该如何开展巡逻工作呢？

A经理：巡逻对确保物业管理区域的安全非常重要。你要与保安部主管一起规定好巡逻的任务和方式，明确巡逻工作的要求，同时妥善处理在巡逻中发现的各种异常情况。另外，你要督促保安人员做好巡逻工作，随时检查，确保小区安全。

Q先生：那么，监控工作又该如何开展呢？

A经理：监控是物业管理的重要内容，必须配备合适的监控系统，如周界防越报警系统、电子监控系统等。同时要做好监控中心、监控设备的管理工作以及报警时的应对工作。除了监控之外，你还要督促保安人员做好人员与车辆的进出管理，并做好相关登记。

第一节　物业小区智能安防系统建设

106　小区智能安防系统的组成

一个优秀的智能系统必然包括一个安全、可靠、高效、人性化的综合保安系统。通常，小区智能安防系统应包括图7-1所示的几个子系统。

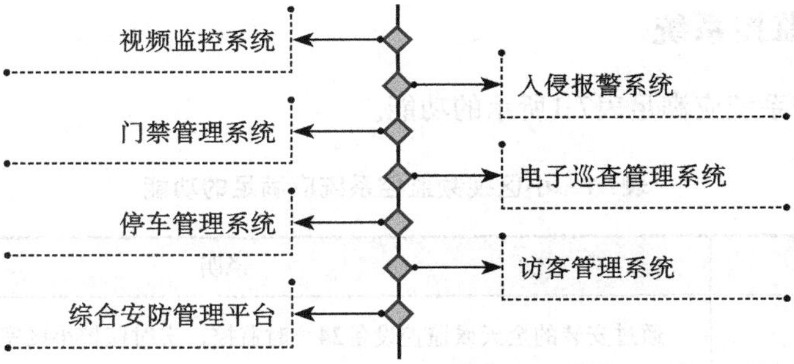
视频监控系统
入侵报警系统
门禁管理系统
电子巡查管理系统
停车管理系统
访客管理系统
综合安防管理平台

图7-1　小区智能安防系统的组成

107　智能安防系统的总体架构

小区智能安防系统的建设，绝不应该是各子系统的简单堆砌，而是在满足各子系统功能的基础上，寻求子系统之间、子系统与外部其他智能系统之间的完美结合。智能安防系统主要依托于综合管理平台来实现对视频监控系统、入侵报警系统、门禁系统及停车场管理等各子系统的综合管理和控制。

智能安防系统由系统前端、传输网络、中心系统三个部分组成，它们相互衔接、缺一不可，如图7-2所示。

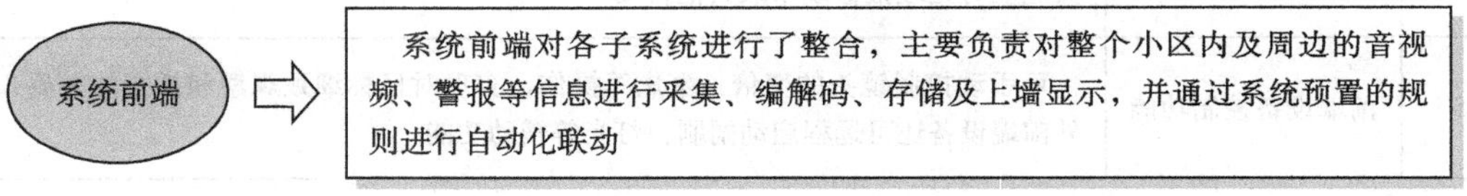
系统前端
系统前端对各子系统进行了整合，主要负责对整个小区内及周边的音视频、警报等信息进行采集、编解码、存储及上墙显示，并通过系统预置的规则进行自动化联动

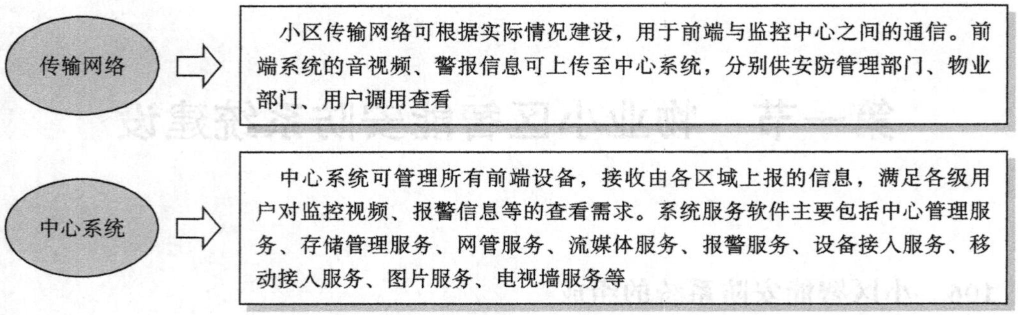
传输网络
小区传输网络可根据实际情况建设，用于前端与监控中心之间的通信。前端系统的音视频、警报信息可上传至中心系统，分别供安防管理部门、物业部门、用户调用查看
中心系统
中心系统可管理所有前端设备，接收由各区域上报的信息，满足各级用户对监控视频、报警信息等的查看需求。系统服务软件主要包括中心管理服务、存储管理服务、网管服务、流媒体服务、报警服务、设备接入服务、移动接入服务、图片服务、电视墙服务等

图7-2　小区智能安防系统的总体构架

108　视频监控系统

小区视频监控系统应满足表7-1所示的功能。

表7-1　小区视频监控系统应满足的功能

序号	功能	说明
1	全天候监控功能	通过安装的全天候监控设备24小时监控，实时监控小区室内公共区域、电梯轿厢、电梯厅、安全通道、室外路口、周界、出入口、地下室、屋顶等区域的安全状况
2	昼夜成像功能	半球摄像机和固定枪式摄像机部分采用红外模式的摄像机，可见光成像系统的彩色模式非常适合天气晴朗、能见度良好的状况下对监视范围内的监视识别；红外模式则具有优良的夜视性能和较高的视频分辨率，在照度很低甚至低至零勒克斯的情况下具有良好的成像性能
3	高清成像功能	小区主要出入口部署高清摄像机，小区室外的主要路口、开阔区域部署高清快速球型摄像机，利用高清成像技术对区域内实施监控，有利于记录小区车辆、人员面部等的细部特征
4	自动跟踪功能	在小区周界和主要路口、室外开阔区域安装高清智能快速球机，当发现运动物体后，系统会停止摄像机的巡逻程序，而对目标图像进行变焦放大并跟踪目标，以便进行运动录像，并发出报警。这些动作都不需要操作人员的帮助，使操作人员能及时处理报警或采取其他行动
5	前端设备控制功能	可手动控制镜头的变倍、聚焦等操作，实现对目标细致观察和抓拍的需要；室外前端设备还可远程启动雨刷、灯光等辅助功能

（续表）

序号	功能	说明
6	智能视频分析功能	在小区的周界、地面及地下停车场等位置安装智能球机，配合中心管理软件，具有视频分析识别报警功能，能够对小区周界、地面及地下停车场进行警戒线、警戒区域检测，对于符合条件的非法活动目标进行区分并自动报警，为及时处警提供依据
7	分级管理功能	记录配置客户端、操作客户端的信息，包括用户名、密码和用户权限（系统资源），在客户端访问监控系统前执行登录验证功能。在小区安防控制中心建设C/S架构的管理平台，对于远程访问和控制的人员，可以通过授权登录Web客户端，实现对摄像机云台、镜头的控制和实时图像预览、录像资料查看等功能
8	报警功能	系统对各监控点进行有效布防，避免人为破坏；当发生断电、视频遮挡、视频丢失等情况时，现场发出告警信号，同时将报警信息传输到监控中心，使管理人员第一时间了解现场情况
9	联动功能	小区安防系统是以综合安防管理平台为基础，通过视频监控、入侵报警、门禁、巡更等既可独立运行，又可统一协调管理的多功能、全方位、立体化安防自动化管理系统，建立起的一套完善的、功能强大的技术防范体系。它能够满足物业公司对小区安全和管理的需要，配合人员管理，实现人防与安防的统一与协调
10	集中管理指挥功能	在指挥中心采用综合管理软件，可实现对各监控点的多画面实时监控、录像、控制、报警处理和权限分配
11	回放查询功能	有突发事件可以及时调看现场画面并进行实时录像，记录事件发生时间、地点，及时报警联动相关部门和人员进行处理，事后可对事件发生时的视频资料进行查询
12	电子地图功能	以可视化方式在区域的平面电子地图上呈现每一个监控点的安装位置、报警点位置、设备状态等，利于操作员方便快捷地调用视频图像
13	设备状态监测功能	系统前端节点为网络摄像机，它们与系统之间保持IP通信和心跳保活，系统能实时监测它们的运行状态，有工作异常的设备可发出报警信号

109 智能入侵报警系统

智能入侵报警系统应满足表7-2所示的功能。

表7-2　智能入侵报警系统应满足的功能

序号	功能	说明
1	设备管理	（1）设备统一编码：按照统一的编码规则对设备进行统一编码 （2）远程设置和批量配置：对前端DVR设备、快球摄像机、电子抓拍控制器等前端设备的参数进行远程配置，对同一型号和同样参数的设备进行批量设置，大大提高了系统的维护效率
2	信息分类显示	实时接收报警信息，并自动分类显示报警信息，操作应简单直观
3	视频复核	报警系统收到前端用户的报警信息，视频系统按照预先的联动设置自动弹出报警所在区域的现场图像，方便中心值班人员处理报警，并通过现场图像来核实报警信息。视频复核的目的并不是通过高像素摄像机来确认入侵者的身份，而是在最短的时间内确认是否确有入侵者，从而实现响应时间的最小化
4	实时预览	在管理平台可以对任意一路图像进行预览，并可对该路图像进行抓图、即时录像等操作。并可远程方便、快捷地对前端监控点进行云台控制、镜头参数调节。客户端拥有1、4、9、16、25等多种画面分割模式，即使在预览图像的时候，各种模式之间也可以进行自由切换。通过监控客户端可对前端监控点按类进行分组，自动轮巡显示。如按辖区、管理范围等进行图像分组，满足重要单位、重点部门监控的需要
5	录像回放/下载	（1）对于录像回放，应根据不同的存储方式采用不同的录像回放模式，回放模式分为前端回放模式、NVR回放模式和本地回放模式。 （2）录像回放可进行速度调节、开始、暂停、停止、抓图、打开/关闭声音、回放音量调节等操作。报警系统还提供多通道前端录像或集中存储录像按时间同时下载的功能
6	多媒体人性化操作	多媒体操作用户界面友好，且有语音报警和光电报警提示，使接警直观方便
7	用户资料管理	用户资料管理功能要足够强大，可对用户所有信息进行详细的备案，对用户记录实现关键字段逻辑组合查询
8	单据管理	对业务流程中产生的各类单据进行管理，包括出警单、维修单、客户回访单，并需实现查询、分析、统计、导向等功能
9	操作员权限管理	权限管理要严格、灵活、安全性高，每个操作员可以按照功能权限自定义分级，系统实时记录操作员动作，方便中心进行统一管理和责任调查
10	强大的报表统计功能	可根据信息记录进行报表统计，进行数据分析综合条件查询和打印需要的数据报表，如用户资料、事件报告、系统日志、出警单等
11	事件查询功能	可对布撤防报告和状态报告、主机测试、故障信息等事件进行查询
12	资料导出功能	用户资料、报警事件记录等能转换为文本文件，利于资料的多样化存档
13	来电显示功能	可以记录上报信息的电话号码，有利于查询电话线路问题、处理用户故障、查获恶意阻塞中心线路的行为等

（续表）

序号	功能	说明
14	防区地图功能	可针对不同区域绘制平面防区图，报警后地图上所标热点会闪烁，操作人员可打开地图，将用户具体报警位置通知出警人员，便于出警人员现场处理
15	短信功能	可将用户上报的各种事件信息，通过运营商以短信形式自动、手动发送到指定的手机上
16	录音功能	主要对电话进行录音、放音，可以直接拨号给相关人员
17	计划任务	对布撤防的状态进行监控，如果没有在指定的时间内上报信息，系统会自动生成提示信息
18	远程控制	配合报警主机，可对主机进行布撤防、旁路等操作，实现回控功能
19	录像存储	为了满足录像存储要求，系统应提供对前端视频图像进行NVR集中存储录像的功能，录像的方式有按规定计划进行定时录像和接收网络命令触发报警录像两种
20	双向语音对讲	值班人员可通过管理平台和前端DVR进行现场双向语音对讲
21	日志管理	提供完善的日志记录和查询机制，可以对配置日志、操作日志、报警日志、系统日志、事件日志进行查询
22	公共接口	支持TCP/IP协议，支持服务器或客户端模式，可将报警信息向第三方平台转发（如门禁、消防、110等），可实现报警集成联动

110 门禁管理系统

门禁管理系统的建立将有效保障小区内人、财的安全，以及保护内部人员免受不必要的打扰，为小区建立一个安全、高效、舒适、方便的环境。随着技术的不断提高，门禁管理系统所能实现的功能也越来越多，门禁管理系统应实现的主要功能如表7-3所示。

表7-3 门禁管理系统应实现的主要功能

序号	功能	说明
1	发卡授权管理	系统采用集中发卡、分散授权的模式。由发卡中心统一制发个人门禁卡和管理卡，再由门禁管理系统独立授予门禁卡在本系统的权限。系统可对每张卡片进行分级别、分区域、分时段管理，持卡人可进出授权的活动区域
2	设备管理	该系统能实时监控门禁管理系统各级设备的通信状态、运行状态及故障情况，当设备发生状态变化时自动接受、保存状态数据，该系统可开启多个监视界面对不同设备进行分类监管，还可实现各类设备的数据下载、信息存储查询及设备升级等操作

（续表）

序号	功能	说明
3	实时监控	系统管理人员可以通过客户端实时查看每个门禁的人员进出情况（客户端可以显示当前开启的门号、通过人员的卡号及姓名、读卡和通行是否成功等信息）、每个门区的状态（包括门的开关、各种非正常状态报警等），也可以在紧急状态远程打开或关闭所有的门区
4	权限管理	（1）系统应针对不同的受控人员，设置不同的区域活动权限，将人员的活动范围限制在与权限相对应的区域内；对人员出入情况进行实时记录管理；实现对指定区域分级、分时段的通行权限管理，限制外来人员随意进入受控区域，并根据管理人员的职位或工作性质确定其通行级别和允许通行的时段，有效防止内盗和外盗 （2）系统充分考虑安全性，可设置一定数量的操作员并设置不同的密码，根据各受控区域的不同分配操作员的权限
5	动态电子地图	门禁管理系统以图形的形式显示门禁开关门的状态，或是因长时间开门而产生的报警状态，方便管理人员直观地了解门禁情况。同时拥有权限的管理人员，在电子地图上可对各门点直接进行开闭控制
6	出入记录查询	系统可实时显示、记录所有事件数据，读卡器读卡数据实时传送给管理平台，可在管理中心客户端立即如实显示持卡人（姓名、照片等）、事件时间、门点地址、事件类型（进门刷卡记录、出门刷卡记录、按钮开门、无效卡读卡、开门超时、强行开门）等记录且记录不可更改。报警事件发生时，计算机屏幕上会弹出醒目的报警提示框。系统可储存所有的进出记录、状态记录，可按不同的查询条件查询，并生成相应的报表
7	刷卡加密码开门	在重要房间的读卡器（需采用带键盘的读卡器）可设置为刷卡加密码的解锁方式，确保内部安全，禁止无关人员随意出入，以提高整个受控区域的安全及管理级别
8	逻辑开门（双重卡）	某些重要管理通道需同一个门两人同时刷卡才能打开电控门锁，如金库等
9	防胁迫码	防胁迫密码输入功能（需采用带键盘式读卡器）。当管理人员被劫持入门时，可读卡后输入约定胁迫码进门，在入侵者不知情的情况下，中心将能及时接收此胁迫信息并启动应急处理机制，确保该人员及受控区域的安全
10	防尾随	持卡人必须关上刚进入的门才能打开下一个门。这一功能是防止他人尾随持卡人进入。在某些特定场合，持卡者从某个门刷卡进入后必须从另一个门刷卡出去，刷卡记录必须一进一出严格对应。该功能可为落实某人何时具体处于某个区域提供有效证据，同时有效地防止尾随
11	反潜回	持卡人必须依照预先设定好的路线进出，否则下一通道刷卡无效。本功能与防尾随实现的功能类似，只是方式不同。配合双向读卡门点设计，系统可将某些门禁点设置为反潜回，限定能在该区域进、出的人员必须按照设定路线进出，否则该持卡人会被锁定在该区域以内或以外

（续表）

序号	功能	说明
12	强制关门	如管理员发现入侵者在某个区域活动，可以通过软件强行关闭该区域的所有门，使入侵者无法通过刷卡或者按开门按钮逃离该区域，管理员可通知保安人员赶到该区域予以拦截
13	异常报警	系统具有电子地图，可实时反映门的开关状态，在异常情况下可以实现系统报警或报警器报警，如非法侵入、超时未关等
14	图像比对	系统可以在刷卡时自动弹出持卡人的照片信息，供管理员比对

111 访客管理系统

访客管理系统主要用于访客的信息登记、操作记录与权限管理，主要是对来访访客的信息进行统一的管理，以便后期的统计或查询操作。

1．访客出入口管控的方式

访客系统的主要服务对象为外来到访人员，通过系统实现对其出入的管控，主要有图7-3所示的三种管控方式。

通过小区的信息平台预先登记

访客可以通过小区的信息平台进行预先登记（来访人资料、手机号码；被访人姓名、工作单位或楼层房间号），预约经被访人确认通过后，系统会发送密码到来访人手机，来访人到访客机输入密码再扫描证件，如信息合法，系统将分配好的“权限组”授予卡片，并吐卡

通过电话直接与被访人预约

访客通过电话直接与被访人预约，被访人只需登录小区信息平台填写来访人信息（手机号码必填）并确认，系统会发送密码到来访人手机，来访人到访客机输入密码再扫描证件，如信息合法，系统将分配好的“权限组”授予卡片，并吐卡

到小区门口保安室进行信息登记

没有提前预约的访客需先到小区门口保安室进行信息登记。由保安人员联系被访人，经被访人确认后，保安人员通过扫描终端对到访人员所持身份证件进行登记，如信息合法，系统将分配好的“权限组”授予卡片，由保安人员交予来访人

图7-3　访客的三种管制方式

2．访客管理系统的功能

访客管理系统主要包含以下功能。

（1）当访客提前预约来访时，系统可替代保安人员完成入门登记工作，高效准确地记录、存储来访人的信息，做到人员、证件二者统一，便于异常情况发生后的查询。

（2）通过证件扫描仪扫描来访者身份证、护照、驾驶证等证件，实现证件自动识别，自动录入来访者资料。

（3）可选择增加二代或三代身份证的验证机读取身份证信息。

（4）可发放授权访客卡，访客卡采用统一的IC卡，可由系统自定义访问权限的有效时间和最长实效时间。

（5）可以为访客管理系统的员工分配权限，权限信息包括预约权限、发卡权限、回收卡权限、修改访客资料权限、访客信息查询权限等。

（6）可以提供详细的来访者信息记录和报表，记录信息包括来访者资料、被访者姓名、进出时间等。

（7）能记录发生的报警事件信息，报警事件信息包括访客卡到期未回收、卡片过期、访客黑名单等。

（8）支持访客在访客机登记时的拍照发卡功能。

来访人员进入小区必须办理临时访客卡，访客管理系统可实现人工登记发卡，也可通过访客机进行自动发卡，访客机主要针对预约访客，加快访客办卡流程。访客通过网络或电话形式，对来访进行预约，访客管理系统向预约访客通过手机短信、电子邮件等方式远程发送访客密码，在访客机上输入访客密码可直接获取访客卡。

访客机一般设置在小区出入口的保安室，具体位置可随实际管理情况灵活选择。

112　智能电子巡更系统

1．电子巡更系统的工作原理

电子巡更系统的工作原理是在每个巡查点设置一个信息钮（它是一种无源的只有钮扣大小，由不锈钢外壳封装的存储设备），信息钮中储存了巡查点的地理信息，巡查员手持巡查棒，到达巡查点时只需用巡查棒轻碰嵌在墙上（树上或其他支撑物上）的信息钮扣，即把到达该巡查点的时间、地理位置等资料自动记录在巡查棒上。巡查员完成巡查后，把巡查棒插入通信座，即可将巡查员的所有巡查记录传送到计算机，系统管理软件立即显示出该巡查员巡查的路线、到达每个巡查点的时间、漏查的巡查点，并按照要求生成巡检报告，这些报表可以真实地反映巡逻工作的实际完成情况。

2．云电子巡更系统

云电子巡更与传统的电子巡更相比，所需设备更少，成本更低，全程自动化，使用更简单。目前已被广泛应用于工厂、医院、物业小区、铁路、高速公路、机场等领域的安防体系中。

（1）云电子巡更系统的架构

云电子巡更系统分为通信座、巡更棒、巡查点三部分，其中通信座部分由“云服务器”取代；巡更棒部分由手机/平板电脑取代；软件部分由浏览器取代，不需要单独安装。具体云电子巡更系统的架构如图7–4所示。

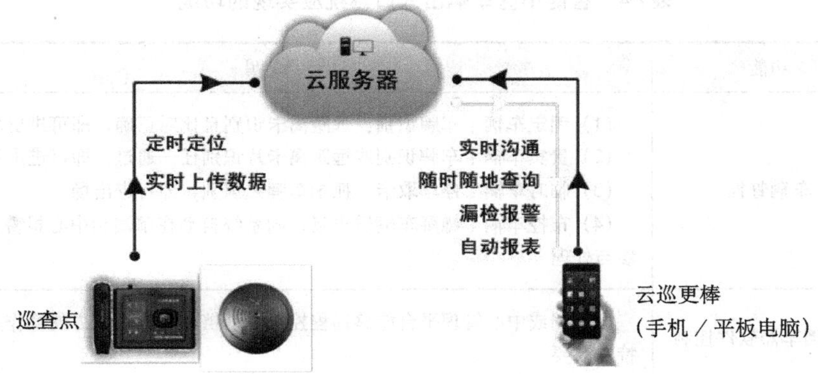
云服务器
定时定位
实时上传数据
实时沟通
随时随地查询
漏检报警
自动报表
巡查点
云巡更棒
（手机／平板电脑）

图7-4　云电子巡更系统的架构

（2）云电子巡更系统的工作原理

云电子巡更系统的工作原理，如图7-5所示。

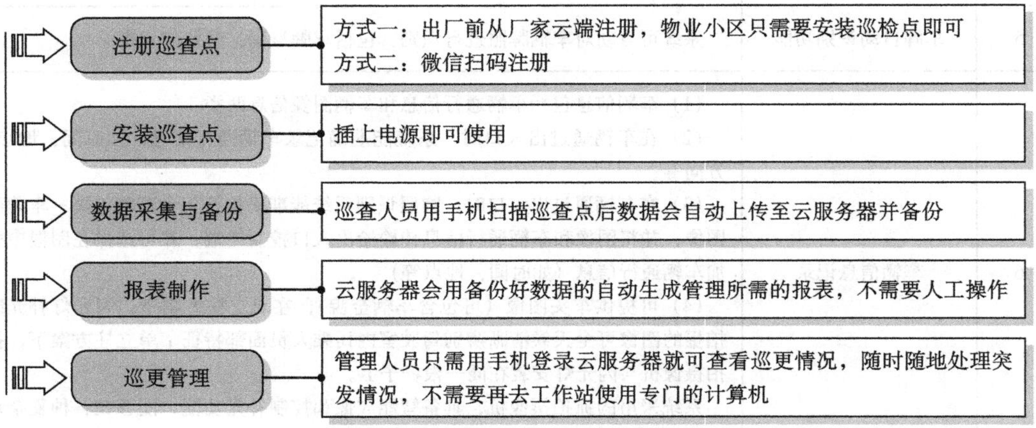
注册巡查点
方式一：出厂前从厂家云端注册，物业小区只需要安装巡检点即可
方式二：微信扫码注册
安装巡查点
插上电源即可使用
数据采集与备份
巡查人员用手机扫描巡查点后数据会自动上传至云服务器并备份
报表制作
云服务器会用备份好数据的自动生成管理所需的报表，不需要人工操作
巡更管理
管理人员只需用手机登录云服务器就可查看巡更情况，随时随地处理突发情况，不需要再去工作站使用专门的计算机

图7-5　云电子巡更系统的工作原理

113 智能小区车辆出入口系统

车辆出入口系统采用先进技术和高度自动化的机电设备，将机械、电子计算机、自控设备以及智能IC卡技术有机地结合起来，通过计算机管理可实现车辆出入管理、自动存储数据、脱机运行等功能，为物业公司提供实现高效管理服务的系统。

1．智能小区车辆出入口系统的功能

智能小区车辆出入口系统应实现表7-4所示的功能。

表7-4 智能小区车辆出入口系统应实现的功能

序号	功能	说明
1	车辆管控	（1）固定车辆：车牌识别、远距离卡识别且比对正确，即可进出场 （2）贵宾车辆：车牌识别或远距离卡片识别任一通过，即可进出场 （3）临时车辆：停车取卡，抓拍车牌并识别，即可进出场 （4）布控车辆：嫌疑车辆进出场，则系统自动在前端和中心报警，同时人工参与处理
2	电动挡车器软件控制	客户端或中心管理平台能够远程控制电动挡车器启闭，方便操作人员管理和特殊需要
3	图片/视频预览	过车图片和信息实时显示，视频实时预览，进出车辆自动匹配；图片预览按车道轮询
4	LED屏显示	控制主机包含语音提示系统、信息显示屏，车辆驶入、驶出可以根据物业公司需要提示语音，显示欢迎信息等
5	车牌自动识别功能	系统可自动对车辆牌照进行识别，包括车牌号码、颜色的识别
6	车辆信息记录	（1）车辆信息包括车辆通行信息和车辆图像信息两类 （2）在车辆通过出入口时，系统能准确记录车辆通行信息，如时间、地点、方向等 （3）在车辆通过出入口时，牌照识别系统能准确拍摄包含车辆前端、车牌的图像，并将图像和车辆通行信息传输给出入口控制终端，并可选择在图像中叠加车辆通行信息（如时间、地点等） （4）可提供车头图像（可包含车辆全貌），在双立柱方案下，闪光灯补光时拍摄的图像可全天候清晰辨别驾驶室内司乘人员面部特征；单立柱方案下，抓拍摄像机与闪光灯安装在同一根杆子上。 系统采用的抓拍摄像机，具备智能成像和控制补光功能，能够在各种复杂环境下（如雨雾、强逆光、弱光照、强光照等）和夜间拍摄出清晰的图片

2．智能小区车辆出入口系统的组成

智能小区车辆出入口系统主要由前端信息采集软硬件、数据处理及传输部分、数据管理中心三大部分组成，如图7-6所示。

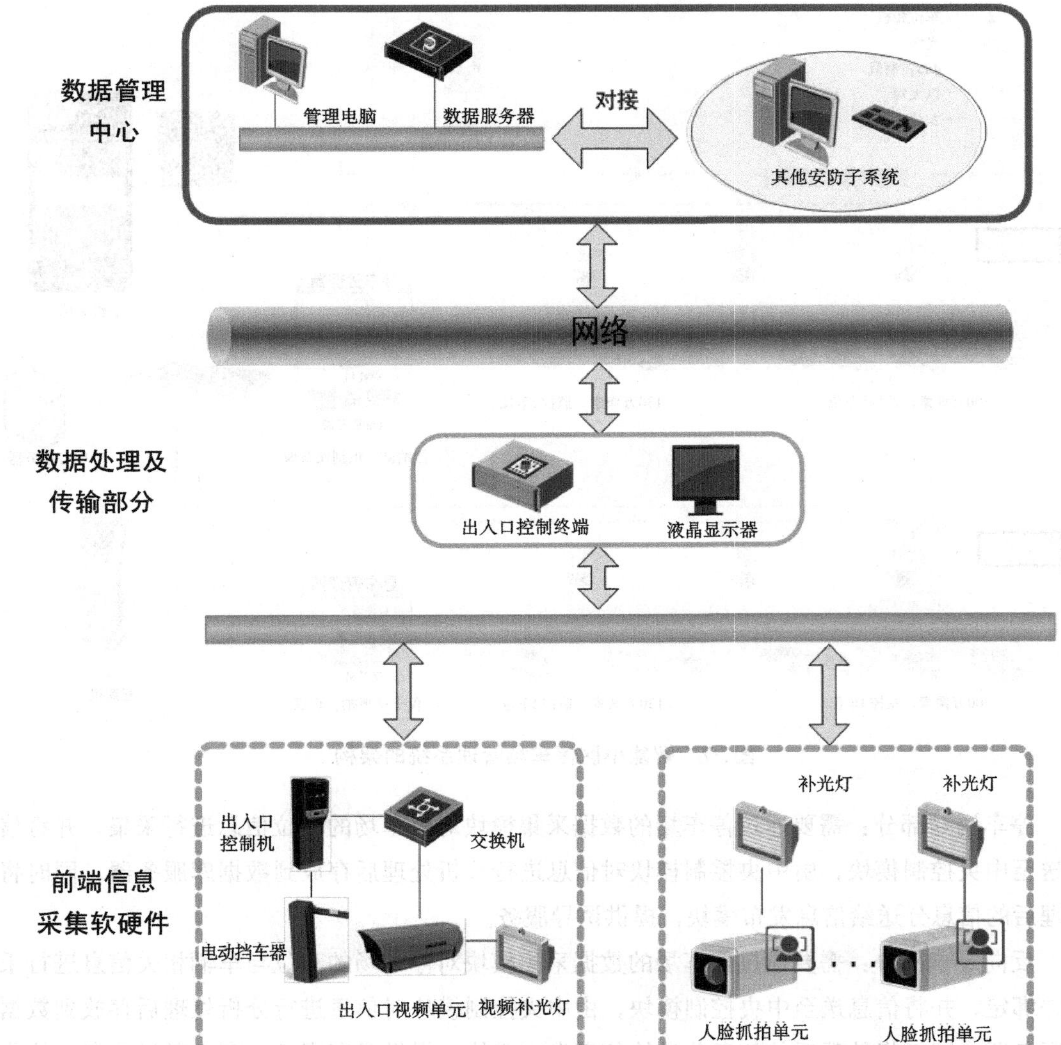
数据管理
中心
管理电脑
数据服务器
对接
其他安防子系统
网络
数据处理及
传输部分
出入口控制终端
液晶显示器
前端信息
采集软硬件
出入口
控制机
交换机
电动挡车器
出入口视频单元
视频补光灯
补光灯
补光灯
人脸抓拍单元
人脸抓拍单元
车辆管控系统
人员管控系统

图7-6　智能小区车辆出入口系统的组成

114 智能小区停车场管理系统

1．智能小区停车场管理系统的架构

智能小区停车场管理系统由停车诱导和反向寻车两个部分组成，其架构如图7-7所示：

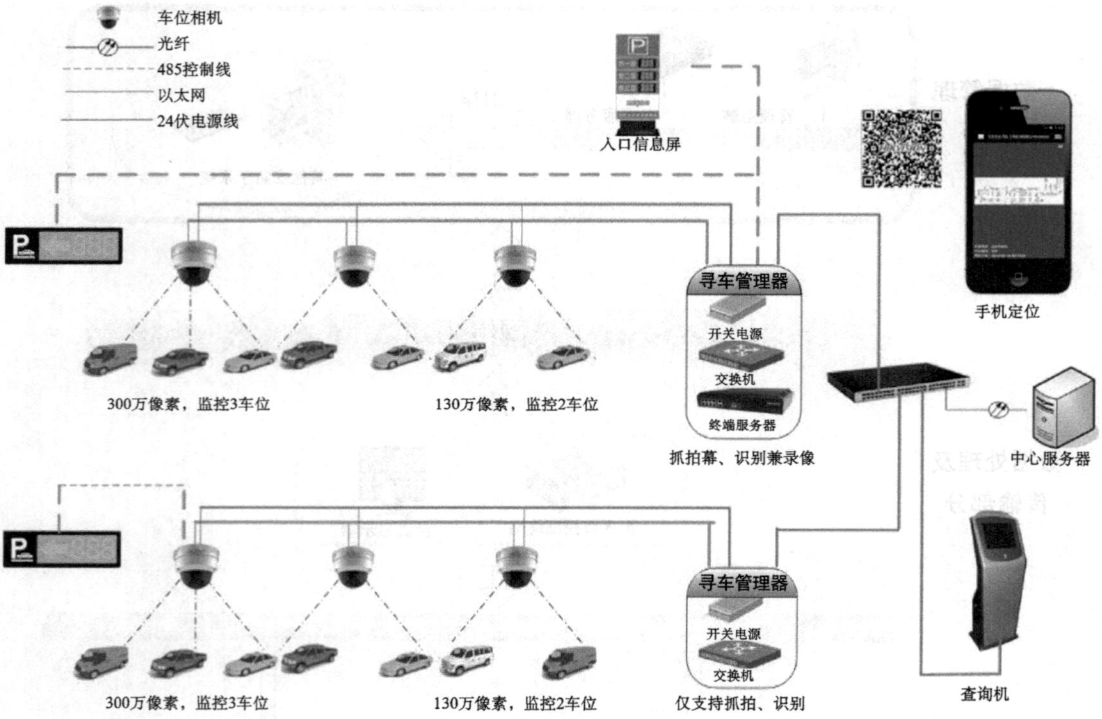
车位相机
光纤
485控制线
以太网
24伏电源线
入口信息屏
寻车管理器
开关电源
交换机
终端服务器
抓拍幕、识别兼录像
300万像素，监控3车位
130万像素，监控2车位
手机定位
中心服务器
寻车管理器
开关电源
交换机
300万像素，监控3车位
130万像素，监控2车位
仅支持抓拍、识别
查询机

图7-7 智能小区停车场管理系统的架构

停车诱导部分：需要通过停车场的数据采集模块对停车场的车位信息进行采集，并将信息送至中央控制模块，由中央控制模块对信息进行分析处理后存放到数据库服务器，同时将处理后的信息分送给信息发布模块，提供诱导服务。

反向寻车部分：需要通过停车场的数据采集模块对停车场的车位与车辆相关信息进行采集并绑定，并将信息送至中央控制模块，由中央控制模块对信息进行分析处理后存放到数据库服务器，同时将处理后的信息分送给信息发布模块，提供寻车服务。车主通过寻车一体化触摸查询机查询车辆信息时，由系统规划最优寻车路径，完成寻车服务。

2．智能小区停车场管理系统的组成部分

智能小区停车场管理系统的组成部分包括图7-8所示的几个部分。

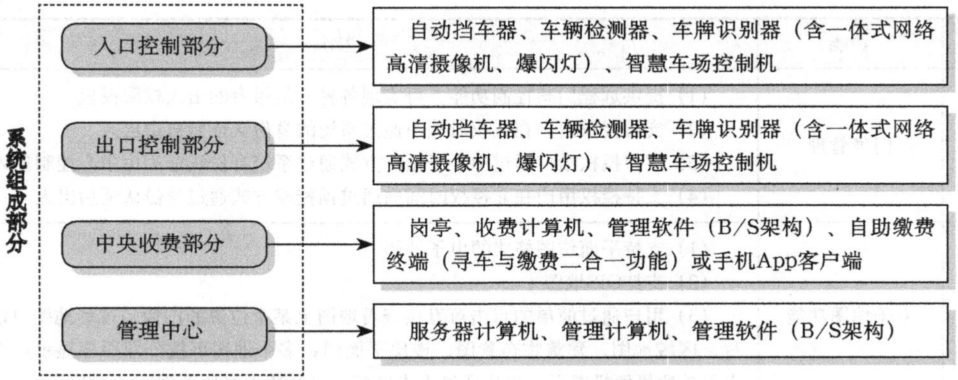
系统组成部分
入口控制部分
自动挡车器、车辆检测器、车牌识别器（含一体式网络高清摄像机、爆闪灯）、智慧车场控制机
出口控制部分
自动挡车器、车辆检测器、车牌识别器（含一体式网络高清摄像机、爆闪灯）、智慧车场控制机
中央收费部分
岗亭、收费计算机、管理软件（B/S架构）、自助缴费终端（寻车与缴费二合一功能）或手机App客户端
管理中心
服务器计算机、管理计算机、管理软件（B/S架构）

图7-8　智能小区停车场管理系统的组成部分

115　综合安防管理系统平台

综合安防管理系统平台应包含视频类设备远程管理及控制、报警类设备远程管理及控制、门禁类设备远程管理及控制、电子地图应用、远程监看和控制图象、系统日志、数据集中存储、权限集中管理等基本功能，并支持语音对讲、语音广播、远程门禁控制及管理、照明设备远程控制等功能。

综合安防管理系统平台应实现表7-5所示的功能。

表7-5　综合安防管理系统平台应实现的功能

序号	功能	说明
1	实时图像调阅	有权限的终端用户可选择对前端的任意一台摄像机的实时画面进行监控
2	录像数据查询及调阅	（1）权限许可范围内的用户可对系统中的录像数据进行查询及调阅 （2）提供录像回放控制功能，可实现快进播放等功能 （3）提供多画面同时回放及多文件循环播放功能
3	报警接收及处理	有权限的用户可以设置报警时的联动方式，可以根据需要手动或自动进行布防；系统可对操作员信息及操作时间、报警设备信息及报警时间等信息自动存档；系统可与其他报警子系统等警用系统联动。监控前端能自动打开声光等报警联动设备，并发送相关的报警信息至服务器；报警时，授权遥控监视点能自动弹出报警信息窗口和发出声音提示，显示报警点的具体位置、报警类型及现场图像，并存储相关摄像机的图像及联动录像等。系统提供报警时拨打电话及发送手机短信的功能

（续表）

序号	功能	说明
4	门禁管理	（1）提供远程门禁控制功能，可实现各种人员组合的出入权限授权 （2）支持授权用户在授权时限内通过系统的身份认证后自由出入 （3）支持授权用户通过中心干预的方式通过系统身份认证后由中心控制出入 （4）支持授权用户在非授权时间内通过预授权方式通过身份认证后出入
5	电子地图功能	（1）支持平面位图格式的电子地图 （2）支持GIS地图 （3）用户通过简单的点击可直接查看地图上某个位置的图像。现场地图可以是图片，区域地图，建筑物布置图，楼层平面图；多个地图可按分层顺序显示；在地图上可放置摄像机图标，用户通过点击图标，可快速选择所要观察的监视点
6	用户及权限管理功能	（1）网络客户端采用集中管理模式，统一管理设置参数、权限等 （2）系统管理员具有最高权限，能对相关人员的权限和初始口令进行设置，能设置操作人员的连接权限、控制权限、管理登记等使用权限 （3）终端用户对监控软件和设备的操作记录将自动存档，并且不能删除、修改
7	中心录像功能	监控联网系统实施后，除了原有每个网点的本地录像外，在监控指挥中心还可以对一些重点画面进行网络实时录像。在日常监控工作中，如果发现某个画面可疑，也可以在监控指挥中心立即启动网络录像，第一时间把可疑现场的图像保存到监控中心
8	流量监控功能	多个监控终端同时观看同一个监控点的实时图像时，可以设置访问并发上限，以满足实际网络环境的要求
9	日志管理功能	系统支持详细的事件日志管理记录，系统可以将用户对系统和设备的参数设置、硬盘录像机登录、报警信息、故障处理信息等项目和操作做详细的记录管理并可实时打印报表，为查证操作记录等提供保证
10	语音对讲功能	通过系统中心可以对日常工作的内容进行相互沟通或进行引导。可以对前端监控点正在发生的违法事件进行告警
11	自动校时功能	监控中心的时间同步服务模块可以向辖内网点的硬盘录像机发出时间同步命令，保证硬盘录像机时间和主控机时间同步
12	远程设备管理功能	（1）报警系统远程管理 ①可通过系统对状态异常的报警主机实现远程开关机操作 ②可通过系统对报警主机进行远程布防及撤防 ③可实时查看报警主机各个防区的布防及撤防等工作情况 ④对失效防区进行及时提示 （2）视频系统远程管理 ①视频设备参数变更远程监视，系统可实时监视视频设备的参数配置情况，对未经授权的视频设备关键参数变更进行提示

（续表）

序号	功能	说明
12	远程设备管理功能	②远程开关机，系统可自动或手动对远程出现异常的视频设备进行开机或关机等操作 （3）设备联网状态远程诊断 系统自动实时地巡查各个设备的联网状态，对网络异常的设备做出提示
13	电视墙显示及控制功能	提供万能解码设备，对不同厂家的视频编码数据进行统一解码，统一模拟输出显示
14	系统设备日常管理功能	系统提供设备日常管理功能，建立设备采购、安装、使用及维护台帐系统，对系统中使用的设备进行严格管理

第二节　保安队伍管理

116　明确保安主管的工作职责

物业经理应明确保安主管的工作职责，具体内容如下。

（1）熟悉管辖区域内物业基本情况，包括办公场所、机动车、消防设施设备的基本情况等。

（2）负责制定适合本辖区保安管理的办法及制度。

（3）组织召开保安工作会议，及时传达公司通知及管理要求。

（4）定期检查本辖区消防、保安执勤的工作情况，发现问题及时处理并做好管理日志。

（5）加强与业主的沟通和联系，建立广泛的群众基础。

（6）负责处理辖区内治安、车辆、消防、装修等事项。

（7）完成上级交办的其他和临时工作任务。

117　明确保安员的工作职责

物业经理应明确保安员的工作职责，具体内容如下。

（1）保安员上岗前必须穿着统一制服，佩戴工作牌，带齐规定的装备，做到精神饱满、着装整齐。

（2）严格执行交接班制度。接班时必须认真检查设施设备，做好“四防”（防火、防盗、防破坏、防自然灾害）工作，发现不安全因素立即查明情况将其排除，并及时报告保安主管，确保小区安全。

（3）熟悉本岗位工作职责、任务及程序。始终保持警惕性，注意发现可疑的人、事、物，预防各种案件、事故的发生，确保万无一失。

（4）爱护设施设备和公共财物，禁止随意动用小区的设施设备。熟悉小区概况，熟悉小区消防设施及消防器材的安放位置与基本功能，掌握各种灭火器材的正确使用方法，

（5）坚决贯彻执行保安主管或物业经理下达的工作指令。

（6）积极参与公司组织的各项活动，针对工作中的薄弱环节提出合理化建议。

（7）坚守岗位，提高警惕，及时、正确地处理一般性突发事件或其他情况，及时报告并做好记录。发现违法犯罪嫌疑人，要及时上报，如条件许可要设法抓获并保护好现场。

（8）遇重大突发性事情，须及时向保安主管或物业经理请示。

118　优化保安人员组合

保安人员服务的对象是物业内不同层次的人，因此对处于不同职责岗位的保安人员也有不同的要求，因此必须合理地对人员进行安排，具体如下。

（1）直接面对业主的岗位需要形象好、工作认真负责、肯动脑、服务意识强、善于处理各类突发事件的人员，以便及时满足业主需求，帮助业主解决遇到的困难。

（2）巡检及消防中心岗位的人员，需要工作认真负责，善于发现各类问题，有较强的专业处置能力，能及时排除各类安全隐患，这样才能为物业公司提供安全的经营及办公环境。

（3）班组的负责人，需要工作认真负责、综合素质好、能力强、专业知识丰富的人员担当，这样才能更好地调动班组人员的积极性，及时调整不适合人员，提高班组整体工作水平。

（4）进行必要的人员调整，将工作涣散、没有责任心的人员如实上报上级主管部门及人力资源部，建议劝退或辞退。

119　强化对保安人员的纪律要求

物业经理必须强化对保安人员的纪律要求，令保安员遵守纪律的约束，具体内容如下。

（1）保安人员必须严格遵守国家的各项法律、法规和公司制定的各项规章制度。

（2）廉洁奉公、遵纪守法，工作中敢于同违法犯罪行为及人员做斗争。

（3）坚守岗位，忠于职守，服从管理，听从指挥。

（4）按时交接班，不迟到、早退，不脱岗、误岗。

（5）严格按规定着装，形象整洁、语言亲切、微笑服务、文明礼貌。

（6）工作时间严禁喝酒、吸烟、吃东西，不准嬉笑、打闹，不准看书报等。严禁听收音机、打瞌睡，做一些与工作无关的事。

（7）严禁在岗位上聊天，未当班人员不得在岗位逗留，接待业主时要按礼仪礼节规范接待，不谈与工作无关的话题。

（8）不参与赌博，不徇私舞弊，不贪污受贿，不包庇他人。

（9）未经批准不准擅自带人留宿，亲友来访需要留宿时须逐级报批；严禁被公司辞退、离职人员进入小区和在生活区逗留。

（10）爱护小区的一草一木，熟练掌握和使用各种保安器材和装备，不丢失、损坏、转借或随意携带外出，离职时应严格办理交接手续；对因责任心不强而导致器材、设备、设施损坏的人员，要责令其照价赔偿。

（11）严格遵守请销假制度，严格按权限批假。

120 保安业务的外包管理

1．选择保安公司时要慎重

不同的保安公司其服务质量、信誉和配合度方面有所区别。因此，在选择合作供方时，应采取招标的方式，邀请至少三家以上的保安公司前来投标。

2．合同约定要到位

在订立合作合同时，一定要明确双方的责、权、利，特别是关于双方责任划分的条款一定要写清楚。

3．亲自去保安公司基地挑选保安人员

一般来讲，社会信誉好的保安公司在招聘保安人员时都有严格要求，各环节均控制得比较好。但是，作为物业公司来讲，保安服务是物业管理中的一个重要窗口。因此，千万不要怕麻烦，物业经理应该派人亲自去保安基地挑选合适的人员。这样能对保安的多方面情况都有所了解，也能够挑到令公司满意的人员。

4．进驻前进行基础培训

当保安员全部挑选完成后，切勿急于进驻物业公司的楼盘。因为这个时候，保安员对将要前往工作的楼盘情况尚不了解，为了保证服务质量，物业公司应该将保安员集中起来培训一段时间，向他们介绍物业公司的一些基本情况、服务内容、服务要求等。

5．进驻后进行专业培训

除了在进驻前需进行基础培训，进驻后一个月内的专业培训也非常重要。此时，保安员已经在岗位上服务，其接受了一些基本服务内容的培训，但在服务质量、服务技巧、服务意识等方面仍不够专业化。这时需要物业公司对其进行进一步的专业培训，同时安排人员在岗位上手把手进行指导。一个月后，应对保安员进行考核，对于不合格的人员应及时淘汰。为保证物业公司的服务质量，千万不能心软、不忍心换人。

6．建立畅通、多层次的沟通渠道

物业公司应该自始至终与保安公司建立一条畅通、多层次的沟通渠道。双方应定期召开会议，对保安员的工作情况、生活情况进行总结。对于出现的问题，双方应制定具体的措施予以改正，并采取有效的措施进行预防，以避免问题重复出现。

第三节　日常巡逻管理

121　了解日常巡逻的任务

物业经理除了安排好保安人员的日常巡逻工作，自己也要经常到所辖区域内走动巡视，如果区域较小，物业经理应每天巡视，以便及时发现并解决问题。

日常巡逻的任务如图7-9所示。

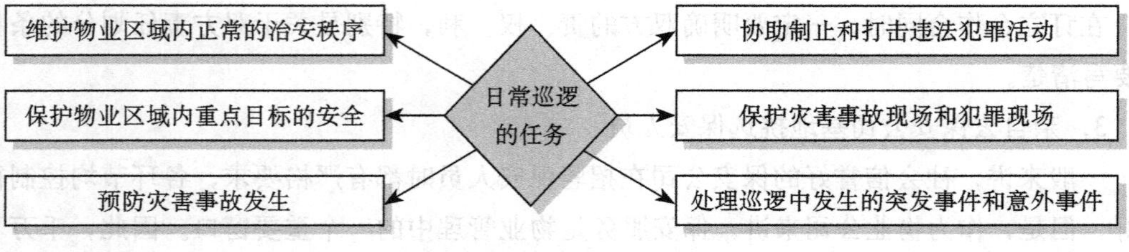
日常巡逻的任务
维护物业区域内正常的治安秩序
保护物业区域内重点目标的安全
预防灾害事故发生
协助制止和打击违法犯罪活动
保护灾害事故现场和犯罪现场
处理巡逻中发生的突发事件和意外事件

图7-9　日常巡逻的任务

122　了解日常巡逻的方式

日常巡逻的方式如表7-6所示。

表7-6　日常巡逻的方式

序号	巡逻方式	具体内容
1	定时巡逻和不定时巡逻	定时巡逻一般要求每隔一定时间（如3小时）进行一次。为的是对物业管理区域的安全情况做到心中有数，并能控制物业管理区域的秩序，发现问题及时解决。为了防止犯罪分子了解保安定时巡逻的规律，物业经理也要采取不定时巡逻的方式，确保物业管理区域的正常秩序和业主的安全
2	穿制服巡逻和着便装巡逻	物业公司一般要求保安人员穿着统一的制服进行巡逻，而保安主管可以穿便服巡逻。这两种方式可以同时或交替进行，以有效地弥补巡逻工作中的缺陷
3	白天巡逻和夜间巡逻	白天巡逻的任务主要是检查物业管理区域内的治安秩序，如有必要，夜间则还要进一步加强防范，如检查各楼层的房间是否锁好，并对公共区域加强巡逻

123　预防巡逻中的失误与漏检

物业经理要督促巡逻人员认真做好巡逻工作，防止发生失误和漏检。

1．引进保安巡更系统

电子巡更系统可防止传统巡更的签名方式产生的冒签或补签等问题。该系统通过巡更接收机，把巡更接收机从巡更遥控器接收到的编码信息储存起来，即时或定时上传管理中心。

系统可以自动对巡逻信息进行分类统计，检查保安人员是否按预定路线巡逻。

2．做好交接班工作

物业经理必须加强交接班的管理工作，以利于加强辖区的治安管理，减少犯罪活动发生。

（1）交接班应在指定的地点和时间内进行。

（2）下班保安人员应在规定的下班时间到达交接班地点，并在交接班地点周围一边巡逻，一边等候接班。

（3）交接班应相互敬礼。

（4）交班保安人员必须在下班前认真填好“值班记录”，交班前做到“三清”，即前班情况清，下班交代的问题清，物品器械清点清。

（5）接班保安人员未到，在岗保安人员在报告上级的同时应继续巡逻，不得擅自撤岗。

3．执行情况报告制度

保安人员的巡逻工作应实行情况报告制度，及时把巡逻过程中发现的情况向上级报告，还应将一段时间内的综合情况总结起来进行汇报。

4．严格执行辖区查岗制度

物业经理要经常进行查岗，以检查保安人员的值勤情况。

（1）检查的重点：保安人员在巡逻时的仪容仪表是否符合要求，履行职责的情况，遵守纪律的情况和巡逻的效果等。

（2）查岗方式：查岗的方式有许多种，可以采取明察与暗察、普查与抽查等方法。

（3）查岗后的处理：对查岗中存在的问题，物业经理要及时予以纠正，对发现的好人好事，要及时给予表扬。查岗后要及时进行总结，并将查岗的情况进行通报。

124 开展巡逻工作的要求

1．制订完备的巡逻方案和详细的巡逻计划

巡逻前物业经理应制订具体的巡逻计划，明确巡逻范围、巡逻任务、职责要求、人员配置、巡逻路线、巡逻方式、应急处置等的具体内容，并督促保安人员严格按照计划执行巡逻任务。

2．配置保安通信器材和装备

物业经理应按照有关规定，为执行巡逻任务的保安人员配置必要的通信器材和装备，建立通畅的通信网络，保证巡逻人员之间、巡逻人员与指挥系统之间的正常通信和联系，一旦发生突发事件或意外事故，能够及时报告和请求援助，同时，也可以大大提高保安人员的应急处置能力。

3．配置和使用巡逻力量

物业经理在安排保安部门执行巡逻工作时，应根据不同的情况配置和使用巡逻力量。

（1）对于范围大、重点保护目标多的巡逻区域，可设立保安部或巡逻队，布置足够的巡逻力量执行巡逻任务。

（2）对于范围小、没有重点目标或重点目标较少的巡逻区域，则可适当安排巡逻力量，避免造成人员上的浪费。

4．增强巡逻人员的防范意识

保安人员必须时刻保持警惕，加强防范意识。巡逻执勤时，要善于观察、善于分析、善于发现问题，不放过任何异常情况和可疑的迹象，发现问题应果断决策、及时处理。

5．加强与公安机关及有关部门的联系

物业经理要维护巡逻区域内的正常秩序和治安，协助公安机关制止和打击违法犯罪活动。巡逻中遭遇的许多突发事件都需要公安机关进行处理，因此，物业公司必须加强与公安机关的联系，取得工作上的支持与帮助。

125 巡岗

物业经理或保安主管要定期巡查各岗位的执勤情况，具体内容如下。

（1）交接班时，保安主管到各岗位巡查一遍，检查各岗位交接是否清楚，手续是否完备，保安员的着装、仪容仪表等是否符合规定，发现问题立即纠正。

（2）每一小时保安主管到各岗位巡查一次。

（3）巡查时，若发现有不认真执勤或违纪、违章等情况，要及时纠正，并做好值班记录，上报物业经理。

（4）本班执勤中遇到疑难问题时，保安主管应立即到场，按有关规定处理，不能解决时，应报物业经理处理，并做好记录。

巡逻员值班记录表如表7-7所示。

表7-7 巡逻员值班记录表

编号：

<table>
<tr><th>班次</th><th>序号</th><th colspan="2">时间</th><th colspan="2">巡逻路线</th><th colspan="2">巡逻情况记录</th><th>日常抽查签字</th></tr>
<tr><td rowspan="3">早班</td><td>1</td><td colspan="2"></td><td colspan="2"></td><td colspan="2"></td><td></td></tr>
<tr><td>2</td><td colspan="2"></td><td colspan="2"></td><td colspan="2"></td><td></td></tr>
<tr><td>3</td><td colspan="2"></td><td colspan="2"></td><td colspan="2"></td><td></td></tr>
<tr><td rowspan="3">中班</td><td>1</td><td colspan="2"></td><td colspan="2"></td><td colspan="2"></td><td></td></tr>
<tr><td>2</td><td colspan="2"></td><td colspan="2"></td><td colspan="2"></td><td></td></tr>
<tr><td>3</td><td colspan="2"></td><td colspan="2"></td><td colspan="2"></td><td></td></tr>
<tr><td rowspan="3">晚班</td><td>1</td><td colspan="2"></td><td colspan="2"></td><td colspan="2"></td><td></td></tr>
<tr><td>2</td><td colspan="2"></td><td colspan="2"></td><td colspan="2"></td><td></td></tr>
<tr><td>3</td><td colspan="2"></td><td colspan="2"></td><td colspan="2"></td><td></td></tr>
<tr><td>值班重要问题记录</td><td colspan="8"></td></tr>
<tr><td rowspan="2">交接班签字</td><td rowspan="2">早班</td><td>交班人：</td><td rowspan="2">中班</td><td>交班人：</td><td rowspan="2">晚班</td><td colspan="3">交班人：</td></tr>
<tr><td>接班人：</td><td>接班人：</td><td colspan="3">接班人：</td></tr>
</table>

（续表）

主管部门月检查记录	
检查人签字：	日期：
备注： 1．日常抽查签字栏由各级领导检查工作之后签字 2．检查人员签字位置按时间段栏签字，如检查人员不能直接签字，由值班护管员将检查人员的名字填写在日常抽查签字栏	

126 巡楼

开展巡楼工作的要点如下。

（1）每班巡楼3～4次。

（2）巡楼保安员乘电梯到天台，从上至下认真仔细地巡逻一遍，发现不安全因素或问题时应及时处理，报告主管或物业经理，并做好值班记录。

（3）巡查电梯机房和水箱等门边暗角，发现不安全因素及时和维修人员取得联系，力争尽快处理，并做好记录。

（4）巡查每层楼时，要多看有无异常情况、多听有无异常响动、多嗅有无异常气味等，当发现有业主室内冒烟并伴有焦煳味，有歹徒撬门行劫行凶，有可疑人员在楼道徘徊，室内有水溢出门外，业主房门大开但呼叫无人应答以及业主室内有打闹、哭叫、呼救声等情况时，应立即采取行动，按有关规定处理。

（5）及时发现和消除各种隐患。巡逻时要仔细检查房屋本体、公共设施和消防、防盗设施是否完好无损，若有损坏或异常情况要填写故障通知单，情况严重的要立即报告主管或物业经理及时处理，并做好值班记录。

（6）仔细巡查地下室各机房重地，如发电机房、水泵房、高低压配电房、消防控制中心等重点部位，发现不安全因素，迅速与值班人员取得联系，及时消除隐患。特别是台风暴雨期间，更要加强巡查，做好应急准备工作。

巡楼时应特别注意空置房的防火、防盗工作。如发现空置房内有异常情况应及时向主管汇报。

127 巡检车库（场）

巡检车库（场）的内容具体如下所示。

（1）指挥车辆慢速行驶，引导车辆停在指定车位，严禁乱停乱放，若发现行车通道、消防通道及非停车位有车辆停放，应及时纠正并做好记录。

（2）巡查车况，发现有未关锁门窗和漏油等情况及时通知司机，并做好记录，上报物业经理及时处理。车库（场）巡查记录表如表7-8所示。

（3）若发现形迹可疑人员、斗殴事件或醉酒者、精神病人等，按有关规定处理，做好值班记录并上报。

表7-8 车库（场）巡查记录表

编号：

日期	班/次	检查时间	车辆停放数	机动车辆检查情况				消防设施检查情况			值班员	备注
				车牌号	外观损坏	门窗未关	其他	消火栓	灭火器	其他		
说明	1．每班对车库（场）的全面巡查至少4次 2．发现车辆有损坏、门窗未锁闭、车内有箱包等情况时，应立即填写“车库（场）车辆检查处理记录表” 3．发现消防设施有异常情况应立即填写“故障通知单”，由物业经理立即做出处理 4．本班发现的问题由本班负责跟进 5．巡查结果要求统计准确，记录完整											

制表人：　　　　　　　　　　　　　　审核人：

128 巡逻签到

巡逻人员必须在固定的签到箱签到。为方便签到、检查，物业公司都会安装巡逻签到箱，配置签到卡，一般要求各责任区的保安员在巡逻中按规定时间打开签到箱，在签到卡上签到一次，责任区内的签到箱都应签到，单张签到卡不允许多人同时签到。

签到时，签到人、检查人都要在签到卡上签名并注明时间，保安巡逻签到卡如图7-10所示。

编号：

时间	签名	时间	签名	时间	签名
巡逻记录（楼管员填写）：					

图7-10 保安巡逻签到卡

129 发现可疑人员的处理

巡逻中发现可疑人员的处理方法如下。

（1）礼貌地盘问。

（2）仔细观察对方面部表情及回复神态。如果对方神色慌张，说话语无伦次或无身份证，应带其到办公室进行询问。

“对不起，耽误您一点时间，现在有点事情需要向您了解一下，请您随我去一趟保安办公室。”

（3）及时与监控中心联系，掌握可疑人员在楼层的活动情况，并到其活动过区域业主的房间询问，了解有无财物损失。

（4）视调查了解的情况进行处理。

另外，发现可疑人员时也可根据不同的情况进行处理，具体如表7-9所示。

表7-9 发现可疑人员时不同情况的应对方法

序号	可疑情形描述	应对方法
1	在小区内游荡或借口找人却说不出被访人姓名和详细住址的，一家家敲业主家门或一个个楼道按业主电子门的人员	密切注意其举动，必要时劝其离开
2	发现其身上带有管制刀具、钳子、螺丝刀、铁棒等工具	核查其携带工具的用途，如用途不明，先将其控制起来，并及时送辖区派出所
3	携带物品繁多，如电视、音响等贵重物品又无任何证明（搬家有物业公司放行条者除外）	暂时将人、物扣留，待其出具可靠证明后放行。如无任何证明，即送交派出所审查
4	在偏辟、隐蔽处清理皮包或钱包	立即设法拦截，询问验证，如属盗窃、抢劫财物的，送交辖区派出所处理
5	单车、摩托车无牌、无行驶证、无钢印、有撬损痕迹的，或将未开锁的单车背走或提走	当即扣留人、车，待查明后放行
6	机动车拿不出行驶证、说不出车牌号或没有停车证	立即联系车管岗亭，暂扣车钥匙，扣留其人，待查明后放行，如经调查确有问题的，送公安机关查处
7	遇到保安即转身远离或逃跑	设法阻截（用对讲机向巡逻员通告）、擒获
8	低价出售与实际价值相差较大的物品	暂扣人、物，查明情况后放行
9	三五成群，没有正当收入来源却大肆挥霍，且住在本小区	密切监视，将情况向派出所反映
10	长时间一个人留在屋里不离开	上前询问，非本栋业主应劝其离开，如有作案嫌疑要详细盘查
11	发现天台隔热层、消火栓内或单车棚内等隐蔽地方藏有刀具、钳、铁棒等工具	不动隐藏的工具，采取伏击的方法，监视作案者的行动，发现作案，立即将其擒获

130 发现用户未锁门的处理

巡楼时逐间推拉各房门，检查有无锁好。一旦检查发现业主未锁门，应按门铃，有人开门则予以提醒："先生（女士），您好！打扰您了，为了您的财产安全，请您关好门，以防窃贼有机可乘！"

如果室内无人，应通知保安人员前来看管，不得私自进入业主室内检查或让其他人进入。

131　深夜检查发现异常的处理

巡逻人员深夜检查发现写字楼等物业室内有人，且未开灯在内或有可疑活动时，应做出如下处理。

（1）仔细观察室内人员活动情况，有无撬锁、翻箱、抄物等反常行为或非法行为。

（2）在不惊动室内人员的情况下迅速用对讲机与大堂岗当值人员联系，查看有无人员加班登记。如大堂登记有人加班，且加班人员特征与室内人员特征一致，又无反常行为，可以不过问，但须通知监控中心留意。

（3）如大堂无登记，则应敲门或按门铃，征得室内人员同意后入室，礼貌地询问有什么可以帮忙的，电源是否跳闸无电等，听候室内人员解释，观察其表情、反应是否正常。核查无疑后，要求其补做加班登记。如有疑点，要求其出示身份证登记后再核查此人是否为该物业单位的职员，如是，可让其加班；如不是，要盘查清楚。

132　车辆违规停放的处理

巡逻人员要仔细观察，随时注意辖区内的车辆停放情况，及时发现车主（驾驶员）的违规停放行为，并进行制止。

（1）纠正违规时，要先敬礼，态度和蔼，说话和气，以理服人。

（2）对不听劝阻者要查清姓名、单位（住址）、去向，并如实记录。

（3）遇到违反停放规定但车主不在的情况，及时通知监控中心，用对讲、电话通知车主（驾驶员）或其家属，迅速将车改停至规定位置上。

（4）在用对讲、电话联系无效的情况下，应安排巡逻保安员或保安主管上门进行说服，做好工作，督促车主（驾驶员）及时改正。

（5）如果私家车位被占，应根据车库（场）的车辆停放情况，预留一个空车位给车位被占车主，并向车主（驾驶员）做好解释工作，以免影响其他车主（驾驶员）泊车。

（6）在一车两位占用较长时间，且劝说无效的情况下，该车出场时应向车主（驾驶员）收取双倍车位使用费用。

（7）对车主（驾驶员）将车停放在消防通道或强行占道且不听劝告的情况，造成消防隐患或交通严重阻塞的，应及时通知交管部门依法进行处置。

（8）遇车主（驾驶员）醉酒或患病而将车乱停乱放时，应立即采取措施，避免意外事故发生，具体做法如图 7-11 所示。

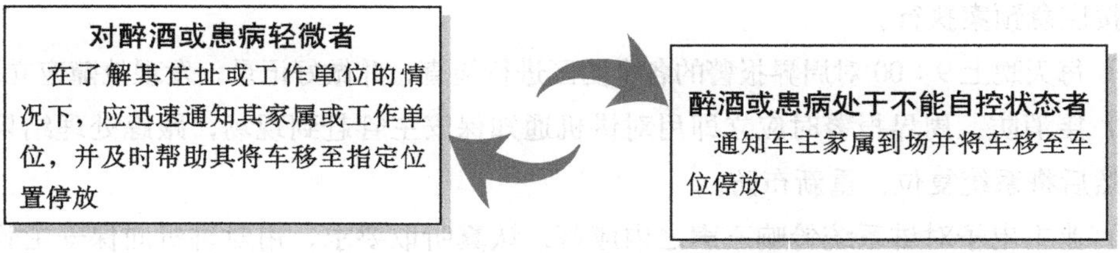
对醉酒或患病轻微者
在了解其住址或工作单位的情况下，应迅速通知其家属或工作单位，并及时帮助其将车移至指定位置停放
醉酒或患病处于不能自控状态者
通知车主家属到场并将车移至车位停放

图7-11　对醉酒或患病者乱停车的处理措施

（9）对于不听劝告、蛮横无理、打骂保安员的车主（驾驶员），应了解情况后同车主（驾驶员）共同协商，妥善处理。若情节严重，应报告公安机关依法进行处理。

第四节　日常监控管理

133　监控中心的日常管理

物业公司一般会设置安防监控中心。这是辖区安全工作的指挥中心、观察中心，也是监控设备的自动控制中心。在现代智能建筑中，往往将监控中心和防火管理中心与设备管理、信息情报管理结合在一起，形成防灾中心或管理中心。

监控中心应设置多个必要的闭路电视监控器，设置防盗报警及门禁的集中管理系统。凡是设在管辖区域内的防盗报警探测器、摄像机、报警按钮等信号均送至安防监控中心。物业经理通过监控中心可以更全面地掌握被监视区域的情况。

134　监控中心的执勤管理

物业辖区内监控系统通常要24小时开通，由专人值班，定时监控录像，并对发现的可疑情况跟踪监视、同步录像。

（1）保安部应列出监视系统摄像头的分布数量和位置。

（2）监控中心内实行人员 24 小时值勤，值班人员不得无故脱岗。

（3）外来人员进入监控中心应经保安部同意并登记。

（4）发现设备故障应立即报修。

（5）当显示屏出现异常情况时应立即用对讲机通知保安主管赶到现场，做好记录，遇紧急情况按应急预案执行。

（6）每天晚上 9：00 对周界报警的各个防区进行检查，并做好记录，发现故障应立即报修。

（7）接消防、周界报警时应立即用对讲机通知保安主管赶到现场，跟踪处理结果并做好记录，然后将系统复位、重新布防。

（8）业主电子对讲系统铃响三声之内应答，认真听取要求，用对讲机向保安主管报告并做好记录。监控中心信息记录表如表 7-10 所示。

表7-10 监控中心信息记录表

编号：

序号	来电时间	来电人			信息内容（报修/投诉/咨询/建议/求助/其他）	处理结果	处理日期	记录人	备注
		姓名	电话	地址/房号					

制表人：　　　　　　　　　　　　审核人：

（9）保持监控中心室内清洁。

（10）做好对讲机、应急电筒的保管、充电和借用手续登记。

135　监控中心的安全管理

监控中心安全管理的具体内容如下。

（1）监控中心由保安员负责对辖区进行 24 小时监控，由机电工负责日常维保。保安员须经培训后方可上机操作。

（2）机房内环境温度应保持在5℃～28℃。

（3）无关人员严禁进入监控中心。若要进入，须经保安主管、设备主管或物业经理批准，由设备主管或保安员陪同进入。

（4）监控中心严禁吸烟及明火作业。确因工作需要动用明火时，须事先办理动火审批手续，经设备主管同意并经物业经理认可后，按照动火作业管理规定进行。

（5）监控中心消防设施完备，并进行定期检查。

（6）常备应急电筒及充电式应急照明设施。

（7）监控中心内外保持清洁，室内照明、通风良好，地面、墙壁、门窗、设备无积尘、水渍、油渍，禁止乱堆杂物和易燃易爆物品。

（8）监控中心内的一切设备设施、元器件、线路严禁随意更改。

（9）值班人员不得擅离岗位，进出监控中心应随手关门。

（10）各控制柜、显示屏、信号灯、控制线路等的运作应始终处于有效状态，各类功能标志应明确。

136 监控设备的日常管理

物业经理应要求值班保安员每天擦拭一次监控设备，保持设备清洁。监控设备系统每天上午进行测试和检查，发现异常和故障立即报修，并做好记录。监控系统、设备设施运行的检查标准如表7-11所示。

表7-11 监控设备检查表

序号	项目	检查内容	检查标准	备注
1	显示屏	图像、亮度、电源开关	图像清晰，附件完好	
2	摄像机	图像、光圈、变焦	图像清晰，附件完好	
3	录像机	快进、快倒、时钟、录、放	功能完好，录像正常	

值班保安员要掌握监控中心内各个系统的简单工作原理、性能和常规的维修养护工作，并能熟练操作各个系统。值班保安员要坚守岗位，密切注视显示屏及各类控制柜的运行状态。每班保安员对各类信号至少检查一次，检查设备运行是否正常，并做好记录；如出现问题应立即查明原因并进行处理，无法处理的问题应迅速上报主管或机电工。

第五节　小区人员与车辆出入管理

137　对出入人员进行验证

查验出入人员的身份和证件，严格履行登记手续，是出入岗保安的重要职责和任务。物业公司应对进出人员加强管理，主要是要求其凭有效证件出入，不准无关人员随便进入。

业主凭物业公司核发的IC卡或门卡出入，外包工、基建工、装修工、临时工凭临时出入证出入。

验证是一项涉及所有进出物业区域大门或重要部位门禁的人员、物品、车辆的琐碎而重要的工作，稍有不慎，就会引起对方反感，甚至因此而产生纠纷。因此，执勤的保安应当做到既能迅速、敏锐地查验证件，又能从容、得体地使被验者接受检查。

（1）接对方的证件时，应手心向上，礼貌地接过来，切不可手背向上伸手去抓或侧向夺取。

（2）验证时，凡是证件上有照片的，一要核对照片与持证者的相貌是否相符，二看压照片的钢印、公章是否清晰无误，三察持证者面部表情是否慌张。

（3）如验证无误，应将证件归还，并礼貌地抬手示意放行或颔首微笑示意放行。

在配置门禁系统时，就要为物业区域内的业主及物业公司的工作人员制作好出入大门的IC卡，制定IC卡的发放制度并做好记录。

138　为来访人员办理登记手续

外来人员来访进入时，要依照规定办理登记手续，认真填写来访人员登记表（见表7-12）后，方可入内。

表7-12　来访人员登记表

编号：　　　　　　　　　　　　　　　　　　　　　　　日期：____年__月__日

来访时间	来访人／访问部门或房号／被访人
有效证件名称／号码	

（续表）

来访事由		
接访结束时间		接访人签名
____月____日____时____分		
说明	1．接访人员要在副联表上签名和填写接访结束时间 2．副联由来访人员交回出入口（大堂）保安保存 3．原件（存根）、复写件（副联）齐全	
备注		

制表人： 审核人：

139 明确不准进入的情况

物业经理要明确管辖区不准进入的情况主要有下列几种。

（1）部分客户单位工作时间不能会客，如有特殊情况，须经批准后在接待室会客。

（2）重要客户单位禁止员工随意带亲友等无关人员进入。

（3）无有效证件、不履行登记手续或经确认无进入必要的人员，出入口（大堂）保安应禁止其入内。

（4）出入口（大堂）保安要保持高度的警惕，严防有人利用过期、伪造或者窃取的出入证混入内部作案。

140 对出入车辆进行验证

车辆出入检验的具体内容如下。

（1）对出入物品要实行严格把关，重点要做好物资、器材的验证，出门一律凭出门证、放行条，危险品进门要有许可证。

（2）出入口（大堂）保安员严格执行物资出入检查制度。机动车辆经过出入口（大堂）保安员应主动停车接受检查，外来机动车辆要登记车号、事由、装运物品等信息后才能进入，自行车经过出入口要下车推行。

(3) 外来人员携带物品入内要填写清单,出门时应主动接受检查,经查对无误后方可放行。

(4) 对于工业区的物业，凡汽车来提货或送货的，应上车检查，并在提货单或送货单上写明提、送货单位和车辆牌号;根据出入物资清单上注明的品名、规格,进行认真的检验、核查,发现证物不符的应进行拦阻，直到弄清情况、手续齐备后方可放行。对于无许可证的危险物品应拒之门外；对于无出门证的物资要坚决堵截，并将车辆牌号登记，报保安部门查处。

(5) 需携带办公用品、家电、家具和电脑设备等大件物品出门时,应到保安值班室填写“物品放行条”(见表 7-13)，经业主签字，并经门岗保安员验证，核对物品名称、数量无误后方可放行。

表7-13　物品放行条

编号：　　　　房号：　　　　日期：____年__月__日

物品名称（大件）	型号	数量	其他信息
			业主或经办人姓名：
			证件号：
			联系电话：
			搬运车辆车牌号：（保安员填写）
			保安员：
费用缴纳情况：			签发人：

注：此条由大堂保安员检查，无大堂的物业由巡逻保安员或车管员检查。

141　疏导出入车辆和行人

小区出入口保安员的一项重要工作是进行交通指挥，防止车辆和行人抢道，保证小区出入口的通行畅通有序。

有些小区的进出口较宽阔，因此可能会出现占用道路摆摊设点、停放车辆、堆物作业、搭棚盖房等情况，有时还有集市贸易，举行临时聚会或其他活动，有的临时在门口施工、维护公用设施等。所以出入口保安要及时清理门口障碍，劝阻无关人员离开，保障人员与车辆的出入、活动正常举行和施工进度。

第六节　智能停车场的车辆出入管理

142　固定车辆的进场管理

固定车辆的进场流程如图7-12所示。

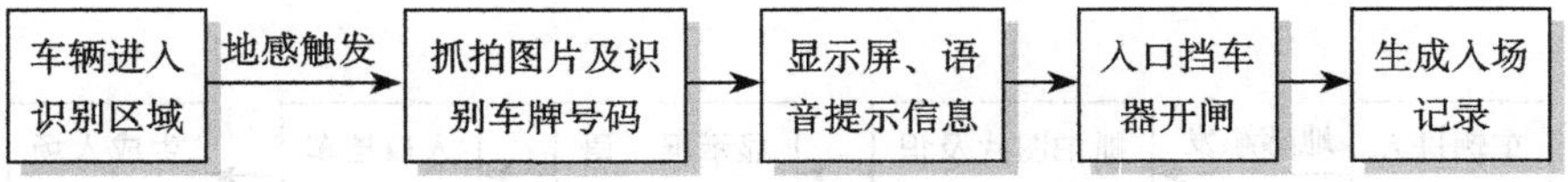
车辆进入识别区域
地感触发
抓拍图片及识别车牌号码
显示屏、语音提示信息
入口挡车器开闸
生成入场记录

图7-12　固定车辆的进场流程

固定车辆驶至停车场至口，车辆压地感线圈，触发车牌识别器抓拍图片并识别车牌号码，系统记录车牌号码、入场图片、入场时间等信息，显示屏、语音提示相关信息（如车牌号码、欢迎入场、固定车辆剩余日期等）并开启挡车器，车辆入场后，闸杆自动落下，车辆进入车场内泊车。

143　固定车辆的出场管理

固定车辆的出场流程如图7-13所示。

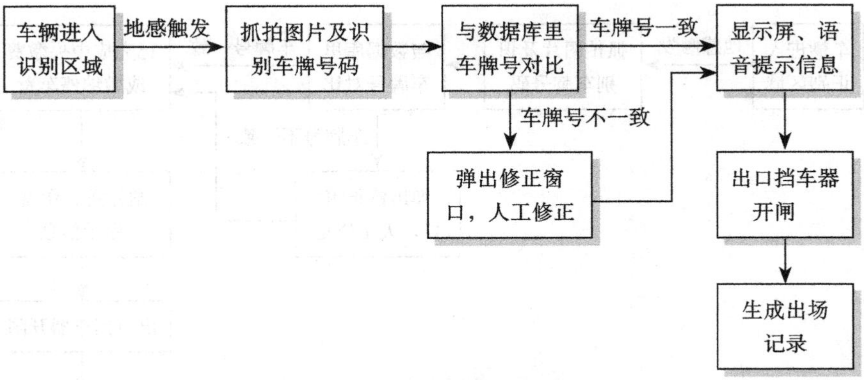
车辆进入识别区域
地感触发
抓拍图片及识别车牌号码
与数据库里车牌号对比
车牌号一致
显示屏、语音提示信息
车牌号不一致
弹出修正窗口，人工修正
出口挡车器开闸
生成出场记录

图7-13　固定车辆的出场流程

固定车辆驶至停车场出口，车辆压地感线圈，触发车牌识别器抓拍图片并识别车牌号码，系统记录车牌号码、出场抓拍图片，与入场车牌号进行对比，若车牌号一致，则显示屏、语音提示相关信息（如车牌号码、一路平安、固定车辆剩余日期、延期时间等）并开启挡车器，车辆出场；若车牌号不一致，则系统弹出修正窗口，人工修正车牌后，显示屏、语音提示相关信息（如车牌号码、一路平安、固定车辆剩余日期、延期时间等）并开启挡车器，车辆出场。车辆出场后闸杆自动落下，车辆通行离开停车场。

144　临时车辆的进场管理

临时车辆的进场流程如图7-14所示。

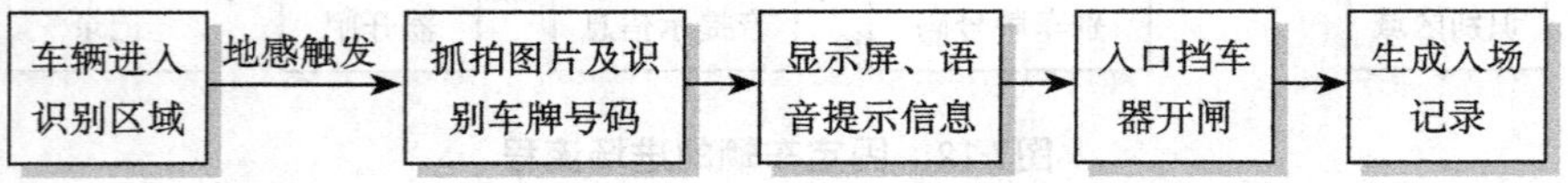
车辆进入识别区域
地感触发
抓拍图片及识别车牌号码
显示屏、语音提示信息
入口挡车器开闸
生成入场记录

图7-14　临时车辆的入场流程

临时车辆驶至停车场入口，车辆压地感线圈，触发车牌识别器抓牌图片并识别车牌号码，系统记录车牌号码、入场图片、入场时间等信息，显示屏、语音提示相关信息（如车牌号码、欢迎入场等）并开启挡车器，车辆入场后，闸杆自动落下，车辆进入车场内泊车。

145　临时车辆的出场管理

临时车辆出场流程如图7-15所示。

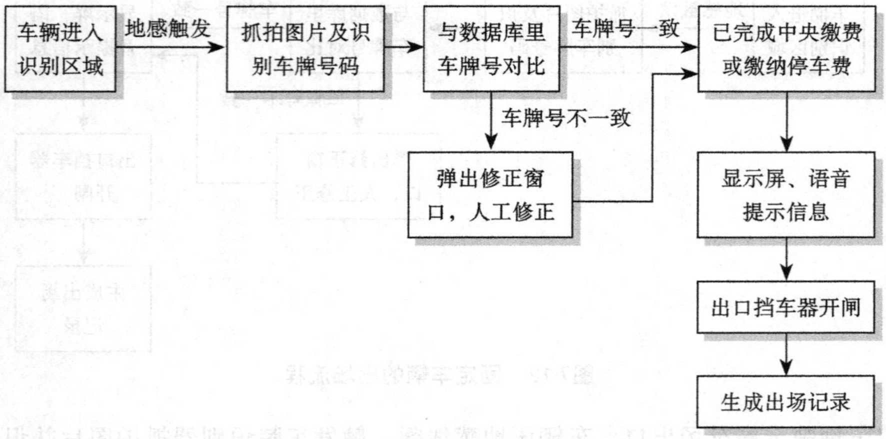
车辆进入识别区域
地感触发
抓拍图片及识别车牌号码
与数据库里车牌号对比
车牌号一致
已完成中央缴费或缴纳停车费
车牌号不一致
弹出修正窗口，人工修正
显示屏、语音提示信息
出口挡车器开闸
生成出场记录

图7-15　临时车辆的出场管理

临时车辆驶至停车场出口，车辆压地感线圈，触发车牌识别器抓牌图片并识别车牌号码，系统记录车牌号码、出场图片、出场时间等信息，显示屏、语音提示相关信息（如车牌号码、缴费信息等）。

临时车辆不需要缴纳费用（免费）或已在中央收费处缴纳过费用的，则自动开启挡车器，车辆出场，车过后闸杆自动落下，车辆通行离开停车场。

临时车辆需要缴纳费用的，完成缴费后，由人工手动开启挡车器，车辆出场，车过后闸杆自动落下，车辆通行离开停车场。

临时车辆车牌号码识别有误时，需要人工操作修正，完成缴费后，手动开启挡车器，车辆出场，车过后闸杆自动落下，车辆通行离开停车场。

第七节 高空坠物管理

146 高空坠物的来源和影响

高空坠物的来源和影响如表7-14所示。

表7-14 高空坠物的来源和影响

序号	来源	具体影响
1	建筑物及其附着物	在业主和物业公司签订物业服务合同时，业主一般都将小区公共部位（如外墙面）的养护、维修委托给物业公司管理，物业公司基于物业服务合同成为小区公共部位的管理人。因此，一旦发生玻璃幕墙坠落等事件，物业公司必然会被卷入纠纷
2	高空抛物	高空抛物伤人甚至造成受害者死亡的事件时有发生。发生高空抛物事件后，尽管由抛物者或抛物楼层群体负责民事赔偿，但对物业公司的品牌、口碑等都有不好的影响，甚至会出现业主索赔的情况，给物业公司带来的危害相当大

147 建筑物及其附着物的高空坠物管理

1．承接项目时应考虑建筑物的新旧和外墙面的材质

在与开发商或业主委员会签订物业服务合同时，应考虑建筑物的新旧和外墙面的材质。建筑物越旧，其悬挂物或外墙搁置物发生坠落的可能性越大，承接一个项目时，这一风险不

得不考虑。目前建筑物的外墙面有多种材质，如金属、石材、玻璃等。对各种材质的外墙面，其养护和维修的要求也存在差异，这些物业经理也都应予以考虑。在承接项目时，需做好建筑物不同材质外墙面的养护、维修预算。

2. 就幕墙的养护、维修与开发商做好相关约定

承接一个项目时，物业公司需了解开发商在外墙的养护和维修方面与施工单位有何约定。假如开发商在与施工单位签订施工合同时，未对外墙的养护、维修方面做出具体约定，物业公司可与开发商约定相关免责条款，或就外墙的养护、维修另行约定，避免不必要的纠纷。

3. 定期排查隐患

开展建筑附着物安全隐患排查整治工作，对公共场地和公共设施设备、窗户及玻璃、小区户外广告牌和空调主机等户外附着物，定期组织工程技术人员逐户排查，发现存在安全隐患的，要立即登记在册并进行整改。

台风期间，物业公司应告知居民住户关好门窗，将阳台边的花盆搬进屋内，防止高空坠物。

4. 购买适当的保险

为了减少不必要的纠纷，物业公司可以考虑购买适当的保险。如停车场靠近幕墙，可在购买物业管理责任险时可考虑购买停车场附加险。根据需要，物业公司还可以与开发商或业委会商量，为管理的物业项目购买公共责任险。

148 高空抛物的管理

物业公司对高空抛物应采取以预防为主，与居委会、派出所等部门相互配合，从宣传入手，发动群众共同监督的方法。对不听劝阻、屡教不改的个别人员，应与治安机关联合采集证据，予以处罚。因此，高空抛物管理，预防是关键。

1. 加强防范与监控

为了预防“高空抛物”，物业公司可在相应区域加强防范。如安装摄像头等进行监控，这样可以“抓住真凶”，同时也能起到监督的作用，让附近的业主一起来谴责这种行为。

2. 对业主进行宣传教育

由于老小区的绿化带布局不合理，给一些不太自觉的业主创造了乱扔垃圾的机会。因此，物业公司要在情况比较严重的楼房内重点进行宣传教育，让他们明白这种行为是不对的，如果伤及无辜人员更要承担法律责任。

3．装修阶段明确责任

不少业主装修时图省事，经常从楼上向下扔装修垃圾。新建小区的物业公司和业主委员会可以在一开始就未雨绸缪，针对这种行为制定相关规范并将其纳入物业管理规定，明确责任，让业主在一开始就知道这种行为要受到相应的处罚。

4．与学校、居委会、街道办开展合作，加强社区宣传

提高业主的公共道德素养，是预防高空抛物的关键。

(1) 物业管理处要对业主多做宣传，警示高空抛物的危害，提高业主的公共道德素养。同时，物业管理处在和业主签订《业主公约》时，要特别强调高空抛物，让业主意识到问题的严重性，在小区内形成“高空抛物可耻”的理念。

(2) 加强监管和处罚力度。高空抛物不仅污染环境，更重要的是会危及他人的人身安全，物业公司发现有高空抛物行为的业主，应当积极收集证据，张榜公布，联合社区治安部门，采取措施对肇事者进行处罚。

149 高空抛物不同结果的处理

高空抛物造成不同结果的处理措施如表7-15所示。

表7-15 高空抛物的处理措施

序号	类型	具体处理措施
1	无事故损失	(1) 即便是无事故损失的高空抛物，物业公司也不能忽视，应尽快找到肇事者，指出其肇事行为的危害及可能面临的治安处罚，劝告其不要再犯 (2) 对有过高空抛物行为的人员，应在日常的保安巡视中，加强对其的监督 (3) 如无人目击的高空抛物，应及时清除坠落物，并由保安在可能出现肇事者的相关楼层住户中进行询问与调查 (4) 宣传高空抛物的危害及可能面临的治安处罚，显示物业管理对此事的关注
2	发生损失事故	(1) 如果因高空抛物造成了社区内居民财产与人身安全遭受损失的情况，物业公司应及时配合相关部门进行取证，查找肇事者 (2) 物业公司及时足额购买公共责任保险，可以规避此类的相关风险、减少经济损失
3	居民投诉	(1) 出现居民对高空抛物的投诉时，物业公司接待人员应及时派员到现场处理，记录相关情况 (2) 对事情进行调查走访，按上述两类情况及时处理，安抚相关人员的情绪，并予以回访，做好相应的记录并备案

第八章 客户服务管理

导读 >>>

为小区业主提供特约、代办、维修等服务是物业公司日常工作的一部分，物业经理要带领公司所有员工做好服务工作，为业主提供更多便利，使业主与物业公司之间的关系更为融洽。

Q先生：A经理，物业公司应该为业主提供一些服务，这些服务工作应当如何开展呢？

A经理：首先，你要了解物业公司所提供服务的基本类型。然后，你要有针对性地开展服务工作。例如，开展便民服务时，你要区分对待有偿服务与无偿服务，而在提供维修服务时，你可以制定明确的有偿维修服务标准和收费标准，以实现维修工作规范化。

Q先生：A经理，上周公司接到了十几起业主投诉，您能给我提供一些应对投诉的建议吗？

A经理：你要了解业主投诉的内容，明确投诉的处理程序，掌握投诉的处理方法，才能从容应对投诉。当然，你也可以通过开展业主满意度调查来了解业主的想法，提高业主的满意度。

第一节 日常服务管理

150 服务需求调查

常用的需求调查方式如表8-1所示。

表8-1 常用的需求调查方式

序号	方式	具体内容
1	客户问卷调查	客户问卷调查是一种简单易行的方法，物业经理只要针对调查对象、调查内容及相关事宜编制选择题问卷即可。但选项要考虑得周全些，范围要尽量适中，最好在正式调查之前先进行抽样调查，随后再铺开进行
2	电话调查	物业经理在调查期间可设置热线电话，与业主直接进行沟通。特别是与一些不常住的业主联系时，采用热线电话调查是个很有效的方法
3	上门走访调查	上门走访调查主要是针对老弱病残、受教育程度低、无通信条件的业主。物业经理应主动关心这部分对象而不能遗漏，通过调查活动也可以把物业公司的真诚和关怀带给每一位业主

151 明确便民服务内容

物业经理经过广泛的调研之后，应将收集到的资料整理归类，结合本区域、本物业的实际情况进行综合分析，寻找可以开展的便民服务项目、落实责任部门和确定协作单位。

1．确定便民服务内容应考虑的事项

便民项目的内容选择应考虑各地区、各人群的实际情况，一切从不断满足业主日益增长的需求出发，尽物业公司之所能，创造条件开展多种形式的便民服务。

2．落实责任部门

受理和联系工作的任务可交给负责业主接待工作的客户服务中心，辅助性工作可以由保安部负责。

3．确定协作单位

选择协作单位时要慎重，物业经理可多选择几家进行评审，最后确定一家信誉好、实力强、质量可靠、适合并能够胜任工作的协作单位。

4．制作便民服务项目表

便民服务项目一般分无偿便民服务项目和有偿便民服务项目，应分别列出，具体如表8-2与表8-3所示。

表8-2　无偿便民服务项目表

编号	项目内容	责任部门	协作单位
1	设置便民工具箱	保安部	
2	设置应急医药箱	保安部	
3	设置便民伞	保安部	
4	借用打气筒	保安部	
5	借用病残专用车	保安部	
6	搬运家具或重物	保安部	
7	残疾人士特别服务	保安部	
8	代收、代寄普通邮件	保安部	
9	代呼出租汽车	保安部	
10	代为泊车	保安部	
11	代为保管小件物品	保安部	
12	代订牛奶	客户服务中心	
13	电话留言服务	客户服务中心	
14	家居装修咨询	设备部	
15	家居绿化咨询	绿化部	
16	小区内代购、代送礼品和鲜花	客户服务中心	

表8-3　有偿便民服务项目表

类别	编号	项目内容	责任部门	协作单位
商业网点	1	小型超市	客户服务中心	
	2	快餐店	客户服务中心	
	3	理发店	客户服务中心	

（续表）

类别	编号	项目内容	责任部门	协作单位
商业网点	4	洗衣店	客户服务中心	
	5	咖啡屋	客户服务中心	
商务服务	1	电话	客户服务中心	
	2	传真	客户服务中心	
	3	电子邮件	客户服务中心	
	4	打印	客户服务中心	
	5	复印	客户服务中心	
	6	版面设计	客户服务中心	
礼仪服务	1	迎送宾客	客户服务中心	
	2	会务接待	客户服务中心	
	3	配送鲜花	客户服务中心	
健康服务	1	建立业主健康档案	客户服务中心	
	2	设立家庭病床	客户服务中心	
	3	量血压，测身高，测体重	客户服务中心	
	4	定期健康咨询	客户服务中心	

152 代办服务管理

1．开展代办服务的要求

开展代办服务的要求如下。

（1）代办服务工作在物业经理直接领导下进行，由物业公司客户服务中心具体实施，客户服务中心主管负责日常的代办服务工作。

（2）每年年初由物业经理会同客户服务中心工作人员制订年度代办服务开展计划。内容包括服务项目、人员组织与安排及与相关方联系等。

（3）物业经理每半年召开一次代办服务工作会议，总结经验，并布置下阶段任务。明确下一步工作的中心内容，强调服务宗旨。

（4）搞好代办服务，加强物业公司与代办单位的友好协作关系，保证与业主的密切联系。

（5）对协作代办单位的工作人员进行培训，要求他们加强服务意识，提供优质服务。

2．代办服务的项目策划

代办服务主要是物业公司为业主提供的各项代办服务，目的在于更好地服务于业主。

物业经理经过广泛的调研之后，应将收集到的资料整理归类，结合本区域、本小区的实际情况进行综合分析，寻找可以开展的代办服务项目，落实责任部门和确定代办单位，具体流程如图8-1所示。

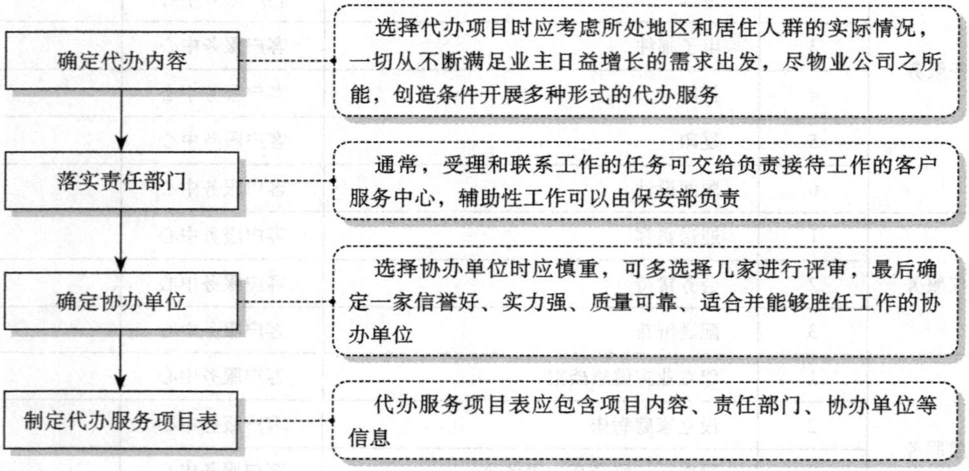
确定代办内容
选择代办项目时应考虑所处地区和居住人群的实际情况，一切从不断满足业主日益增长的需求出发，尽物业公司之所能，创造条件开展多种形式的代办服务
落实责任部门
通常，受理和联系工作的任务可交给负责接待工作的客户服务中心，辅助性工作可以由保安部负责
确定协办单位
选择协办单位时应慎重，可多选择几家进行评审，最后确定一家信誉好、实力强、质量可靠、适合并能够胜任工作的协办单位
制定代办服务项目表
代办服务项目表应包含项目内容、责任部门、协办单位等信息

图8-1　代办服务项目策划的流程

3．代办服务的项目内容

代办服务的项目内容如表8-4所示。

表8-4　代办服务项目表

编号	项目内容	责任部门	协办单位
1	代办报刊、杂志订购手续	客户服务中心	邮政局
2	代付公用事业费：水费、电费、燃气费、电话费	客户服务中心	水电局/天燃气公司/电信局
3	代送信件、传真、公文	客户服务中心	快递公司
4	代办财产保险，如房产保险、汽车保险等	客户服务中心	保险公司
5	代办人寿保险	客户服务中心	保险公司
6	代办餐务服务，如提供送饭、送菜、送生日蛋糕、送牛奶、送食品等上门服务	保安部	酒家/食品店

（续表）

编号	项目内容	责任部门	协办单位
7	代为聘请和联系钟点工、保姆、家庭教师	客户服务中心	居委会/家政公司
8	代办票务服务，如代订车票、船票、机票	客户服务中心	票务公司
9	代办假日旅游手续	客户服务中心	旅行社
10	代办各种礼仪活动、喜事庆典、摄像服务等的联系事宜	客户服务中心	礼仪公司
11	代办天然气安装手续	保安部	天然气公司
12	代办申请电话安装手续	保安部	电信局
13	代办户口申报和房产证	保安部	派出所/房产办
14	代理房屋租赁转让	客户服务中心	中介公司
15	代看管、打扫空置房	保洁部	
16	代装空调、淋浴器、防盗装置、晒衣架	工程维修部	安装公司
17	代办保健俱乐部入会手续	客户服务中心	健身俱乐部
18	代购蒸馏水	保安部	纯水公司
19	代购礼品，代办礼品递送	客户服务中心	礼品店

153 特约服务管理

1．特约服务的项目策划

特约服务是针对个别业主提供的服务，是对便民服务的完善与补充。

由于特约服务是一种个性服务，业主需求千差万别，所以该服务项目既不稳定也不持久。项目的选择应考虑所在地区、人群和不同时期的实际情况，寻找需求较集中、较稳定，且可以开展的特约服务项目。特约服务大多是有偿服务，社会上很少有可以比照的收费标准，容易产生费用纠纷，故物业经理在策划时应考虑先易后难、先简后繁，边开展、边总结、边提高，确保开展一项、成功一项。特约服务的项目如表8-5所示。

表8-5　特约服务项目表

编号	项目内容	责任部门	协办单位
1	委托代管房屋服务	客户服务中心	无

（续表）

编号	项目内容	责任部门	协办单位
2	委托上门清洁服务	保洁班	无
3	委托上门维修服务	工程维修部	无
4	委托上门保安服务	保安部	无
5	委托上门绿化服务	绿化班	无
6	委托照看病人、老人、儿童服务	客户服务中心	无
7	委托代接送儿童入学、入托服务	保安部	无
8	委托装修监理服务	工程维修部	无
9	委托文秘及其他相关商务服务	客户服务中心	无
10	委托清理建筑垃圾	保洁班	无

2．特约服务的管理要点

特约服务的管理要点如下。

（1）特约服务工作在物业经理的直接领导下进行，由物业公司客户服务部具体实施，客户服务部主管负责日常工作。

（2）每年年底由物业经理会同客户服务部小结年度特约服务的开展情况，商定下一年度特约服务的开展计划。

（3）物业经理每半年检查一次特约服务工作的开展情况，总结经验，强调服务宗旨。

（4）搞好特约服务，加强物业公司与提供特约服务的单位之间的友好协作关系，密切与业主的联系。

（5）对提供特约服务单位的工作人员进行服务思想和理念的培训，要求他们加强服务意识，提供优质服务。

（6）开展特约服务必须量力而行，因地、因时、因人制宜，积极、有计划、有步骤地进行。

（7）服务收费要按照维持经营、收支平衡、略有盈余的原则，根据服务要求和服务标准定价，切不可乱收费、乱涨价。

（8）要做到热情服务，注意职业道德，遵守职业规范，讲究社会效益。

（9）要积极争取政府职能部门的指导和帮助，协调好与之的关系，建立起服务网络。

154 维修服务管理

1．制定维修服务质量标准

维修服务也是物业公司为业主提供的一项重要服务，公司对维修接待、派工下单、维修作业、意外情况处理等环节都应做出详细的要求。物业经理更应督导公司员工做好维修服务工作，以便能够尽早尽快地为业主解决维修事宜。

物业经理应首先制定维修服务质量标准，让公司员工在进行维修服务时有章可循，具体标准如表8-6所示。

表8-6 维修服务质量标准

序号	内容	服务标准及时限	备注
1	服务质量满意率	百分之百满意	满意率未达100%时，对不满意的业主应尽量组织二次维修，尽力做到令业主满意
2	服务态度	热情，礼貌，举止、言谈得体	
3	提供材料	百分之百合格	
4	预约维修时间	接到维修申请后若无特殊情况小区30分钟内、大厦20分钟内到达业主处	无特殊情况时应按与业主约定的时间到达。如遇特殊情况暂无空闲维修人员，应向业主解释说明，另约时间
5	厨房、卫生间、阳台等设施出现堵、漏、渗或停水等情况	原则上小故障应在30分钟内排除；一般故障应在2小时内（不超过8小时）排除；较难故障应在3天内排除	如遇特殊情况应向业主解释清楚，并组织突击小组，尽快做好维修工作；如需更改管道，应视实际情况由班长或房管员确定维修安排；维修后的两周内，每周应进行不少于1次的回访
	水管、闸、阀、水表渗漏	一般应在2小时内修复，最长应不超过8小时	
	厨房、卫生间等楼板渗水到楼下	一般应在4小时内给予解决，如面积大或难以处理最长应不超过3天	
	房间停水	应1小时内解决供水	除市政停水或供水系统进行较大维修、水池定期清洗外，定期保养要提前1天通知，临时停水要有停水告示；市网停电或对供电系统进行维修养护除外，定期保养要提前1天通知，临时停电要有停电告示
	房间停电	应1小时内解决供电，如需购买开关等零部件或材料，应在4小时内解决	
	电器维修	小维修应不超过2小时，较难维修应不超过8小时；灯不亮，门铃、插座损坏等小故障应在30分钟内维修好	

（续表）

序号	内容	服务标准及时限	备注
5	门、窗修理	小故障应在2小时内修理好；需重新更换门窗的，应在3天之内完成；无特殊要求的，窗户应在1天之内更换完毕	

2．了解业主报修项目

了解报修项目是开展维修工作的第一个环节。接待人员在这一过程中要为后面的维修工作收集准确的基本资料，并告知业主所提供的服务是属于有偿还是无偿范围，如果是有偿报修，则还要提供项目的收费标准。

3．必须准时派工下单

接待人员在“客户请修流程单”上填写客户相关请修信息，并在短时间内将其转交给工程部主管指定的负责人（如维修班长）。

工程部主管指定负责人填写“客户请修流程单”上的相关内容：根据请修内容写明派工时间、维修时间和维修人员等。工程部主管或工程部主管指定的负责人安排具体维修人员。

如需上门维修，则应与业主协商好上门维修的时间，在上门之前，也应与业主联系确认，方便业主为维修项目做好准备。

155　服务项目的日常检查

为确保各项服务的质量，物业经理应对服务项目进行检查，具体内容如表8-7所示。

表8-7　服务项目检查表

序号	检查	具体内容
1	员工自查	每个员工都要根据服务项目的操作规范和要求，对自己完成的每一项服务进行自查，发现问题应及时解决
2	主管巡查	主管应把巡回监督检查作为自己的主要工作，每天对自己管辖区内的所有项目进行不少于一次的巡回检查，并采用电话、上门等形式进行访问，随机听取业主对服务工作质量的意见和建议
3	物业经理抽查	由物业经理亲自或组织有关人员联合进行检查，每两周抽查一次，并应协同上级领导进行定期联合检查

第二节　应对业主投诉

156　了解业主投诉的类别

1．对设施设备的投诉

业主对设施设备的投诉包括表8-8所示的两个方面。

表8-8　业主对设施设备投诉的两个方面

投诉方面	例子
业主对设施设备的设计或安装质量感到不满	（1）电梯厅狭窄，候梯拥挤，没有货梯，客货混运 （2）房屋漏水，墙体破裂，地板起鼓等
对设施设备运行质量不满意	（1）空调制冷不够 （2）电梯经常停梯维修 （3）供电供水设备经常出现故障等

产生这些投诉的原因主要基于业主对所“购买”物业的使用情况与自身期望有差距。业主使用物业、支付物业管理费，总是希望物业能处于最佳使用状态，在使用过程中感觉方便舒心，但物业在设计开发时，可能未考虑到部分业主的要求或未完全按照业主的需求设计，设备的选型和施工质量也可能存在一些业主不满的问题，因而给业主造成上述所列的种种不便和对问题的投诉。

2．对管理服务的投诉

业主对物业服务质量的感觉来自七个方面，如表8-9所示。

表8-9　业主对物业服务质量的感觉

方面	详细说明
安全	业主的财产和人身安全是否能得到切实保障
一致	物业服务是否实现了规范化、标准化，是否具有可靠性
态度	物业管理人员是否礼貌，行为是否得体，讲话是否热情亲切等

（续表）

方面	详细说明
完整	物业服务项目是否完善，能否满足不同层次业主的需要
环境	办公或居住环境是否安静，气氛是否文明和谐等
方便	服务时间和服务地点是否方便，是否有便利的配套服务项目，如停车场、会所、自行车棚、邮局、幼儿园等
时间	服务是否及时快捷等

当业主对以上所列这些服务质量的评估低于其期望值时，就会产生不满而投诉。

业主对服务质量的期望值来源于业主得到合格服务的感觉和物业公司的服务承诺。当物业公司某项服务“失常”时，如管理人员态度恶劣、电梯运作出现小故障、维修人员未能尽快完成作业等，业主容易选择以投诉的方式来倾诉自己的不满；当物业公司的服务承诺过高时，业主也易因与期望值的落差而进行投诉。

3．对收费的投诉

业主对收费的投诉主要在各种分摊费和特约维修费方面。如水、电、清洁、绿化、公共设备抢修等分摊费用及换灯、换锁、换门等特约维修费用。

从某种意义上来说物业服务是一种商品。业主总是希望以最少的价值购买到最多最好的服务，而物业公司则希望服务成本最小化，这一矛盾集中反映在缴纳各类费用这一敏感问题上。特别是有的小区居民虽然入住“商品房”，但认识还停留在过去的“福利房”阶段，对缴纳管理费、支付维修费，还处于能拖则拖的“不乐意”状态，即使非常不情愿地交纳了各项费用，也可能会因一点小事而发起投诉。

4．对突发事件的投诉

对突发事件的投诉主要是因停电、停水、电梯困人、溢水、室内被盗、车辆丢失等突发事故造成的偶然性投诉。这类问题虽有偶然性和突发性，但由于事件本身很重大，给业主的日常工作和生活带来了较大麻烦，因而容易引起投诉。

157　确定常规投诉处理程序

（1）物业公司应设立专线投诉电话，客服人员应电话铃响三声之内接听，接听时必须做到应答礼貌、用语规范，应认真、耐心地接听并做好记录。

（2）对于业主的投诉，接听人员应表示感谢和歉意，并适当加以安慰，并询问投诉人所属公司或房号、姓名及其联系方法等，以便回复。

（3）投诉处理人员应该在30分钟内到达现场，对于一时难以处理的问题，应向投诉人做好解释工作并及时上报相关管理人员。

常规投诉处理程序如图8-2所示。

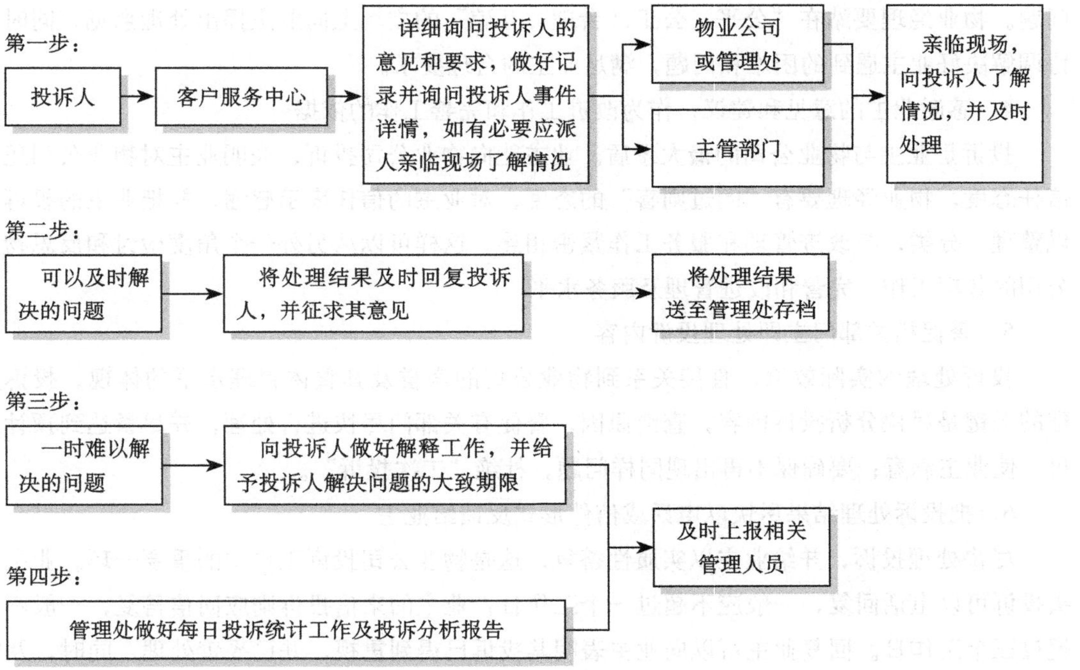
第一步：
投诉人
客户服务中心
详细询问投诉人的意见和要求，做好记录并询问投诉人事件详情，如有必要应派人亲临现场了解情况
物业公司或管理处
主管部门
亲临现场，向投诉人了解情况，并及时处理
第二步：
可以及时解决的问题
将处理结果及时回复投诉人，并征求其意见
将处理结果送至管理处存档
第三步：
一时难以解决的问题
向投诉人做好解释工作，并给予投诉人解决问题的大致期限
及时上报相关管理人员
第四步：
管理处做好每日投诉统计工作及投诉分析报告

图8-2 常规投诉处理程序

158 掌握投诉处理方法

1．耐心听取或记录投诉，不当面反驳业主的意见

业主前来投诉，是因为对物业公司某些方面的服务或管理不满或有意见，心里有怨气，此时若只是解释或反驳业主的投诉，业主会认为管理人员不尊重其意见或推卸责任而加剧对立情绪，甚至产生冲突。所以物业管理人员要耐心倾听业主“诉苦”并进行记录，使业主感觉到物业管理人员虚心诚恳的态度，随着诉说的结束其怨气也会逐渐消除。

2．对业主的遭遇或不幸表示歉意或同情，让业主心理得以平衡

业主投诉的问题无论大小轻重，都要认真对待和重视，要采取换位思考的方式，转换一下角色，设身处地地替业主着想。安慰业主，拉近与业主的距离，并表示要立即改正，这样一般会缓解业主的激动情绪。

3．对业主的投诉要求提出处理意见，满足业主的合理要求

大多业主用投诉来与物业公司“谈判”，引起物业公司的重视，并希望能解决其投诉的问题。物业经理要站在“公平、公正、合理、互谅”的立场上向业主提出处理意见，同时，协调解决好业主遇到的困难和问题，满足业主的合理要求。

4．感谢业主的意见和建议，作为改进工作和完善工作的依据

投诉是业主与物业公司的最大矛盾。业主能向物业公司投诉，表明业主对物业公司还持信任态度，物业经理要有“闻过则喜”的态度，对业主的信任表示感谢，并把业主的投诉加以整理、分类，与改进管理和服务工作紧密相连。这样可以从另外一个角度检讨和反思物业公司的各项工作，完善和改进管理及服务水平。

5．督促相关部门立即处理投诉内容

投诉处理的实际效果，直接关系到物业公司的声誉及其整体管理水平的体现。投诉处理的关键是尽快分析投诉内容，查清原因，督促有关部门尽快进行处理，并尽量达到预计结果，使业主满意，要确保不再出现同样问题，杜绝“二次投诉”。

6．把投诉处理结果尽快以电话或信件形式反馈给业主

尽快处理投诉，并给业主以实质性答复，这是物业公司投诉工作中的重要一环。业主口头投诉可以电话回复，一般应不超过一个工作日；业主的来信投诉则应回信答复，一般不应超过三个工作日。回复业主可以向业主表明其投诉已得到重视，并已妥善处理；同时，及时地回复也可显示物业管理公司的工作时效。

159　做好投诉记录与统计

在处理业主投诉时，为了明确权责，也为了让业主觉得物业公司对自己投诉的重视，非常认真地对待自己的意见，物业经理必须做好相关的记录与统计工作。一般而言，投诉处理记录分为以下几种。

1．业主投诉记录

当接到业主投诉时，客户服务中心接待员首先要代表物业公司向业主的遭遇表示同情，并在“业主投诉意见表”（见表8-10）中做好详细记录。应记录的内容包括：

（1）投诉事件发生的时间、地点；
（2）被投诉人或被投诉部门；
（3）投诉事件的发生经过（简单明了地记录）；
（4）业主的要求；
（5）业主的联系方式。

表8-10 业主投诉意见表

编号：

投诉日期时间	业主姓名	居住单位	记录人
联系方式			
被投诉人或部门			
投诉事件发生经过			
投诉人要求			

制表人：　　　　　　　　　　　　审核人：

2．投诉处置记录

业主对物业公司管理、服务方面的投诉，不论采取何种方式，如信件、电话或面谈等，一般由客户服务中心进行接待并记录，然后按照投诉内容反馈给各责任部门，由各责任部门做好相应记录。

各责任部门接到投诉后，应在预定时间内向投诉的业主答复处理措施，一般而言，答复时间最长不应超过三天。同时，各责任部门按照业主投诉的内容，安排相应人员解决问题，并将解决结果反馈给物业公司。

投诉处置记录表如表8-11所示。

表8-11　投诉处置记录表

编号：　　　　　　　　　　　　　　　　　　　　　　　　　　　　　　　　日期：____年__月__日

类别	投诉意见表编号	业主单位	领单部门	领单人	领单日期	业主服务中心接收人	接收日期

制表人：　　　　　　　　　　　　　　　　审核人：

3．投诉统计与分析

对业主的投诉，物业公司一般应分半年和一年两个时段进行分析和总结，对反复出现的问题，物业经理应组织公司员工进行深入探讨，并找出切实的解决办法，防止其重复发生。

第三节　业主满意度调查

160　确定调查内容

业主满意度调查应涉及物业服务的各个方面。

1．小区工作人员的仪表和服务态度

(1) 物业公司办公人员的仪表和服务态度。

(2) 维修人员的仪表和服务态度。

(3) 保安人员的仪表和服务态度。

(4) 保洁及绿化人员的仪表和服务态度。

2．小区设施设备维护情况

(1) 电梯、机电设备的维护情况。

(2) 供水、供电等公用设备的维护情况。

(3) 小区墙体的维护情况。

(4) 小区娱乐设备的维护情况。

3．小区管理服务情况

（1）安全管理服务情况。

（2）环境管理服务情况。

（3）社区文化管理服务情况。

4．社区信息及社区政策的处理情况

（1）业主投诉意见处理及时性和处理结果的满意度情况。

（2）停水、停电等信息的预先通知情况。

（3）社区政策的落实情况。

5．小区收费情况

（1）小区物业收费情况。

（2）业主对小区物业收费标准的评价情况。

6．小区住宅房屋舒适情况

（1）业主对住宅设计的满意情况。

（2）业主对房屋工程质量的满意情况。

161 明确发布调查通知

为了让业主对调查工作提前做好准备，物业经理应在调查工作之前发布调查通知，可张贴在小区公告栏中。下面是业主满意度调查通知的范本，仅供参考。

【经典范本 01】业主满意度调查通知

业主满意度调查通知

尊敬的业主：

你们好！

为了让大家有一个良好的居住环境，提高××物业管理有限公司的服务质量，××物业公司将进行第____次满意度调查工作。被调查对象为________花园一期、二期的业主，满意度调查表发放时间为本周六（__月__日），届时，由工作人员将表格送到已入住业主家中，未入住业主可以来物业公司进行满意度调查表的填写，也可以在网上下载表格进行填写，填写完毕发送至电子邮箱________________________，如有疑问请拨打电话__________进行咨询。（本次满意度调查持续时间为10个工作日）

感谢大家对我们工作的积极配合！

××物业管理有限公司

____年__月__日

162 设计调查问卷

对业主进行满意度调查的方式很多，如上门调查，即物业经理亲自上门或者安排专门员工上门调查等。但在实际工作中用得最多的形式还是调查问卷，即由本物业公司根据业主关心的各个方面设计问卷调查表，发放给业主，业主填写后进行回收以此来收集业主对物业管理的意见和建议。下面是业主满意度调查问卷的范本，仅供参考。

【经典范本 02】业主满意度调查问卷

业主满意度调查问卷

为了进一步完善物业管理工作，也为了给各位业主提供更加优质的服务，请您在百忙之中填写这份调查问卷，并提出宝贵的意见和建议。您的参与将有助于我们发现物业管理工作中的问题，这将是对我们工作的最大支持。

业主姓名：__________ 业主房号：__________ 联系电话：__________

一、保安

1. 您对小区的保安工作是否满意？

□非常满意 □比较满意 □不满意 □非常不满意

理由：____

2. 您对保安人员的服务态度是否满意？

□非常满意 □比较满意 □不满意 □非常不满意

理由：____

3. 您认为本物业公司对针对保安工作的投诉处理是否及时？

□非常及时 □比较及时 □不及时 □非常不及时

理由：____

二、保洁

1. 您对小区的保洁工作是否满意？

□非常满意 □比较满意 □不满意 □非常不满意

理由：______________________________

2. 您对保洁人员的服务态度是否满意？

□非常满意 □比较满意 □不满意 □非常不满意

理由：______________________________

3. 您认为本物业公司对针对保洁工作的投诉处理是否及时？

□非常及时 □比较及时 □不及时 □非常不及时

理由：______________________________

三、房屋质量维修工作

1. 您认为本物业公司对业主报修房屋质量问题的处理是否及时？

□非常及时 □比较及时 □不及时 □非常不及时

理由：______________________________

2. 本物业公司对业主报修房屋质量问题的处理过程是否令您满意？

□非常满意 □比较满意 □不满意 □非常不满意

理由：______________________________

3. 本物业公司对业主报修房屋质量问题的处理结果是否令您满意？

□非常满意 □比较满意 □不满意 □非常不满意

理由：______________________________

4. 您对本物业公司处理报修问题的工作人员的服务态度是否满意？

□非常满意 □比较满意 □不满意 □非常不满意

理由：______________________________

四、公共设施维护

1. 本物业公司对小区内绿地的养护工作是否令您满意？

□非常满意 □比较满意 □不满意 □非常不满意

理由：______________________________

2. 本物业公司对小区内电梯、消防设备、健身器材、小区大门、单元门、路面、排水设施等公共设施的维护工作是否令您满意？

□非常满意 □比较满意 □不满意 □非常不满意

理由：______________________________

五、小区管理

1. 本物业公司对小区内机动车的管理是否令您满意？

□非常满意 □比较满意 □不满意 □非常不满意

理由：______________________________

2. 本物业公司对小区内自行车的管理是否令您满意？

□非常满意　□比较满意　□不满意　□非常不满意

理由：______________________________

3. 本物业公司对业主的告知工作是否及时有效？

□非常及时　□比较及时　□不及时　□非常不及时

理由：______________________________

六、您对物业工作有何其他方面的建议和意见？

____

××物业管理有限公司

____年__月__日

163　撰写调查报告

每次调查结束后，物业经理都应对所有调查问卷进行统计分析，将业主在问卷中提到的各项意见和建议列出，总结成报告，并着手在下阶段工作中予以改进。物业经理切忌只调查不行动，这样会使业主认为这个调查只是物业公司在搞形式主义，不是真正关心业主的需求，从而失去业主对物业公司的信任。

第四节　开展业主回访、走访工作

164　投诉回访的要求

物业经理要对投诉的回访工作做出明确要求，具体内容如下。

（1）回访人员回访时，应虚心听取业主意见，诚恳接受批评，采纳合理化建议，并做好回访记录。回访记录应指定专人负责保管。

（2）回访中，回访人员如对业主的问题不能当即答复的，应告知其回复的时间。

（3）回访人员回访后对业主反馈的意见、要求、建议、投诉应及时整理，快速做出反映，妥善解决，重大问题向上级部门请示解决。对业主反映的问题，要做到件件有着落、事事有回音，回访处理率应达到 100%，投诉率力争控制在 1% 以下。

（4）回访人员接到业主投诉，应首先向业主表示歉意和感谢，并做好“业主投诉登记”。对于重大的投诉，部门领导应组织相关人员向业主进行检讨和说明，及时落实责任人及解决措施，限期处理和整改。

（5）对投诉必须 100% 回访，必要时可进行多次回访，直至业主满意为止。

165　对维修工作的回访

秉着对业主负责的态度，也为确认维修质量和考核维修服务人员的工作态度，维修工作完成后还要进行回访，这也是许多物业公司通行的做法。

1．维修的回访内容

（1）实地查看维修项目。

（2）向在维修现场的业主了解维修人员服务情况。

（3）征询业主改进意见。

（4）核对收费情况。

（5）请被回访人签名。

2．维修回访要求

小事、急事当时或当天解决，如果同时有若干急事需要处理，应如实向业主通报，协商解决时间。一般事件应当天有回复，3天内解决；重大事件应3天内有回复，7～15天内解决。对维修后，当时看不出维修效果的，或有可能再出现问题的，应进行多次回访；对维修效果很明显或属正常低值易耗的可只进行一次性回访。

3．维修回访的语言规范

回访人员可以亲自上门拜访、实地查看，也可以通过电话与业主沟通进行确认，无论以何种方式进行，用语都要规范，声音要温和礼貌，表达要清晰。以下是一些常见的回访用语。

“您好，我是 ×× 物业公司的员工，今天来回访，请问您对我们维修服务的质量是否满意？”

“先生（女士），您的水龙头现在还会不会漏水？您对我们维修服务人员的态度还满意吗？”

“先生（女士），您在电话中反映的有关维修服务人员乱收费的情况，我们已经进行了调查并做了处理，今天特来回访，想与您沟通一下情况。”

166　上门走访的工作安排

1．人员安排

走访业主时应注意一些问题，例如，走访通常由两个人组成一个小组，人太多会给业主造成心理上的压力。小组成员通常是一男一女，这种不管业主是男是女，都不会引起尴尬和不便，成员之间也有了照应，并且有多人在场做见证。

2．走访的时间安排

（1）走访的时间安排在下午业主下班后较为合适。

（2）走访的时间要长短适宜，太短达不到效果，太长则可能影响业主正常生活，通常是20分钟至1小时，可根据实际情况安排。

（3）走访应提前预约，不能给业主来“突然袭击”。

167　回访、走访的注意事项

物业经理在开展走访、回访工作时，要讲究方法和技巧，这样才能够取得最佳效果。以下介绍一些走访时的注意事项。

1．见面问候时最好称呼业主姓名

进入业主家门时，我们通常会说“您好，见到您很高兴”，但如果说“王先生，您好，见到您很高兴”，其效果会更好，因为后者比前者要更亲切热情。

2．如果业主没有请你坐下，你最好站着

进入业主家时，如果他没请你坐下，最好不要自己坐下。

3．不要急于出示随身携带的资料

在交谈中提及且已引起了业主的兴趣时，才向业主出示随身所带的资料。同时，物业经理应在回访前做好充分的准备，针对去业主家要解决的问题，预先考虑业主可能会提出的一些问题，在业主提出问题时，应给予详细的解答。

4．时刻保持相应的热情

在回访时，如果物业经理表现出对某一问题没有倾注足够的热情，那么，业主也可能会失去谈论这个问题的兴趣。

当业主因为某些问题而情绪激动，不配合工作时，物业经理应提早结束回访，避免产生新问题，把事情弄得更糟。

5．学会倾听

进行回访时，不仅要会说，还要学会倾听。听有两个要求，首先要给业主留出说话的时间；其次要“听话听音”。

6．避免不良的动作和姿态

在回访时，应保持端庄得体，不做无关的动作或有不雅的姿态，如玩弄手中的小东西、剔牙齿、掏耳朵、弄指甲或盯着天花板与对方身后的字画等，这些动作都有失风度。

7．注意衣着和发式

回访时切记自己代表着公司，体现了公司的形象，千万不要给业主留下不整洁的印象，这样不仅无助于事情的解决，还会对公司形象造成影响。

8．避免过度关心和说教

应该避免过度地关心和说教，要表现出适当的诚意和合作精神。

168　做好相应记录工作

走访、回访工作为的是切切实实帮助业主解决问题，因此，一定要做好记录工作，以便明晰责任，也便于之后进行统计分析，找出物业管理工作中的缺点，寻求最合适的解决办法。相关的记录表如表8-12和表8-13所示。

表8-12　业主回访记录表

____物业公司　　　　日期：____年__月__日

业主地址		姓名		联系电话		□业主　□租户
回访情况	回访人签名：					
业主意见改进情况	跟踪人签名：					

备注：该记录表保存期为两年。

表8-13　走访情况记录表

编号：

被走访业主（用户）姓名：	联系电话：
被走访业主（用户）详细地址：	

（续表）

业主反映情况	业主（用户）签章： ____年__月__日
存在问题及建议	
处理意见	

走访人签字：　　　　　　　　　　　　走访时间：

第五节　日常公告的发布与管理

169　日常公告的发布要求

1．安装公告栏

发布日常公告通常以书面形式为主。在以居住功能为主的小区内可将公告张贴在小区主要出入口、每栋住宅楼的一楼大堂或电梯前厅。物业公司一般会在以上地点统一安装公告栏，以便业主随时了解公告栏中公告的内容，在第一时间内了解最新信息。

公告栏的样式应精美、大方，与周围环境相映衬，以此保证小区内公共场所的整体美观。

2．公告应有较高的认可及接受度

日常公告一般是物业公司单方面主动发布、业主被动接受的信息，而且只能通过书面文字来表达，属于物业公司与业主沟通的一种特殊形式。所以在拟定公告内容时，为保证业主对公告有较高的认可及接受度，物业经理应注意表8-14所示的几点。

表8-14　拟定公告内容时的注意事项

序号	内容	详细说明
1	形式要规范	物业公司向业主发布的日常布告主要有通知、启事、通告、提示、简讯等形式。无论哪一种形式，都属于公文的一种，因此，发布日常布告时应注意形式上的规范
2	内容要简洁	物业公司发布新的公告后，大部分业主都是在经过公告栏时顺便留意布告的内容，停留的时间很短暂。为使业主在最短时间内得到准确的信息，物业公司在发布时应注意公告内容要简单易读，避免有多个不同内容出现在同一公告内；公告的语言要简练明晰，篇幅短小精练，以保证信息传达得快速而准确

3．语言要灵活

不同的语言表达可表现出发布者的不同态度。因此，为使业主能更准确地接收信息，物业经理在编写公告内容时可灵活运用语言，将实际目的准确地表达出来。如警告应严肃，而活动通知可用轻松的语言。

4．版面应严谨

在以居住为主要功能的小区内，由于公告对象较多，物业经理应注意布告版面的严谨。对于纸张的大小、字体类型及颜色等都应作统一规定，如发布通知、通告等布告时采用A4型纸张、宋体字；另外，对字体的大小也可作统一的规定，如标题用三号字，正文用小四号字等。

5．符合礼仪规范

无论发布何种类别的公告，其内容都应保持对业主尊敬的语气，决不能使用过分批判甚至带有侮辱性的文字。如确有必要批评业主，应使用婉转或较易令人接受的措辞，以取得满意的效果。

170 常见的公告类型

常见的公告类型如图8-3所示。

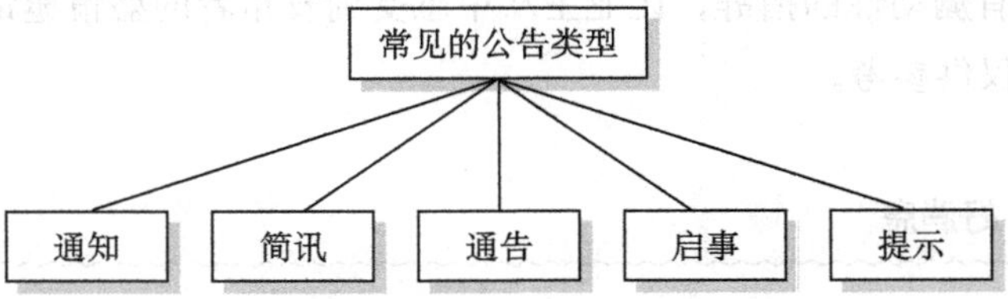
常见的公告类型
通知
简讯
通告
启事
提示

图8-3 常见的公告类型

171 通知

通知一般用于日常公告，也是使用最多的一种公告形式。通知的内容大致包括收缴费用、停水停电、办理各类手续、公共场地消毒杀虫、清洗外墙、公共设施改造等。下面是通知的范本，仅供参考。

【经典范本 03】停电通知

停电通知

物业（　）物字第（　）号

尊敬的各位业主：

我公司接电业局停电通知，兹因高压电房设备维修工程计划，____年__月__日（周六）上午____至____将对本小区停止供电，请互相转告，不便之处敬请谅解！停电期间，我们将启用发电机组以满足日常用电需要，请大家节约用电，尽量减少空调的使用。若相关单位确需进行用电作业的，请拨打我们的服务热线：______________。

××物业管理有限公司

____年__月__日

172　简讯

简讯一般用于发布社区文化活动信息、物业公司便民服务信息等。由于社区文化活动、便民服务等需要业主积极参与，所以，在拟定此类文稿时，从标题到内容都可采用较灵活的形式，如标题可使用“好消息”“喜讯”等；版面上可采用艺术字且色彩明艳，内容的语言组织上可以使用具有煽动性的措辞，让业主从中感受到发布者的盛情邀请进而产生兴趣。下面是简讯的范本，仅供参考。

【经典范本 04】好消息

好消息

花园全体业主：

近期，东区××号楼东侧墙外出租楼在我小区围墙私开小铁门，并推倒围墙，打开通道，欲永久人车通行一事，经过××花园业主委员会和物业公司的共同努力，将××街道建设办公室、国土规划局、城管监察大队、信访、居委会、派出所等相关部门人员邀至我小区，进行会商。时间为____年__月__日。

当日下午2:30××业主委员会、物业公司和各级政府职能人员、私家楼主共同进行了实地、现场测绘勘察。

建设办、国土规划局、城管监察大队依据我××业主委员会提供的宗地图、红线图、平面图进行实地测绘，最后裁定：我们所有图纸标志都是合法、有效、正确的，××号楼墙面以东10米的距离均是我小区属地，即现有围墙以外还有3.5米也属小区属地。国土规划局××部门当场宣布，我们小区维权是合法、有效的。××街道建设办公室下达处理意见，我们将对私开围墙按法定红线图完全封闭。

经过××业主委员会和物业公司的不懈努力与团结合作，几年来，困扰我们××花园全体业主的忧患，终于得以解决。

最后，我们借此通告××花园全体业主，原定于__月__日召开的现场业主会取消。

××物业管理有限公司

____年__月__日

173 提示

提示一般用于对特殊天气、气候的提示，对节日安全的提示以及对社区内公共设施使用安全的提示等。

如南方沿海一带城市夏季遇到台风，北方城市冬季遇到降温降雪天气时，物业公司应时刻注意政府相关部门发布的预告，发布提示告知业主，提醒业主做好各方面的准备工作。下面是提示的范本，仅供参考。

【经典范本 05】关于夏季小区安全防范的温馨提示

关于夏季小区安全防范的温馨提示

尊敬的各位业主：

夏季是安全问题的高发季节，虽然天气炎热，但仍要做好各类隐患的排查工作。在此，物业公司为您温馨提示。

1. 请在外出或夜间休息时关好自家的门窗，不要因为一时的疏忽给犯罪分子留下可乘之机，给您带来不必要的损失。

2. 暑期儿童外出游玩须由成年人陪同，以防溺水等事故发生。

3. 暑假期间尽量不要留儿童一人在家，务必请关好家中燃气阀。

4. 如有人上门收取公共事业费，请及时致业主服务中心电话：________、_______核对，以免上当受骗。

5. 如果有在小区过夜的车辆，请关好车门及车窗，不要将贵重物品放在车内，以免被盗。

6. 夏季也是暴雨、台风天气的高发季节，请各位业主定期检查阳台悬挂的不安全物品，若发现阳台地漏堵塞，请立即自行疏通或通知物业公司进行疏通，以防雨水不能及时排泄而导致室内进水。

7. 如在小区里发现不安全因素或可疑人员，请拨打保安24小时值班电话：________，或直接拨打110报警。

××物业管理有限公司

____年__月__日

174 通告

通告是物业公司向业主发布的较特殊的公告。内容多是对业主某些行为的管理，如禁止在社区内乱发广告、禁止违规装修、禁止破坏公共设施、禁止高空抛物等；还有一些是对物业公司即将采取的管理措施的通告。下面是通知的范本，仅供参考。

【经典范本 06】关于治理私搭乱建的通告

关于治理私搭乱建的通告

尊敬的各位业主：

______别墅私搭乱建现象由来已久，近两年来尤为严重，完全处于无序状态，严重破坏了小区的优美环境，也影响了别墅的整体升值空间。近期，许多业主严正提出："别墅乱搭乱建严重，建筑材料和垃圾四处堆放，严重影响了别墅区整体环境，严重影响了广大业主的正常生活，别墅变成了建筑工地。若不解决私搭乱建，别墅就永无宁日。"

今年__月__日业主委员会通过的《______别墅房屋装饰装修管理规定》，第七条规定："庭院装修装饰、加建改建由业主按照国家规定办理手续，凡超过2米高的建筑，须征得四邻同意方可施工。"第九条规定："在装修装饰施工中，如需使用钢材、水泥、砂石、红砖类建筑材料，每次需凭装修动工许可证到物业公司办理准入手续。"第十条规定："装修人要在施工前告知邻里。"由于种种原因，这些规定成了一纸空文。为了别墅区和全体业主的利益，必须严格执行业主委员会的这一规定。近期，我们将采取如下措施。

1. 通知所有在建工程今年必须完工。对侵占公共绿地、影响四邻的建筑，将劝其拆除，恢复原貌。对不听规劝和抗拒者，将向全体业主公示，并向政府相关部门反映。

2. 对没有侵害四邻权益和别墅形象的，请业主补办相应手续，已经办理了产权证的业主，自行到政府相关部门补办；没有办理房产证的业主，自行与开发商协商变更规划图纸。

3. 自__月__日起，全面清理别墅建筑材料和建筑垃圾：

（1）凡堆放在公共区域的建筑材料和建筑垃圾将一律清理，清理费用由该工程队承担；

（2）对庭院里的建筑材料进行登记，整理堆放形状，清运建筑垃圾。

4. 自__月__日起，坚决执行《______别墅房屋装饰装修管理规定》，严禁未经四邻同意和未办理手续的建筑材料进入别墅区，物业公司将制定细则，严格管理。

尊敬的业主，作为别墅区的服务者，我们有责任帮助大家恢复别墅区良好的秩序，请广大业主给予支持和协助，也请各位进行监督和指导，让别墅区变成一个大花园，让每位业主置身于花的海洋中。

××物业管理有限公司

____年__月__日

175　启事

启事一般只涉及失物招领、寻物等内容。以下是启事的范本，仅供参考。

【经典范本 07】失物招领启事

失物招领启事

尊敬的广大业主：

物业公司工作人员近日在巡楼中拾得钥匙数串，请丢失者携带相关证件到客户服务中心认领。再次提醒各位业主（用户），务必保管好自己的物品，以免丢失物品给您的生活带来不便。

××物业管理有限公司

____年__月__日

第九章　消防安全管理

导读 >>>

消防管理是物业从业人员的重要工作之一，一旦发生消防事件，就会给业主带来重大损失，同时也会给物业公司的财产和声誉造成重大影响。

Q先生：A经理，自从担任物业经理以来，我发现公司的员工对消防事务都不怎么重视，许多人连灭火器都不会用，我想加强这方面的管理。

A经理：不错，你可以从明确消防责任人的职责开始，然后制定各类消防制度，如动火审批制度，加强消防安全管理。你还要为物业配备必要的消防设备，定期进行消防检查，消除消防隐患。

Q先生：我打算在这个季末举行一场消防演习，以此提高公司员工对消防事故的应对水平。

A经理：很好。消防演习既可以检验物业管理区域内消防管理工作的情况，消防设备、设施的运行情况，又可以通过演习来增强员工及业主的消防意识，提高他们的逃生及自救能力。

第一节　建立消防管理机构

176　明确消防负责人的职责

一般来说，物业经理是物业公司消防工作的最高负责人，其工作职责具体如下。

（1）按照“谁主管，谁负责”的原则，对辖区内的消防安全工作负全面领导责任。

（2）采取有效措施，认真检查、指导、督促辖区内全体员工全面落实“预防为主，防消结合”的消防方针。

（3）贯彻消防法律法规，落实消防措施，加强消防监督，宣传消防知识，组织消防演习，管理好消防和监控设施设备，增强全体人员的消防安全意识和自防自救能力。

（4）熟悉辖区内的防火建筑结构，监控系统的分布，物业环境以及人员疏散通道等的基本情况；掌握各种消防和监控设施设备的基本功能、原理及正确使用方法，掌握灭火应急措施等知识。

（5）制订重大工作计划时或开展大型活动前，须拟定相应的应急灭火方案。

（6）定期检查辖区内的消防设施和监控系统的运行情况，若发现问题，要及时处理；注意结合本公司实际情况组织讨论、修订、完善应急灭火方案，确保万无一失。

（7）及时处理并消除消防投诉、火险隐患及其他相关事宜。

（8）发生火灾时，在专业消防人员赶到现场之前，担任现场总指挥，协调灭火工作。

177　明确消防值班员的职责

物业经理要明确消防控制中心值班员的岗位职责，具体内容如下。

（1）坚决贯彻执行上级关于消防安全工作的指示和规定。

（2）熟练掌握消防设备的原理、性能及操作程序，填写并保管好消防设备的基本资料，熟记工作电话号码，熟悉火警报警方法与程序，保证抢险救灾时准确、迅速且操作有序。

（3）做好消防值班记录，与各岗位值班员保持联系，认真及时地处理电话投诉与消防报警。

（4）定期进行消防与监控设施设备的检查、维护，确保消防设施设备始终处于良好状态。

（5）按时交接班，严格履行交接手续。交接班时，双方必须将值班记录、设施设备运行状况、事故处理情况及各处钥匙逐一交接清楚，做到“上不清下不接”。

（6）宣传消防法规，注意发现并报告消防隐患，提出合理化消防建议。

（7）非消防值班员不得在控制中心逗留，禁止私人占用值班电话。

（8）禁止在控制中心抽烟、睡觉、看书看报或做与工作无关的事情；需短暂离岗时须得到领班同意，且在顶岗人员到位后方可离岗。

（9）确认发生火灾时，须迅速报告物业经理并果断按灭火作战方案通知有关人员到现场。

178 明确义务消防队员的职责

物业公司责任区全体员工均属于义务消防队员，有义务、有责任履行消防工作职责。

（1）义务消防队员要始终保持高度警惕、忠于职守，随时准备投入到消防战斗中。

（2）学习消防知识，熟悉消防法规。掌握责任区消防设施设备基本功能、位置，各种灭火器具摆放点位及使用方法，手动报警器报警方法，消防疏散通道位置及疏散方案，破门救灾方法，消火栓、水龙带连接使用方法，紧急灭火程序等。

（3）落实消防法规，制止任何违反消防安全法规的行为，发现火险隐患迅速报告。

（4）爱护消防设施设备，发现消防设施设备遭破（损）坏，应立即报告消防控制中心进行处理。

（5）积极参加物业公司组织的消防灭火训练，自觉接受相关业务培训。

（6）积极参加灭火战斗，发扬不怕吃苦、不怕牺牲、连续作战的作风，抢救物资，疏散受灾人员。

（7）灭火过程中必须坚决服从命令、听从指挥、维护火场秩序、保护火灾现场，同时要保护好自身安全。

（8）积极参加消防安全宣传教育活动，提高全员防火意识。

179 建立消防应急管理机构

消防应急管理机构的建立为的是在消防事故发生时，物业经理能够迅速组织人手，开展灭火工作。其组织结构与火灾发生时的分工如表9-1所示。其中，消防总指挥一般由物业经理担任，有些小区可能会由业主委员会主任担任，这可以根据各小区的不同情况做适当安排。

表9-1 消防应急管理机构的组织结构与分工

序号	人员分工	具体工作内容
1	消防总指挥	（1）向消防值班人员或其他相关人员了解火灾的基本情况 （2）命令消防值班人员启动相应消防设备 （3）命令物业公司员工根据各自分工迅速就位 （4）掌握火场扑救情况，命令灭火队采取适当方式灭火 （5）命令抢救队采取相应措施 （6）掌握消防相关系统运行情况，协助消防机关查明火因 （7）处理火灾后的有关事宜
2	消防副总指挥	负责在消防总指挥不在现场时履行总指挥的职责，配合协同消防总指挥的灭火工作，根据总指挥的意见下达命令
3	现场抢救队和运输队	负责抢救伤员和物品，本着先救人、后救物的原则，运送伤员到附近的医院进行救护，运输火场急需的灭火用品
4	外围秩序组	负责维护好火灾现场的外围秩序，指挥疏散业主，保证消防通道畅通，保护好贵重物品
5	综合协调组	负责等候、引导消防车，保持火灾现场、外围与指挥中心的联络
6	现场消防队	负责火灾现场灭火工作
7	现场设备组	负责准备火灾现场的灭火设备和工具
8	机电、供水、通信组	负责确保应急电源供应、切断非消防供电；启动消防泵，确保消防应急供水；确保消防电话和消防广播畅通、确保消防电梯正常运行，其他电梯返降一层停止使用；启动排烟送风系统，保持加压送风排烟

第二节 配置消防设备

180 消防设备的配备要求

物业公司消防设备的一般配置应包括消防头盔、消防战斗服、消防手套、消防战斗靴、消防安全带、安全钩、保险钩、消防腰斧、照明灯具、个人导向绳和安全滑绳等。

1．楼层配置

消防设备的配置应结合物业火灾的危险性，针对易燃易爆物品的特点进行合理地配置。

（1）一般在住宅区内，多层建筑中每层楼的消火栓（箱）内均配置2瓶灭火器。

(2) 高层和超高层物业每层楼放置的消火栓（箱）内应配置4瓶灭火器。

(3) 每个消火栓（箱）内均配置1～2盘水带、水枪1支及消防卷盘。

2．岗亭配置

物业管理项目的每个保安岗亭均应配备一定数量的灭火器。在发生火灾时，岗亭保安员应先就近使用灭火器扑救本责任区的初期火灾。

3．机房配置

各类机房均应配备足够数量的灭火器材，以保证机房火灾的处置。机房内主要配备有固定灭火器材和推车式灭火器。

4．其他场所配置

其他场所配置的灭火器材应保证在发生火灾后，能在较短时间内迅速取用并扑灭初期火灾，以防止火势进一步扩大蔓延。

181　消防装备的维护与管理

1．定期检查

(1) 常规消防装备是配备在保安部的战备器材，应定期检查，至少每月全面检查一次。

(2) 发现器材破损、泄漏、变形或工作压力不够时，应对器材进行维修和调换申购，防止在训练中发生事故。

2．定期养护

所有员工应爱护器材，在平时训练和战勤中对器材都应轻拿轻放，避免摔打、乱扔乱掷；用完统一放回原处进行归口管理，并定期清洗和上油，以防器材生锈、变形和失去原有功能。

3．专人保管

(1) 消防安全部门应指定专人对消防装备进行统一管理，建立消防设备保管台账，避免器材丢失和随便动用。

(2) 平时训练用完后应由带训负责人将消防装备交给器材保管员，并做好领用和归还登记。

4．交接班检查

消防班在交接班时应对备用、应急和常规配备的器材进行检查，以保证器材的正常使用。

5．消防器材的定期统计

物业经理在各项目配置的消防器材，每月均应做一次全面统计，以保证项目配备的消防器材完整、齐全。对已失效、损坏的器材应进行重新配置。配置在每个项目及各个场所的消防器材，应由项目管理员签字确认，并有专人负责管理。

182 标明火灾相关标志

火灾发生时，为了防止触电和通过电气设备、线路扩大火势，应该及时切断发生火灾区域的电源，在夜晚或烟火较浓时容易造成混乱，给疏散和灭火带来极大的困难。因此，应当设置火灾事故照明和疏散指示标志。对火灾事故照明和疏散指示标志的要求如下。

1．事故照明

事故照明是指在发生火灾时，正常照明电源和其他非消防电源均停用，通过应急照明保证仍需工作的场所和走道的照明。除了疏散楼梯、走道、消防电梯以及人员密集的场所等部位需设事故照明外，对发生火灾时不能停电、必须坚持工作的场所，如配电室、消防控制室、消防水泵房、自备发电机房等也应设置事故照明。

供人员疏散使用的事故照明，主要为保证通道上的必要亮度。消防控制室、消防水泵房、配电室和自备发电机房等部位事故照明的最低亮度，应与该部位工作时正常照明的最低亮度相同。

2．疏散指示标志

疏散指示标志应设在走道的墙面及转角处、楼梯间的门口上方以及环形走道中，其间距不宜大于20米，距地面1.5～1.8米，应标明“出口”的字样。

为防止火灾烧毁事故照明灯和疏散指示标志，影响安全疏散，在事故照明设备外应设保护措施。平时要经常对其进行检查维护和保养，灯泡不亮或损坏的要及时修理、更换，时刻保持设备的良好状态。

第三节 消防安全检查

183 消防安全检查的内容

物业消防安全检查的内容主要包括消防控制室、自动报警（灭火）系统、安全疏散出口、应急照明与疏散指示标志、室内消火栓、灭火器配置、机房、厨房、楼层、电气线路以及消防排烟系统等。

1．专职部门检查

物业公司应对物业小区的消防安全检查进行分类管理，落实责任人或责任部门，确保重点单位和重要防火部位的检查落到实处。

（1）一般情况下，每日由小区防火督查巡检员跟踪进行小区的消防安全检查。

（2）每周由班长对小区进行消防安全抽检，监督日常检查的实施情况，并向上级部门报告每月的消防安全检查情况。

2．各部门、各项目的自查

（1）日常检查。建立健全岗位防火责任制管理，以消防安全员、班组长为责任人，对所属区域重点防火部位等进行检查。必要时要对一些易发生火灾的部位进行夜间检查。

（2）重大节日检查。在元旦、春节等重要节假日，应根据节日的特点对重要区域的消防设备设施、消防供水和自动灭火设备等重点检查，必要时制定重大节日消防保卫方案，确保节日消防安全。节假日期间大部分业主休假在家，用电、用火增加，应注意对相应的电气设备进行负载检查，采取保卫措施，同时做好居家消防安全宣传。

（3）重大活动检查。在举行大型社区活动时，物业经理应制定好消防保卫方案，落实各项消防保卫措施。

184　消防安全检查的流程

消防安全检查流程如下。

（1）按照制定的巡查路线和巡检部位进行检查。

（2）确定应检查的部位和主要检查内容均得到检查。

（3）对检查出的消防问题在规定时间内进行整改，对不及时整改的应予以严肃处理。问题严重或不能及时处理的应上报有关部门。

185　消防安全检查的要点

消防安全检查的要点如下。

（1）深入楼层对重点消防保卫部位进行检查，必要时应做系统调试和试验。

（2）检查公共通道的物品堆放情况，做好电气线路及配电设备的检查。

（3）对重点设施设备和机房进行深层次的检查，若发现问题，应立即整改。

（4）对发现的消防隐患问题应立即处理。

（5）应注意检查容易忽略的消防隐患，如单元门及通道前堆放单车和摩托车、过道塞满物品、疏散楼梯间应急指示灯不亮、配电柜（箱）周围堆放易燃易爆物品等。

（6）在消防巡查、检查过程中，要将发现的异常情况仔细记录下来，并提出处理措施。最后，应将所有的记录归档保存。

186 消防隐患整改

1．限期整改

物业经理在检查中发现各种设施设备有异常，或出现其他违反消防安全规定的问题时，要立即查明原因，及时采取措施进行处理。不能立即解决的，应由公司向责任部门下发整改通知书，要求其限期整改。消防隐患整改通知书如表9-2所示。

表9-2 消防隐患整改通知书

编号： 日期：____年__月__日

收件部门		房号		联系人		电话	
发件部门		房号		联系人		电话	
消防检查 异常情况描述	检查人：						
整改期限	检查人：						
整改要点	整改人：						
整改验收	验收人：						

2．组织整改

受检部门接到整改通知后，应立即组织人力、物力及时消除消防隐患，并在规定时期内完成。

3．复查

受检部门整改完毕后，检查负责人应组织人员对消防隐患进行复查，并记录复查结果。

4．月度汇总

每到月末，物业经理应对物业的消防隐患情况进行月度汇总，具体的汇总表如表9-3所示。

表9-3　消防隐患整改月度汇总表

编号：　　　　日期：____年__月__日

整改通知书编号	整改通知下达时间	隐患部位	隐患摘要	消防责任人	整改完成时间	检查人	检查结果

制表人：　　　　审核人：

第四节　消防宣传与培训

187　对员工进行消防培训

为了加强对员工的消防安全教育培训，提高物业公司的火灾应急处置能力，物业经理除应定期组织所有员工进行灭火演练外，还应定期组织员工进行防火和灭火知识培训，使全体人员都掌握必要的消防知识，做到会报警、会使用灭火器材、会组织群众疏散和扑救初期火灾。新员工上岗前必须参加消防安全培训，合格后方可上岗。

员工消防培训操作的程序如下。

(1) 明确授课人，由人力资源部指派。

(2) 选择授课地点，确定授课时间。

(3) 授课内容应包括防火知识、灭火常识、火场的自救与救人、灭火的基本方法与原则等。

(4) 对参加学习的人员进行考核。

(5) 考核结果存档备案并进行总结。

188 对业主进行消防宣传与培训

1. 消防宣传

物业公司可通过广播、墙报、警示牌等多种形式向业主宣传消防知识，营造消防安全人人有责的良好氛围。

2. 定期组织培训

(1) 物业经理须定期组织业主进行消防知识培训。可预先发放通知，并进行跟催确认。

(2) 培训的内容包括消防管理的有关法律法规、防火知识、灭火知识、火场的自救和救人、常用灭火器的使用与管理、公司所制定的《消防管理公约》《消防管理规定》《业主安全责任书》《安全用电、用水、管道燃气管理规定》《消防电梯使用规定》等。

(3) 在组织各位业主参加消防培训时，一定要做好相关记录，以显示消防培训的严肃性。

(4) 培训结束后，应组织参加人员考核，将试卷立档备案并进行总结。

189 举行消防演习

1. 制订消防演习方案

物业经理应根据所辖物业区域的实际情况制订演习方案。下面是消防演习方案的范本，仅供参考。

【经典范本 08】×× 小区消防演习方案

××小区消防演习方案

一、演习目的

针对员工在日常工作中缺乏应急能力，防火意识薄弱，不懂初期火灾扑救方法，临警失措，处置不力的情况，通过演习，使员工绷紧防火之弦，掌握初期火灾扑救的基本方法和步骤。提高临警应变和自防自救的能力，随时准备应对突发火灾。

二、模拟灭火

步骤一：发现火灾

火灾可能由以下方式发现：安保巡逻人员、住户、其他现场人员发现，火灾自动报警系统报警。

步骤二：火灾报警

1. 小区某部位起火，一员工发现或消防报警系统反映确认，现场员工应迅速使用对讲机向当班领班报告。同时向消防部门报警。报警人员要讲清着火单位、路名、门牌号、起火部位、燃烧物性质、目前状况及本人姓名和联系方法。

2. 领班接到报告后，迅速召集有关人员在起火建筑物外观察。在安全的地方设立自救指挥部，同时保证道路畅通，做好安全保卫。

3. 利用小区广播向住户通报火情，及时疏散人员。

步骤三：灭火操作

1. 6名保安员接到灭火指令后，立即提起附近灭火器，奔向起火地点，进入走道或打开房门，进行灭火。

2. 若未见火势减弱，而是继续燃烧，则将灭火人员分成两组，操作消火栓，铺设水带，安装水枪进行灭火（不出水），同时点动消防泵。

步骤四：组织疏散

1. 遵循救人第一的原则，立即组织引导疏散人员。引导疏散人员带上湿毛巾，分别奔向起火楼面，开启走道窗户，进行自然排烟。

2. 打开安全通道，把电梯停靠在最高层或最底层，关闭电源，引导被困人员沿安全通道疏散到户外安全处。

3. 将室内化学危险品搬离现场，贵重物品转移到安全处，并落实人员看管。

三、灭火器的操作使用

步骤一：编组

参加消防学习人员共12人，分为两组，每组6人。

步骤二：现场灭火

消防学习人员分别使用灭火器，扑灭燃烧物，然后折返原地，依次接力完成，在最短时间内操作完毕的为优胜组。

四、演习时间

演习时间定于××××年××月××日。

五、演习总指挥、考评人员

1. 总指挥：×××。

2. 考评人员：×××、×××、×××、×××。

六、演习参加人员

甲组：

乙组：

七、评比办法

参加消防演习人员分成两组，佩戴“消防员”袖章。设优胜组和参与组，分别给予奖励。

整个演习过程大约20分钟，演习结束后，总结成功与不足之处，使演习真正起到检验应急预案、提高员工扑救初期火灾技能的作用。

2．演习方案的申请与审批

物业经理应提前一个月将消防演习方案通报给业主委员会，经业主委员会批准后，向公安消防部门汇报、备案，同时，就消防演习方案征询公安消防部门的意见，根据意见进行修订。

3．发布消防演习通知

在消防演习前两周，物业经理应向物业管理区域内的业主发出消防演习通知。在消防演习前两日，应在公共区域张贴告示，再次提醒业主有关消防演习事宜。下面是消防演习通知的范本，仅供参考。

【经典范本 09】消防演习通知

消防演习通知

尊敬的业主：

您好！

为了贯彻本小区“预防为主、防消结合”的消防方针，促进防火安全工作，培养××物业公司全体员工的消防意识，提高义务消防员的消防作战能力，物业公司定于近日在园区进行消防演习。

一、演习开始时间：____年__月__日15：00。

二、演习的地点：园区南门信报箱前。

三、参加人员：全体秩序维护人员、监控员、各部门代表。

四、演习负责人：______________

五、演习的内容。

1. 消防预案的学习（室内会议室）。

2. 灭火器的使用及实际灭火演习（室外）。

3. 消防水带的连接及实际灭火喷水（室外）。

六、演习分工。

1. 监控领班______讲解消防灭火预案（会议室），明确如何报警、查明火情及各部门的分工。

2. 讲解灭火器的使用方法及实际灭火演练（事前做好物资准备），由两名秩序维护员及两名员工进行实际操作。

3. 秩序维护部队长负责消防水带的连接，向全体人员讲解如何连接使用消防水带，并进行实际喷水演习。

4. 消防井的开启及控制请工程部配合。

欢迎广大业主届时到场进行参观、监督，并提出宝贵意见，如需了解更多详情，请致电物业客服：________________。

××物业管理有限公司

____年__月__日

4．演习前的培训与宣传

对物业公司全体员工进行关于消防演习的培训，使各个部门的员工了解自己的工作范围、运行程序和注意事项。在演习前可采用挂图、录像、板报、条幅等形式，开展对业主消防安全知识的宣传。

5．准备好消防设备

在消防演习前一周，进入消防设施设备和消防器材的准备状态：检查消防报警设备、电梯设备、供水设备、机电设备的运行状况；准备各种灭火器和消防水带等工具；准备通信设备；选定“火场”并准备火源用品及预防意外发生的设备和器材；准备抢救设备、工具和用品等。确保所有消防设施设备、器材处于良好状态且准备齐全。

6．准备工作的落实检查

演习前三天，由消防总指挥带领相关负责人对消防演习准备工作进行最后的综合检查，确保演习顺利进行，避免发生混乱。检查包括人员配备、责任考核、消防设备和器材准备、运输工具以及疏散路径等内容。

7．消防演习的实施

物业经理做好以上所有工作以后，就可以按照预定的演习方案开展消防演习了，演习中要注意以下事项。

(1) 消防演习应选择在白天进行，安排在对业主生活和工作影响小的时间段，以便能有更多的人参加。

(2) 消防演习“火场”应选择在相对宽敞的位置，尽量减少对业主的影响并保证安全。

(3) 消防演习时，要避免长时期断电（停电），可以象征性地停电数分钟。

(4) 消防演习过程中，采取各种形式做好参加演习业主情况的记录工作。向不理解的业主做好解释工作，加强消防知识宣传、讲解工作，并做好参与演习业主的安全保护工作。

8．对消防演习进行总结

演习结束后，物业经理要组织参与人员进行总结，并撰写总结报告，通过总结让每位演习参与者都可再次学习和提高。物业经理还可以通过对演习活动的总结，发现演习方案中的问题，找出改进的措施，从而将公司火灾应急能力提高到新的水平。

第十章　物业收费管理

导读 >>>

物业管理是一种有偿服务。如果业主有意或无意地拖欠物业管理费，会使物业公司难以正常运营。物业经理必须做好物业管理费的收取工作，既要为公司收取全部应收物业管理费，同时也要避免与业主产生冲突。

Q先生：A经理，最近有一些业主拒绝缴纳物业管理费，我们很头疼，不知道该怎么办。

A经理：你要仔细分析业主拒绝缴纳物业管理费的原因，按照不同的情况进行相应的处理。同时，你可以采取一些必要的措施来解决收费难的问题，例如，多走访业主、借助《业主公约》和业主委员会的力量，严格按照《物业管理合同》行事等。

Q先生：那么，如何开展物业收费公示工作呢？

A经理：物业收费公示是为了向业主展示公司管理很透明，没有滥用物业管理费。物业收费公示主要分为两部分，即物业收费标准公示和收支情况公示。前者是指具体收费标准，如管理费标准、维修费标准；后者是指对实际收入与支出的公示。物业收费公示可以按季度或年度进行。

第一节　物业收费流程

190　物业管理费的构成

根据《物业服务收费管理办法》第十一条的规定：物业公司实行物业服务费用包干制的，物业服务费用的构成包括物业服务成本、法定税费和物业管理企业的利润；实行物业服务费用酬金制的，预收的物业服务资金包括物业服务支出和物业管理企业的酬金。

物业服务成本或者物业服务支出的构成一般包括以下部分：

（1）管理服务人员的工资、社会保险和按规定提取的福利费等；

（2）物业共用设施设备的日常运行与维护费用；

（3）物业管理区域的清洁卫生费用；

（4）物业管理区域的绿化养护费用；

（5）物业管理区域的秩序维护费用；

（6）办公费用；

（7）物业管理企业固定资产折旧；

（8）物业共用部位、共用设施设备及公众责任保险费用；

（9）经业主同意的其他费用。

191　物业收费的常规流程

物业收费的常规流程如图10-1所示。收费通知单每月要及时送达业主的手中，并由业主签收。

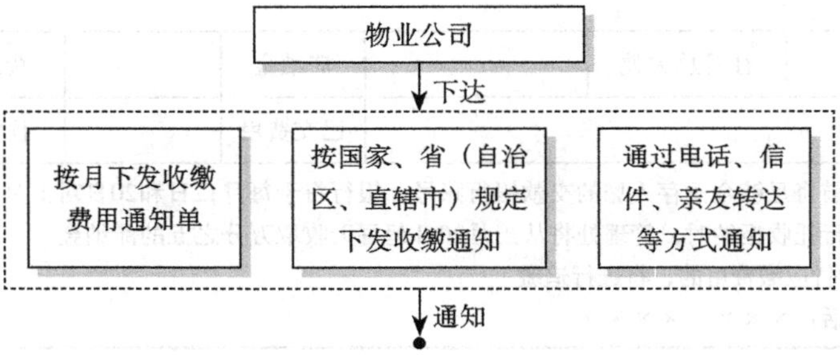
物业公司
下达
按月下发收缴费用通知单
按国家、省（自治区、直辖市）规定下发收缴通知
通过电话、信件、亲友转达等方式通知
通知

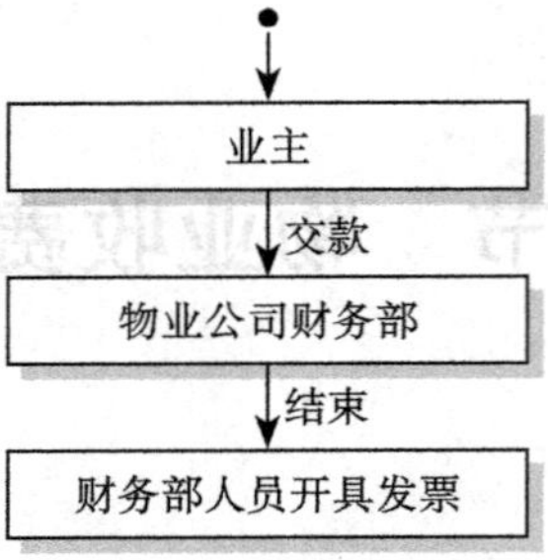
业主
交款
物业公司财务部
结束
财务部人员开具发票

图10-1 物业收费的常规流程

物业收费通知单如表10-1所示。

表10-1 物业收费通知单

编号： 打印日期：____年__月__日

大楼名称		银行名称		银行账号	
房间代码		客户名称		房间面积	
管理费及其他费用					
项目名称	管理费	维修基金	……	……	……
本月费用					
往月欠费					
滞纳金					

走表类费用									
项目名称	上月读数	本月读数	实用量	计划量	计内价	计外价	本月金额	欠费	滞纳金
水费									
电费									

合计应收款小写：

本月交收		往月总欠款		滞纳金		费用减免	
合计应收款				已交费用		预收余额	

1．请在本月12日前将足够金额存入您的交款银行账号，银行将于每月12日和20日对上月应缴费进行两次划款
2．因存款不足银行托收拒纳时，管理处将从当月20日起每天收取万分之五的滞纳金
3．逾期3个月未缴付应缴费用的，将进行追缴
4．管理处查询电话：××××××××

192　物业收费的追讨流程

当上月费用被拖欠时，物业公司应在第二个月向业主下发催款通知单。催款通知单应将上月费用、滞纳金以及本月费用的金额一起通知业主，物业经理应另以电话形式催缴，在通话中要注意文明礼貌。

如果第二个月仍被拖欠，物业公司将在第三个月第二次向业主下发催款通知单，将此前两个月的费用、滞纳金和当月费用的金额一并通知业主，并限期三天内缴清；三天过后物业公司将根据《物业管理公约》停止对欠费业主的服务（停止水电供应等）。如果业主经收费员上门催缴仍然拒付，物业公司可根据物业管理制度以及相应的法律程序进行处理。物业公司可将以上流程及条款写进《物业管理公约》中，并依照法律程序执行。

物业收费的追讨流程如图10-2所示。

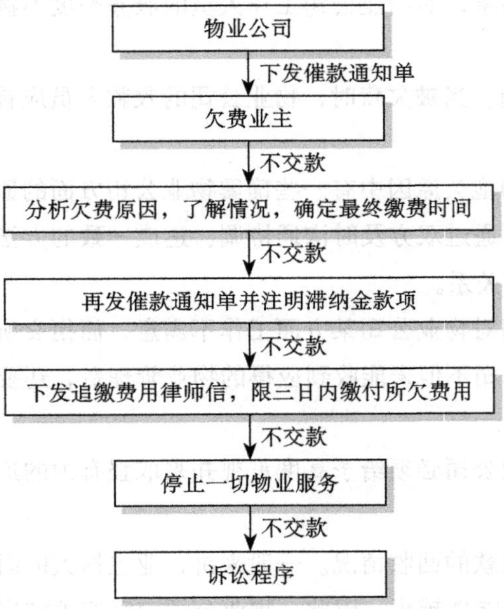
物业公司
下发催款通知单
欠费业主
不交款
分析欠费原因，了解情况，确定最终缴费时间
不交款
再发催款通知单并注明滞纳金款项
不交款
下发追缴费用律师信，限三日内缴付所欠费用
不交款
停止一切物业服务
不交款
诉讼程序

图10-2　物业收费的追讨流程

193　积极应对物业收费难

物业收费难的应对措施如图10-3所示。

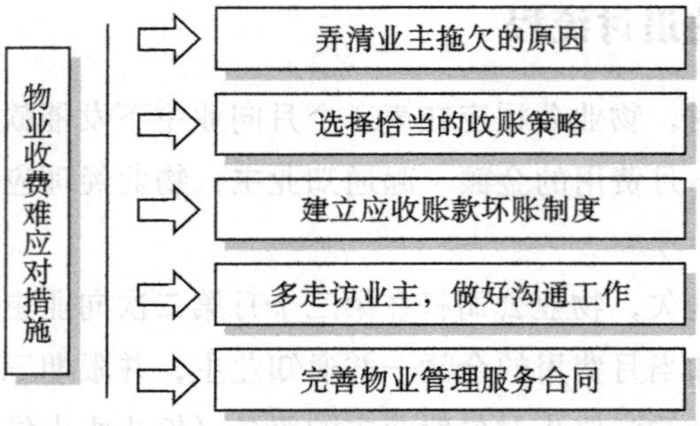
物业收费难应对措施
弄清业主拖欠的原因
选择恰当的收账策略
建立应收账款坏账制度
多走访业主，做好沟通工作
完善物业管理服务合同

图10-3　物业收费难的应对措施

1．弄清业主拖欠原因

几乎所有的业主在不及时缴纳物业管理费时，都会找各种各样的理由和借口，如对物业管理中的保安服务不满意，对物业公司工作人员的服务态度不满意，认为保洁服务不够到位，或家中东西被盗等。

（1）判断欠费的原因。当被欠费时，物业公司的收款人员应首先分析业主拖欠的真实原因和意图。

①善意拖欠。业主的拖欠原因中有一些确属物业公司方面的原因造成的称之为“善意拖欠”。对于善意拖欠，可通过双方及时沟通协调、达成一致的方法解决，意在及时收回欠款的同时维护与业主的良好关系。

②恶意拖欠。业主因对物业公司某方面工作不满意，而拒交所有的费用，包括水、电、气费及公摊，导致物业公司不但未能收到应得的物业管理费，还要垫付业主的其他费用，这种状况则属“恶意拖欠”。

对于恶意拖欠，物业公司必须给予高度重视并采取强有力的追讨措施，对应收账款的收回情况进行监督。

（2）密切关注应收账款的回收情况。一般来讲，业主拖欠的时间越长，物业公司催收的难度越大，款项收回的可能性越小。因此，物业公司应密切关注应收账款的回收情况，避免影响其他业主缴纳相关费用的积极性和大多数业主的合法权益。

①对已掌握的业主信息进行分析，对已形成欠款的业主进行分类，对重要业主重点关注。按照业主性质来分，可将业主分为政府机构、大型企业、普通企业、个人等；按建立业务关系的时间来分，可将业主分为老业主、新业主；按欠款金额大小来分，可将业主分为重要业主、一般业主和零星业主。

②编制应收账款账龄分析表。利用账龄分析表可以了解公司有多少欠款尚在信用期内，

这些款项虽然未超出信用期，但也不能放松管理和监督，应预防其变为新的逾期账款；了解公司有多少欠款会因拖欠时间太久而成为坏账，这些信息和分析数据都是公司制定收账政策和采取收账方式的重要依据。

物业公司对业主信用期的规定一般为一个月至半年不等，但有的业主采取年中或年末一次性交款的方式，虽然拖欠了几个月，但只要在年内结清，都应视为正常。

2．选择恰当的收账策略

对不同的拖欠时间、不同信用业主的欠款，物业公司应采取不同的收账方法和策略，这样才能事半功倍。

（1）收款方法。催款的方式一般是循序渐进的，即从信件通知、电话联系、上门面谈、协商解决或者仲裁到诉诸法律。

①对逾期较短的业主，不要过多地打扰，以免引起业主的反感。

②对逾期稍长的业主，可以婉转地电话催款。

③对逾期较长的业主，可以连续发送催款单、电话催款或者上门催款。

④对逾期很长的业主除了发送催款单、电话催款或者上门催款外，必要时提请有关部门仲裁或提起诉讼。

（2）催款时要注意防止超过诉讼时效。物业公司在应收账款的催收过程中，一定要注意诉讼时效，要有意识地保证诉讼时效不中断，维护企业的利益。工作人员在催收欠款时，要尽量收集欠款的证据，依法延后诉讼期。比如，工作人员亲自上门送催款单并请债务人（业主）签字；对部分还款的债务人（业主）应请其在发票或者收据上签字；对欠款金额比较大的债务人（业主）可以请其制订还款计划，并由双方在还款计划书上签字确认。

（3）对欠费业主施加足够的压力。业主拖欠往往取决于物业公司收款人员的态度，事实表明，大多数严重拖欠的都是在发生在拖欠的早期，物业公司的收款人员没有对欠费业主施加足够的收款压力。为了有效地对欠费业主施加足够的压力，应注意以下几点。

①应保持与欠费业主的联系和沟通，适时地表达收款的要求。

②尽量将对保护物业公司有力的证据收集齐全，并让欠费业主了解。

③谨慎地给欠费业主施加压力，不给其继续拖欠的借口。

3．建立应收账款坏账制度

无论物业公司采取什么样的信用政策，只要存在着商业信用行为，坏账损失的发生总是不可避免的。既然应收账款的坏账损失无法避免，企业就应遵循谨慎性原则，对坏账损失的可能性预先进行估计，建立应收账款的坏账准备制度。企业应根据客户的财务状况，正确估计应收账款的坏账风险，选择适当的坏账会计政策。

根据现行会计制度的规定，只要应收账款逾期未收回，符合坏账损失的确认标准之一的，企业均可采用备抵法进行坏账损失处理。

在实际操作中，大多数物业公司对业主未交物业管理费的这部分逾期收入，在当期账面都没有反映，也没有计提坏账损失。这样一来，一是当期账面反映的管理费收支结余不真实；二是少数不交物业管理费的人，损害的是大多数业主的利益，很不公平。所以，物业公司应如实反映为物业管理费的收入，对逾期未交的管理费不仅不要反映为收入，符合坏账损失确认标准的，还要在当期计提坏账损失，真实反映该项目物业管理费的收支结余情况。

4．做好业主的沟通工作

业主欠费各有原因，物业经理应多走访欠费业主，深入了解情况，有针对性地多做说服，进行沟通。那些不了解情况、不理解收费原则、不明白收费用途、误解物业公司“要为建设环节负责”的欠费业主，经过解释和说服，大多数是能够改变态度的。

物业经理应时时保持与业主的良好沟通，了解业主的需求，及时发现各种令业主不满意的潜在现象，并把它们消灭在萌芽状态。

5．完善物业管理合同

物业公司与业主签订明晰双方权利与义务的合同，详细、明确地约定服务范围、项目、收费标准与收费方式，以及违约的处罚办法等，为后期减少纠纷、方便解决纠纷打下良好的基础。这也是在许多外在条件不具备的情况下，物业公司与业主在解决相关问题方面可以着重依赖的途径。

第二节　物业收费公示

194　物业有偿服务收费标准公示

物业有偿服务收费标准随着物价等因素的影响而发生改变，物业经理要及时将变动的物业有偿收费标准公布出来，避免在业主毫不知情的情况下进行收费。下面是某物业公司针对维修服务收费标准的公示，仅供参考。

【实用案例】

广场物业有偿服务收费标准

序号	服务项目	实际收费标准计价方式	材料费用	维修时效	备注
1	人工疏通下水管道	60元/个	全包	10分钟～2小时	需要换管、打管的另行收费
2	人工疏通坐厕	100元/个	全包	30分钟～1小时	需要换管、打管的另行收费
3	清洗水龙头	10元/单	全包	5分钟～10分钟	
4	换软管	5元/个	材料另计	10分钟～30分钟	
5	修理水件接头漏水	5元/处	材料另计	20分钟～1小时	
6	换水龙头	10元/件	材料另计	30分钟～1小时	普通
7	加水管、装水管（1寸以内）	40元/米	包材料	1小时以上	复合材料管
8	换水管	30元/个	材料另计	30分钟～2小时	
9	换水阀门	10元/个	材料另计	30分钟～2小时	
10	换水阀门	50元/个	材料另计	30分钟～2小时	
11	换普通灯泡/节能灯	5元/个	材料另计	10分钟	不包查线路故障
12	换日光灯管	5元/支	材料另计	30分钟～1小时	不包查线路故障
13	换日光灯启辉器	5元/支	包材料	10分钟	普通
14	换日光灯镇流器	10元/个	材料另计	1～2小时	不包查线路故障
15	换环形日光灯管	5元/支	材料另计	30分钟～1小时	不包查线路故障
16	换环形日光灯管镇流器	10元/个	材料另计	1～2小时	不包查线路故障
17	装灯、装插座、装开关	10元/件	材料另计	1～2小时	不包查线路故障
18	加装电视线	1.5元/米	材料另计	30分钟	明线用线码
19	加装电话线	1.5元/米	材料另计	30分钟	明线用线码
20	更换12伏石英灯变压器	10元/个	材料另计	30分钟～1小时	不包查线路故障
21	更换插头（5～15安）	10元/个	材料另计	30分钟～1小时	不包查线路故障
22	更换空气开关（单相）	20元/个	材料另计	30分钟～1小时	不包查线路故障
23	更换空气开关（三相）	30元/个	材料另计	30分钟～1小时	不包查线路故障

（续表）

序号	服务项目	实际收费标准计价方式	材料费用	维修时效	备注
24	安装装饰画（2.5平方米以内）	10元/幅	材料另计	30分钟～1小时	普通
25	清洗空调室内机过滤网	10元/部	材料另计	1小时	不包查线路故障
26	修理电话机	20～35元/个	材料另计	1小时	不包查线路故障
27	修理电煲水设备	30～80元/次	材料另计	1小时	不包查线路故障
28	修理咖啡机	40～110元/次	材料另计	2小时	不包查线路故障
29	更换木门锁	15元/个	材料另计	30分钟～1小时	普通
30	更换信箱锁、抽屉锁	10元/把	材料另计	30分钟～1小时	普通
31	修理玻璃门锁	20～30元/次	材料另计	30分钟～1小时	普通
32	修理闭门器	10～20元/次	材料另计	30分钟～1小时	普通
33	修理玻璃门地弹簧	30～60元/个	材料另计	1小时	普通
34	修理办公椅	10～15元/张	材料另计	30分钟～1小时	普通
35	修理办公台	20～40元/个	材料另计	30分钟～1小时	普通
36	修理玻璃门把手	10元/个	材料另计	30分钟	普通
37	修理百叶窗帘	10～30元/个	材料另计	1小时	普通
38	更换天花板（石膏板）	10元/块	材料另计	30分钟	不包括维修轻钢龙骨架
39	维修排气扇	30～50元/台	材料另计	2小时	不包查线路故障
40	更换节能灯	10元/个	材料另计	20分钟	不包查线路故障
41	更换电度表（单相）	50元/个	材料另计	1～2小时	20A/40A
42	更换电度表（三相）	80元/个	材料另计	1～2小时	不带互感器
43	检查线路故障	10元/小时	材料另计	按实际情况	
44	电信加改工程（同线分机安装费）	50元/门	人工另计	按实际情况	

195　物业收支情况公示

物业经理应将公司管理费的收费及支出情况公布出来，以便业主及时了解。一般来说，收支情况每个季度公布一次，下面是××物业公司2018年第一季度的专项维修资金收支情况表，仅供参考。

【实用案例】

××物业公司2018年第一季度专项维修资金收支情况公示表

编报单位：××物业管理有限公司
单位：人民币元

项目		收支金额	备注
	期初结余	122941.10	
收入情况	应收专用资金	18140.60	2018年1～3月应收17058.3元截至2017年12月底，欠收1082.3元
	实收专用资金	17022.10	
	2018年3月底欠收款	1118.50	详见欠费表
	收入合计	139963.20	
支出情况	无		
支出合计		0.00	
2018年3月31日结余		139963.20	

业委会主任： 物业经理： 制表：

____年__月__日

第三节 使用微信、支付宝收费

196 接入微信物业缴费的步骤

物业公司可以通过微信公众号收取物业管理费用，以下是物业公司接入微信物业缴费的步骤：

1．申请微信支付接口

(1) 注册微信公众号（直接在微信公众平台注册）。

(2) 账号类型选择服务号。

（3）填写注册信息。

2．认证微信公众号

登录微信公众平台，设置，微信认证，开通。

3．申请微信支付接口

（1）登录微小区管理中心，点击左侧菜单微信设置——微信支付接口代申请。

（2）填写资料并提交，带“*”的为必填内容。

（3）等待审核结果，需要3～5天。

已有微信支付接口可直接登录微小区管理中心添加支付接口见步骤6。

4．开户成功，登录商户平台进行验证

（1）资料审核通过后，请登录联系人邮箱查收商户号和密码。

（2）登录公众平台（或开放平台），选择“微信支付”——账户验证。

（3）跳转登录商户平台填写财付通备付金所打的小额资金数额进行验证。

（4）完成账户验证。

5．在线签署协议

该协议为线上电子协议，签署后方可进行交易及资金结算，签署完立即生效。

6．添加微信支付接口

（1）进入添加支付接口界面，登录微小区管理中心，选择“微信设置——微信支付设置——添加支付接口”。

（2）填写支付接口信息。

197　申请使用支付宝进行物业缴费的步骤

小区支付宝物业缴费是微小区借助支付宝能力为物业公司推出的全新物业费用收缴模式。物业公司使用微小区平台申请并开通支付宝物业缴费功能，住户就能够通过“支付宝——生活缴费——物业费”查询物业费用账单并缴费。

1．申请支付宝支付接口

（1）登录微小区管理中心，选择“点击支付宝设置——支付接口申请——添加申请”。

（2）填写企业信息及法定代表人信息并保存。

（3）填写企业支付宝账号信息及企业开户行信息并保存。

如无企业支付宝账号，请填写企业邮箱，支付接口申请成功后，填写的邮箱账号将注册为企业支付宝账号；如有企业支付宝账号，直接填写企业支付宝账号（必须为邮箱）。

（4）填写经营信息及联系人信息并保存。

如经营类目与企业真实经营类目不符，可联系微小区客服说明情况。

联系人手机号及邮箱将用于接收支付宝的重要通知（如确认协议、到期提醒等），请确保信息填写无误。

（5）确认信息并提交。请检查各项信息的填写是否正确，如有错误，请点击界面右侧的“修改”按钮，调整错误内容后再提交申请。

2．查看支付宝支付接口申请状态和授权

（1）申请中。提交支付宝支付接口申请后，申请状态即为申请中。

（2）等待向微小区授权。微小区将支付接口申请信息传递给支付宝，支付宝审核通过，将向物业公司联系人邮箱（即支付宝支付接口申请中填写的“联系信息——常用邮箱”）、发送“蚂蚁金服商家提醒”邮件，物业公司登录联系人邮箱，打开邮件，验证账户并签约。签约成功后，支付接口申请状态变为“等待向微小区授权”。

（3）支付宝授权待确认。物业公司登录微小区管理中心，点击支付接口申请操作栏中的“向微小区授权”，授权成功后申请状态变为“支付宝授权待确认”。

到达此状态后，即可凭借该支付接口对应的企业支付宝账号申请开通小区支付宝物业缴费及小区支付宝生活号。

（4）申请成功。物业公司登录微小区管理中心，点击支付接口申请操作栏中的“向支付宝授权”，完成授权后，凭借该支付接口至少成功申请一个小区的支付宝物业缴费，该支付宝支付接口将申请成功。

（5）申请失败。如申请失败，请查看失败原因，调整内容后重新提交申请，或联系微小区客服。

特别说明

（1）支付宝支付接口申请成功之后，物业公司将获得相应的企业支付宝账号，物业公司可凭借该企业支付宝账号申请开小区支付宝生活号及小区支付宝物业缴费。

（2）一个支付宝支付接口对应一个企业支付宝账号，一个企业支付宝账号可以申请开通多个小区支付宝生活号及多个小区支付宝物业缴费功能。相应小区的生活号物业缴费及支付宝物业缴费金额都将进入该企业支付宝账户。

（3）物业公司可申请多个支付宝支付接口，获得多个企业支付宝账号，申请小区支付宝物业缴费或小区支付宝生活号时选择不同的企业支付宝账号即可。

3．申请小区支付宝物业缴费

支付宝支付接口申请达到“支付宝授权待确认”状态后，进入“微小区管理中心——支付宝设置——小区物业缴费——添加申请”界面，选择支付宝支付接口对应的企业支付宝账号，选择小区，提交小区支付宝物业缴费申请。

查看申请状态。

（1）申请中：提交小区支付宝物业缴费申请后，申请状态即为申请中，支付宝会在7个工作日内完成审核，请耐心等待。

（2）申请成功：小区支付宝物业缴费申请成功后，小区住户即可通过“支付宝——生活缴费——物业费”查询物业费用账单并缴费。

（3）申请失败：若小区支付宝物业缴费申请失败，应查看失败原因，调整内容后重新提交申请。

如需调整或寻求帮助，可直接点击“控制台——提交工单”或查看帮助。

4．住户缴费

（1）打开支付宝App。

（2）选择“生活缴费——物业费”。

（3）选择所在小区、房号。

（4）查询费用明细并缴费。

5．申请支付宝支付接口需准备的材料

（1）企业营业执照注册号及营业执照图片。

（2）企业法定代表人姓名、身份证号码、身份证正反面照片。

（3）企业支付宝账号；如无，需准备一个邮箱账号。支付宝支付接口申请成功后，该邮箱账号将作为企业的企业支付宝账号。

（4）企业开户行名称、开户行所在地区、开户行支行名称及企业对公账号。

（5）企业联系人姓名、邮箱及手机号。

198　如何接入支付宝生活号

物业公司可以使用微小区平台，申请小区支付宝生活号。申请成功后，小区公告、物业缴费、意见报修等通知信息均可通过支付宝通知业主，同时业主可以通过小区支付宝生活号缴纳物业费用、查看公告信息、提交意见报修等。以下为接入支付宝生活号进行物业缴费的步骤。

1．申请支付宝支付接口

（1）如已有支付宝接口，可直接添加。

（2）详细申请流程可参考前文有关使用支付宝进行物业缴费的内容。

2．申请小区支付宝生活号

（1）进入“微小区管理中心——支付宝设置——小区生活号”界面。

（2）点击“添加申请”，选择支付宝支付接口对应的企业支付宝账号，选择小区，申请开通小区支付宝生活号。

3．查看生活号申请状态并确认

（1）申请中。提交小区支付宝生活号申请后，申请状态变为“申请中”。

（2）待物业公司确认。微小区将生活号申请信息传递给支付宝，支付宝审核通过后，将向支付宝支付接口申请资料中填写的联系人邮箱发送“蚂蚁金服商家提醒”邮件，此时申请状态变为“待物业公司确认”。

（3）申请成功。物业公司登录联系人邮箱，打开邮件并确认授权，授权成功后申请状态将变为“申请成功”，申请成功之后小区住户可在手机支付宝中搜索并关注小区支付宝生活号，使用生活号各项功能。

（4）申请失败。如申请失败请查看失败原因，调整内容后重新提交申请。

特别注意：申请成功后生活号各项信息将不可修改，请谨慎填写。一个小区对应一个支付宝生活号，所以应分别申请开通小区支付宝生活号。

199 如何使用小区收款码

支付宝、微信物业缴费均可使用小区收款码。

物业公司登录微小区管理中心，选择菜单“收费管理——小区收款码”，选择所在小区，点击“查看收款码”，然后下载并打印收款码，小区业主前往物业管理处缴费，就可通过扫码二维码完成费用缴纳。

特别要注意的是业主扫描收款码缴费后，物业管理员需要在微小区管理中心收银台选择相应的收款方式操作收款，之后相应的未缴账单才会变成已缴账单。

第十一章　业主入伙及装修管理

导读 >>>

业主入伙及装修管理是物业管理的常规内容。小区总会有业主搬进搬出，有些新业主想对房屋进行装修，因此，物业从业人员要督促相关人员做好管理工作，确保不出现任何纰漏。

Q先生：A经理，我们小区几乎每个月我们都有新业主入伙，我想请教您，如何才能做好业主入伙的管理工作呢？

A经理：业主入伙是物业管理中很常见的工作。你要督促公司员工做好业主入伙前的一系列准备工作，如查阅资料，熟悉业主情况等，然后按照业主入伙工作流程开展入伙管理工作，如向业主发出入伙文件，交验相关证件或证据等。

Q先生：许多业主在入伙后希望对房子进行装修，有时候会产生一些隐患，如火灾、噪声等，我该如何做好业主的装修管理工作呢？

A经理：你应当首先明确装修管理流程，然后按照流程一步步开展装修管理工作。如果业主提出装修申请，就要对业主的申请进行审批，一旦审批通过，就要做好装修过程中的各项监督与巡查工作，同时还要做好违规情况的处理工作。

第一节　业主入伙管理

200　业主入伙前的准备工作

1．查阅资料，熟悉业主情况

入伙前，物业经理应组织下级及时从房地产开发商手中取得已售出物业业主的详细资料，仔细对照所接收的物业资料，进一步熟悉每一位业主及其所购物业单元的相关情况，这样才能为每一位业主提供周到的服务。

2．制定并分项落实入伙方案

(1) 拟定入住流程。

(2) 根据小区的实际情况和管理协议中对小区管理的要求，拟定入伙后在治安、车辆管理、垃圾清运等方面的配套改进意见或整改措施。

(3) 拟定相关的文件资料，如管理公约、住户手册、入伙通知书、收楼须知、收费通知单、房产交接书、入伙表格等，并印刷备用。

3．相关人员到岗、培训、动员

入伙前相关人员应全部到位，并接受严格培训和充分动员，以提高其工作能力，激发其工作热情，这样才能在今后的工作中减少差错，确保服务质量。

4．协调与相关部门的关系

物业公司要和房地产开发商一起同水、电、燃气、电信等公用事业部门进行协调，解决遗留问题，避免业主入伙后因此类问题而引起纠纷，否则就会影响入伙工作及今后物业管理工作的正常开展。

5．设备设施试运行

给排水、电梯、照明、空调、燃气、通信、消防报警系统必须进行试运行，如有问题应及时整改，确保各设备设施处于正常的工作状态。

6．做好卫生清洁、安全保卫等工作

入伙前做好卫生清洁工作，让业主获得整洁的居住或办公环境。加强安全保卫工作，保证管理区域不发生盗抢事件，保证业主财物能够安全地搬入户内。

201　业主入伙工作的流程

1．向业主发出入伙文件

入伙文件包括入伙通知书、入伙手续说明、收楼须知、缴费通知单、住户登记表等。物业公司应告知业主在规定时间备齐相关资料，到指定地点办理入伙手续。物业公司要接受业主咨询，确保业主清楚如何办理入伙手续，知晓相关管理规定。

2．交验相关证件或证据

物业公司应主动向业主出示公司有关证件、委托合同、政府文件、房地产开发商同意交楼的书面文件等；业主须出示身份证件或授权委托书、购（租）房合同、房屋缴款证明等资料。

3．业主前来验收

验收是业主的基本权利，也是其入伙的必要程序，物业公司应派专人接待并陪同验收。验收的重点项目包括给排水、门窗、供电、墙面、地面、公共设施等。在验收过程中要填写收房书，确认房屋质量和水表、电表读数，并核收归档。如有问题，应报开发商及建设单位整改，让其签收，并确定解决时间，到时不能解决的，物业公司应催其解决。

4．签订管理公约

签订管理公约之前应给业主一定的时间，以便其仔细阅读和认真推敲各项条款，使对方经过充分考虑，在不存在异议的情况下签约。然后，物业公司向业主发放住户手册、装修管理规定、收费项目一览表、装修申请表、业主临时公约等。

5．进行装修管理

办理完楼房交接手续以后，业主如需对自己的房屋进行装修，物业公司应对业主进行必要的指导和管理。

6．组织乔迁入住

业主在办理完各项入伙手续后，就可以乔迁入住了。物业公司可以帮助其联系专门的搬家公司或自行组织力量协助业主乔迁入住。

202　业主入伙的注意事项

业主的乔迁是一件值得庆贺的事，物业经理要提前做好业主迁入的准备工作，以免因为准备不足而使业主遭遇不愉快的情况，具体的注意事项如表11-1所示。

表11-1　业主入伙的注意事项

序号	工作内容	具体工作要求
1	要在入住现场营造出喜庆的氛围	所有员工都应着装整齐，举止礼貌大方。沿路上，接待人员要不断地引领介绍；当业主经过保安人员身边时，保安人员应立正敬礼；当业主迎面走来时，接待人员应报以微笑
2	高度重视安全工作	小区门口人流汇集，保安人员应及时疏导车辆，接待人员在入口处指引业主前往入住接待处。对小区门口的严格把关是必要的，门口站岗人员应对进入小区的人员进行必要的登记管理；其中，对进出车辆的管理更是重中之重
3	加强与政府相关部门的联系，集中办理	入住是开发商售楼后举行的最后一次大型活动。物业公司可充分配合房地产开发商并与政府相关部门联系，集中时间、统一利用资源，为日后业主申办减少麻烦
4	标志明确，设备齐全	入住现场各处均应摆放明显的标志牌。业主的等候区域应设在方便走动的中央地带，并备有桌椅、饮料等物品，以便业主填写资料和休息。另外，现场还应配备复印机等，以便为业主复印证件等，尽量为业主减少麻烦，从而确保入住工作顺利进行
5	发放资料袋	业主进入物业公司入住接待处并由接待人员核对身份后，在业主签到表上登记，领取资料袋和小礼物。资料袋中装有需业主知悉及签署的各种文件和表格。物业公司应事先将需要提供给业主的资料放在资料袋中，这样可以有效地避免因现场忙乱而发生分发错误，也能体现物业公司的周到服务
6	协助业主办理手续	业主签到后，由接待组负责接待业主并完成文件签约、收费、咨询、讲解等工作。在业主签署文件时，物业公司负责收集和复印业主的有效证件及公司法人委托书等。根据业主房产资料，财务组准备好每户应缴纳费用的清单，以便接待组根据清单直接告知业主
7	答疑解惑	业主如有疑问，接待人员应将其带到专门的咨询组办公场地，以免对其他业主造成影响；如业主有异议而接待人员无法解决，则由上一级主管人员负责接待；对极个别拒绝签署文件的业主，物业公司应视具体情况进行相应的处理

203　业主入伙的常用文件

入伙文件是指业主办理入伙手续时需阅读和签订的相关文件，如入伙通知书、入伙手续书、收楼须知、缴款通知书等。这些文件一般都由物业公司负责拟定，以开发商和物业公司的名义在业主办理入伙手续前发给业主，具体如表11-2所示。

表11-2 业主入伙的常用文件

序号	手续文件	文件具体内容
1	入伙通知书	物业公司在物业验收合格后用于通知业主准予入住、可以办理入伙手续的文件
2	入伙手续说明	物业公司为已具备入住条件的楼宇制定的说明入伙手续具体的文件。其作用是为了让业主提前知晓入伙手续办理流程，使整个过程井然有序。业主每办完一项手续，有关部门都会在入伙手续书上确认签字、盖章
3	收楼须知	物业公司告知业主收楼时应注意的事项、收楼时的程序以及办理入伙手续时应该携带的证件、资料的文件
4	缴款通知书	物业公司通知业主在办理入伙手续时应缴纳的款项及具体金额的文件
5	验房书	物业公司为方便业主对房屋进行验收，督促开发商及时整改问题，避免互相扯皮，使问题能得到及时解决而制定的文件
6	楼宇交接书	业主确认可以接收所购楼宇后，与开发商签订的楼宇接收的书面文件。它证明开发商及时提供了符合合同规定的合格房屋，为开发商按合同收缴欠款提供了法律依据，同时交接书也重申了开发商按合同约定对房屋承担的保修义务
7	业主登记表	物业公司为了便于日后及时与业主联系，提高管理和服务的效率与质量而制定的文件
8	业主手册和业主（临时）公约	业主手册一般要说明物业的概况、管理机构的权利和义务、管理区域内的各项管理规定，以及物业公司各机构及部门的职责分工等，在业主办理入伙时发给业主，以便业主更好地了解物业，了解物业公司对物业管理的相关规定。 业主（临时）公约是由物业公司拟定的，由业主和物业公司共同签署，用来约束双方行为的具有合约和协议性质的文件

204 业主迁出的管理工作

业主如需迁出物业辖区，必须按规定程序办理相应的手续。业主迁出时必须持有书面许可证，保安人员才可放行。物业经理应明确业主迁出程序，以便业主办理相关手续，具体内容如下。

（1）业主应提前向物业客服申请办理迁出手续，填写业主迁出申请，业主退租操作单、业主迁出调查问卷（自愿填写），并将信箱、门等的钥匙交给物业客服。

（2）财务部接到客服发出的业主变动通知后，核查业主迁出前的缴费情况，根据业主在退租操作单上填写的缴费日期收取物业管理费、电费等（迁出前费用须以现金支付）。

（3）物业相关部门接到业主变动通知后，进行业主室内安全设施检查。

（4）业主应在业主退租操作单上填上联系人、联系电话（迁出后的电话）。工程部根据业主申请安检的日期，到业主房屋进行安全设施检查，并将安检结果报告交给物业客服。

（5）安检合格后，物业客服填写室内安全设施检查合格通知书，附安检结果报告、安检申请书呈报物业经理盖章。之后，物业客服将合格通知单原件、安检结果报告复印件交予业主，将合格通知书复印件和安检结果报告复印件交予地产商，将合格通知书复印件、安检结果报告原件和室内设施安全检查申请书存入业主档案。

（6）若安检不合格，物业客服填写室内安全设施检查不合格通知书，附安检不合格结果报告、安检申请书呈报物业经理盖章。之后，物业客服将不合格通知书原件附安检结果报告复印件交予业主整改，将不合格通知书复印件和安检结果报告复印件交予地产商，将不合格通知书复印件、安检结果不合格报告原件和室内设施安全检查申请书独立存档。

（7）办理迁出放行条，确认业主可以迁出后，填写大件物品放行条，并询问业主是否需要使用专用货梯。

第二节　业主装修管理

205　业主装修申请与审批

1．业主提出装修申请

业主进行室内装修改造前，应先准备好相关资料，如装修施工图纸和施工方案等及时向物业公司提出申请，并填写装修申请表，报物业经理审批。业主及施工单位应在装修申请表上签字盖章，物业经理负责对业主的申请进行审批，并发放物业辖区房屋装修管理规定及其他相关资料。

业主装修所需准备的材料和注意事项如下。

（1）业主办理装修，装修单位须提供营业执照复印件（加盖公章）和承建资格证书复印件（加盖公章）；如代收装修税费，还须提供业主与装修单位签订的装修合同复印件。非业主申请装修的，须提供业主同意装修的书面证明。

（2）装修施工图纸和施工方案（如更改原有水电线路，须提供水电线路图）。

（3）装修单位负责人的身份证复印件、照片、联系电话。

（4）施工人员的身份证复印件、照片。

（5）如需改变建筑物主体或承重结构、超过设计标准或规范增加楼面荷载，须提交建筑物原设计单位或具有相应资质的设计单位提出的设计方案，非住宅用途房屋还须提交政府相关部门的施工许可证。

（6）如搭建建筑物、改变住宅外立面等，须经城市规划行政主管部门批准，报物业公司备案，并经业主大会或业主委员会同意后方可搭建。

（7）如果是铺地板、墙壁表面粉刷、贴墙纸等简单装修，可不提供装修单位的承建资格证书及施工图纸。

装修申请表如表11-3所示。

表11-3 装修申请表

编号：

<table>
<tr><td>业主姓名</td><td></td><td>住　址</td><td></td><td>联系电话</td><td></td></tr>
<tr><td>施工单位</td><td></td><td>负责人</td><td></td><td>联系电话</td><td></td></tr>
<tr><td colspan="2">申请装修期限</td><td colspan="4">____年__月__日至____年__月__日</td></tr>
<tr><td colspan="6">装修项目（附装修方案）：
1.
2.
3.
……</td></tr>
<tr><td>装修保证</td><td colspan="5">本装修人和施工单位保证遵守装修管理规定和有关规定，保证按照装修方案完成装修，如有违约，愿意接受物业公司的处罚</td></tr>
<tr><td colspan="2">业主签字（章）

____年__月__日</td><td colspan="2">施工单位签字（章）

____年__月__日</td><td colspan="2">物业公司签字（章）

____年__月__日</td></tr>
<tr><td>完工验收</td><td colspan="5">验收人：　　　　____年__月__日</td></tr>
<tr><td>备注</td><td colspan="5"></td></tr>
</table>

2．物业公司进行审批

物业公司在收到业主的装修申请后一周内予以答复。对不符合规定或资料不全的业主进行通知，业主按要求进行修改后可重新提交审批。

206 监督装修过程

为了确保装修的顺利进行，确保业主的生命与财产安全，物业经理须安排人员加强巡视，加强对装修现场的监管，在定期巡查中阻止和纠正违规装修，具体措施如下。

（1）装修前通知同一楼层及上下楼层其他业主，让他们有所准备，并获得他们的理解。

（2）在业主提交装修申请时，提醒其聘请信誉好、实力强、人员精的装修公司，并尽量缩短工期。

（3）对业主和装修公司进行必要的培训，解释装修程序和相关规定，避免他们因不知情而进行影响他人工作或休息的装修工程。

（4）将《装修注意事项》贴在装修单元的大门上，提醒装修人员文明施工。

（5）严禁在夜晚、周末等休息时间对住宅楼进行装修；如果是商业大厦，白天上班时间只允许一些不产生噪声及油漆味的装修，会发出较大噪声（如电锯声等）的工序须安排在非办公时间进行；严禁在装修时开启空调。

（6）施工人员必须办理施工证或出入证方可进场施工，施工人员不得从事与施工无关的其他活动。

（7）加强对装修单元的监管，及时听取邻居意见，视情节轻重给予违规施工人员口头或书面警告、停止装修、暂扣装修工具、责令赔偿损失等处罚。

207 巡查装修现场

物业经理应要求业主将物业公司装修管理的相关规定张贴在门上，以便物业巡查人员检查和提醒装修人员安全施工。同时，物业经理和物业公司其他巡查人员须按规定对装修现场进行巡查。装修现场定期巡查的内容如表11-4所示，装修现场巡查记录如表11-5所示。

表11-4 装修现场定期巡查的内容

序号	项目	具体要求
1	隔墙材料	用防水材料、空心砖、轻体墙等材料（木材料必须按规范涂上市消防局认可的防火漆）
2	天花板材料	用防水材料或做防火处理
3	电气线路改动	须套PVC管，配电箱内空气开关型号、位置要正确，出线线径要合理等
4	地面	检查该业主对地面进行的改动是否在允许范围内，对洗手间、厨房等地面进行改动的，必须按规范做好地面防水处理，并通知物业公司人员进行检查

（续表）

序号	项目	具体要求
5	墙面	墙面以涂料为主，如需贴墙纸，必须使用阻燃墙纸
6	给排水管道	对给排水管道进行改动的，须检查其是否照图施工，材料质量是否符合国家标准，接口部分是否漏水，是否有损坏主管及原有管道的情况
7	空调	检查主机是否安装在指定位置，地脚螺栓须加装防震垫片；空调排水不能直接排至户外，须利用厨房、洗手间或阳台地漏排水；主机如需挂墙或搭架安装，须用不锈钢材料支撑
8	大门（进户门）	更换大门的，须提供乙级防火门证明，否则不准更换
9	防盗门	必须选择物业公司指定的款式，防盗门不得超出门框范围
10	窗户防盗网（栏）	新加防盗网必须在窗台框内
11	外露平台	对外露平台进行装修的，须查明是否已经得到物业公司批准

表11-5　装修现场巡查记录

编号：　　　　　　　　　装修地点：　　　　　　　　　　　　　日期：＿年＿月＿日

序号	检查时间	正常/装修违规处理单号/小问题	巡查人	备注
隐蔽工程验收结果	卫生间是否已做防水			
	暗藏水管是否做过打压			
	暗藏电线是否穿管			

注：1．每个装修单位每周至少巡查三次；

2．巡查以物业公司制定的《装修手册》为依据；

3．对于发现的小问题，须在备注栏内注明处理结果。

208　处理违规行为

物业巡查人员在巡查中发现任何违规行为，均须记录下来或拍照存档（如有需要），并上报物业经理。物业经理在亲自巡查时发现违规行为，应立即处理。对于重大的违规情况，物业经理应向装修公司发出违章通知并通知业主，要求其及时整改，还要将违规事项及处理情况记录下来，室内装修违规记录表如表11-6所示。

表11-6 室内装修违规记录表

日期：____年__月__日

房号		装修公司名称	
装修负责人		联系电话	
业主负责人		联系电话	
序号	违规事项	发现违规画“✓”	违规金额（元）
1	施工人员出入现场不佩戴出入证		
2	施工现场未配备应有的消防器材		
3	使用化学药水，气味影响周围业主		
4	装修粉尘影响周围业主		
5	不按规定清运多余的水泥		
6	在现场抽烟		
7	违规使用电梯		
8	装修噪声影响周围业主		
9	在茶水间、厕所乱倒污染物		
10	现场未关闭空调		
11	开门施工影响周围卫生		
12	盗用电力		
13	损坏物业设施		
14	盗用物业物品		
15	超出物业公司批准的权限进行装修		

装修公司签认： 物业公司签名：

209 装修验收

装修工程完工后，业主应书面通知物业公司验收。物业公司工程部组织相关人员进行验收，针对初验中提出的问题进行逐项查验。对于初验合格后增加了装修项目的业主，无违章装修的，须补办申请；有违章装修的，按管理规定中的装修违章处理条款进行处理，并立即停止对该装修户的验收，直至整改完毕后再进行正式验收。装修验收表如表11-7所示。

表11-7　装修验收表

编号：　　　　　　　物业名称：　　　　　　　　　　　　　日期：____年__月__日

装修地点		建筑面积（平方米）	
装修负责人		联系电话	
装修单位			
初验情况	装修主管：　　时间：		
整改情况	验证人：　　时间：		
正式验收情况	装修主管：　　时间：		
施工用电量	使用前读数：____度	使用后读数：____度	
	倍率：	总用电量：____度	
装修出入证	办证数量：____个	退证数量：____个	
备　注			

制表人：　　　　　　　　　　　　　　　审核人：

210　验收后事务处理

（1）正式验收合格后，物业公司负责收回各类施工人员的“装修出入证”，遗失证件的要扣除证件押金。

（2）正式验收合格后，在“装修验收表”的“正式验收情况”栏内登记验收情况。工程部在“装修申请表”的“完工验收”栏内填写“验收合格”，签署验收人姓名及日期，并在业主装修押金的收据上签署装修验收合格意见。

（3）装修单位在正式验收合格的当日进行清场。

（4）正式验收合格后三个月内如未出现结构和安全问题，用户和装修单位可凭已签署验收合格意见的收据到物业公司财务部办理装修施工单位装修押金及水、电押金的退款手续。

第十二章　人力资源管理

导读　>>>

物业管理工作需要物业公司全体员工携手完成。为了使所有员工都能够出色地完成工作，物业从业人员必须做好人力资源管理工作，如员工配置与招聘、培训与考核以及必要的激励等。

Q先生：A经理，要开展人力资源管理工作，就必须进行员工招聘和培训，我想请教您，这两项工作该如何开展呢？

A经理：物业公司的员工招聘与培训一般由人力资源部负责，但涉及高级管理人员，如各部门经理、主管的招聘时，就需要你亲自进行面试等工作。你要按照公司的招聘与培训流程开展相关工作，如制订培训计划、进行培训考核等。

Q先生：一到年底，我们就要开展绩效考核工作，虽说这项工作由人力资源部主导，但我也必须参与。我该如何参与这项工作呢？

A经理：绩效考核是员工管理必不可少的一环，你要了解绩效考核的作用、方法，配合人力资源经理编制好关键业绩指标（Key Performance Indication，KPI）考核表，并在考核之后进行必要的分析。

第一节 员工配置与招聘

211 明确员工配备标准

物业经理在配备员工时，应根据物业公司的现状与发展、所管物业的类型、管理的范围与要求、所管物业的面积大小、业主的需要等因素，再结合公司的定员定编计划合理确定。

1．多层住宅物业管理员工的定编标准

多层住宅物业管理员工的定编标准按建筑面积计算，每1万平方米配置3.6人左右（不包括车辆管理员工），各类员工的具体配置及标准如表12-1所示。

表12-1 多层住宅物业管理员工的定编标准

岗位		具体配备标准
管理层	经理	总建筑面积10万平方米以下设1人；10万～25万平方米，设一正一副；25万平方米以上设一正两副
	助理	总建筑面积10万平方米以下设1人；10万平方米以上，每增加5万平方米增加1人
	社区文化	设1人，活动中心、场所的值班员工另计
	财务	物业公司财务相对独立，一般设出纳、会计各1人，但可以兼职
	其他	其他员工如资料员、接待员、仓管员可根据物业大小和工作需要来设置
作业层	维修员	建筑面积每4万平方米设1人
	绿化员	绿化面积每约4000平方米设1人
	保洁员	每140户设1人
	保安员	每120户设1人
	车管员	根据道口或岗亭设置，车流量大的时段和位置每班设2人，车流量小的时段和位置每班设1人，一日三班

2．高层住宅物业管理员工的定编标准

高层住宅物业管理员工的定编标准按建筑面积计算，每1万平方米配置7.5～7.8人（不包括车辆管理员工），各类员工的具体配置及标准如表12-2所示。

表12-2 高层住宅物业管理员工定编标准

岗位		具体配备标准
管理层	经理	建筑面积小于5万平方米设经理一名；5万平方米以上，每增加5万平方米增设副经理一名
	助理	每350户设1人
	社区文化	社区文化设1人，活动中心、场所值班员工另计
	财务	会计、出纳各设1人
	其他	可以根据工作需要设置
作业层	机电员工	高层住宅楼宇的机电设备设施一般包括电梯，消防，供水、供电设施，要配备相应的工程技术员工，建筑面积在3万平方米以上的楼宇每1万平方米配1.5人
	保洁、绿化员工	建筑面积每约7000平方米或90～100户配1人，公共场所或商业场所可适当调整员工数量
	保安员工	每40户配1人或建筑面积每约3000平方米配1人
	车管员	依据岗亭或道口设置，车流量大的时段和位置每班每岗设2人，流量小的时段和位置每班设1人，一日三班

3．高层写字楼物业管理人员的定岗定编标准

高层写字楼物业管理人员的定编标准按建筑面积计算，每1万平方米配置15～18人（不包括车辆管理人员），各类人员配置及标准如表12-3所示。

表12-3 高层住宅物业管理员工定编标准

岗位		具体配备标准
管理层	管理人员	建筑面积小于3万平方米设主任1名，每增加3万平方米增设副主任1名；助理每2万平方米设1人；社区文化设1人，活动中心、场所值班人员另计；会计、出纳各设1人；其他人员可以根据需要设置
作业层	机电人员	高层写字楼要增设空调通风系统，其他类型设备的数量也较高层住宅有所增加，所以对工程技术人员的配备相对要求高且数量多，一般每1万平方米配4～5人
	卫生、绿化人员	建筑面积每2500平方米配1人
	保安人员	建筑面积每约2000平方米设1人

4．其他类型的物业

如果是商业、综合性楼宇，可参考以上定编方法确定定编标准。

212 提出员工招聘申请

在物业公司，若出现编制增补或离职补缺的情况，用人部门要向人力资源部提出员工需求申请，以便人力资源部开展员工招聘工作。

一般来说，物业公司对员工需求申请都有一定的审查核实程序。例如，保安部若出现编制上的空缺，保安部部门主管应填写需求单，并报物业经理审核，再交公司人力资源部核实，并由人力资源部呈请公司总经理批准。

213 明确员工招聘条件

物业公司通常划分为决策层、管理层和操作层三个层级，为了使各层级人员的招聘条件切合实际，物业经理在招聘时必须根据招聘岗位的基本标准，研究各层级人员应具备的知识与能力，具体如表12-4所示。

表12-4 各层级人员应具备的知识与能力

序号	层次	必备知识	必备能力
1	决策层	（1）了解房屋结构及设备、设施修缮等方面的基本知识 （2）了解房地产有关理论和开发、经营、管理、估价等的基本知识 （3）了解有关法律知识 （4）熟悉计算机应用的知识 （5）熟悉房屋完损等级标准和安全管理的基本知识 （6）熟悉物业管理法律法规及政策，掌握物业管理的基本理论与实务 （7）掌握物业公司的经营管理知识	（1）具有制订物业公司长期发展规划、建立健全公司管理制度的能力 （2）具有掌握并控制各部门业务及运作状况，了解企业财务、税收状况和市场变化情况的能力，有经营决策能力 （3）具有组织和协调能力，具有公关、谈判及建立业务关系的能力 （4）具有处理突发事件的能力 （5）具有计算机应用能力
2	管理层	（1）了解房地产有关理论和开发经营管理等方面的基本知识 （2）熟悉物业管理的基本理论和相关政策法规，掌握本地区有关的物业管理要求、计费规定等	（1）具有建立健全部门规章制度的能力 （2）具有制订工作计划并组织实施的能力 （3）具有及时处理房屋、设备、设施的抢修排险以及火警、匪警、救护等突发事件的能力

（续表）

序号	层次	必备知识	必备能力
2	管理层	（3）掌握房屋完损标准、质量检测方法和安全管理的基本知识 （4）掌握物业管理的有关技术标准及维修的基本知识 （5）掌握房屋结构、设备、设施等维修管理的基本知识 （6）掌握计算机应用的知识	（4）具有宣传教育、组织各类活动及处理一般矛盾的能力 （5）具有处理专项业务并与相关机构协调的能力 （6）具有熟练应用计算机开展管理工作的能力
3	操作层	熟练掌握所从事岗位的专业技能	（1）具有严格执行公司各项规章制度及操作程序的能力 （2）具有独立处理琐碎事务的能力 （3）具有较强的责任心和控制力，拥有团队意识

214 选择合适的招聘方式

招聘的方式有很多种，如广告、举荐等，物业经理要根据公司实际情况选择合适的招聘方式，也可同时组合使用多种招聘方式。

1．广告

通过张贴海报、登报或其他方式将人才需求信息传达给公众。

2．举荐

通过举荐的方式发掘人才。这种方式一般应用在少数特定岗位的员工招聘上，而且举荐人应具有一定的资格。

3．内部招聘

从物业公司员工队伍中选拔出工作业绩优秀的人员，通过晋升的方法填补空缺。一般来说，物业经理应优先选择内部招聘，这样可以增加物业公司员工的流动性，提高员工的工作积极性。

4．人才市场招聘

目前，我国各大城市基本上都建立了比较成熟的人才市场，通过人才市场招聘已成为各公司招聘员工的主要方法之一。

5．院校招聘

随着物业管理需求的增长，设置物业管理专业的院校逐渐增多，这些专业院校也将为物业公司输送一大批合格人才。

6．店外张贴招聘信息

物业公司的招聘启事可以张贴在小区的入口处，这是一种最简单的方法，适用于招聘人数较少的情况。

215 开展面试工作

1．初试

初试主要是为了对应聘员工进行初步评估，物业经理可以通过初试了解该员工的价值观是否与物业公司的价值观相符等基本信息，这是选择合适员工的第一步，物业经理一定要高度重视。

2．复试

物业经理和人力资源部如果认为该员工初步符合部门需求，可以安排复试，对该员工的实际工作能力进行详细的测试。因为物业经理面试的主要是各部门经理和主管，所以，物业经理编制的面试问题应适合各部门的实际情况。下面是保安部主管面试问题的范本，仅供参考。

【经典范本 10】保安部主管面试问题

保安部主管面试问题

1. 能介绍一下你自己吗？
2. 你的发展目标是什么？
3. 你了解我们公司吗？为什么选择我们公司？
4. 请谈谈你的工作经历。
5. 你应聘的优势有哪些？
6. 小区安全管理的内容及预防措施有哪些？
7. 设置保安部岗位的意义及管理策略是什么？
8. 你对小区消防监控系统了解吗？
9. 可以谈谈你的社会关系吗？你怎样处理社会关系？
10. 你怎样取得其他部门的配合？
11. 你怎样处理发生的纠纷？

12. 如果因为纠纷，你的下级对业主进行了殴打，你会怎样处理？

13. 在小区车辆管理上你有何办法？

14. 怎样防止保安员的渎职行为？

15. 你认为对下级实施培训的周期及培训的内容应该是怎样的？

16. 对于定期的安全检查巡视，你认为应当力求做到哪几点？

17. 怎样保证企业消防设施的良好运行？

18. 怎样应对上级检查？

216　发放录用通知书

员工通过复试，人力资源部即可向其发送录用通知书，并开始安排培训工作。

第二节　员工培训管理

217　新员工培训

1．新员工培训的目的

这是为了让新进员工掌握基本知识和基本操作技能而开展的培训，培训的目的如下。

（1）使新员工了解公司的基本情况（如服务宗旨，企业精神，企业的历史、现状及发展趋势）。

（2）使新员工熟悉公司的各项规章制度（如考勤制度、奖惩制度、考核制度、晋级制度等）。

（3）使新员工掌握基本的服务知识（如职业思想、行为规范、语言规范、礼仪常识等）。

（4）使新员工掌握岗位工作的具体要求（如岗位责任制、业务技能、工作流程与要求、操作要领等）。

2．明确新员工培训的内容

新员工培训内容如下。

（1）公司历史、公司业务。

（2）公司组织结构。

（3）福利组合概览（如健康保险、休假、病假、学费报销、退休等）。

（4）业绩评估或绩效管理系统，即绩效评估的方式，何时、由谁来评估，总体的绩效期望是什么等。

（5）薪酬发放程序、发薪日、发放方式。

（6）职位或工作说明书和具体工作规范。

（7）员工体检日程安排和体检项目。

（8）职业发展信息（如潜在的晋升机会，职业通道，如何获得职业资源信息等）。

（9）基本的机械操作和安全培训。

（10）员工手册，公司政策、程序、财务信息。

（11）公司识别卡或徽章、钥匙、电子邮箱账户的获取，计算机密码、电话、停车位、办公用品的使用规则等。

（12）技术或与具体工作相关的信息（需要与相关上级主管和同事协商培训的日程安排）。

（13）着装要求。

（14）工作外的活动（如运动队、特殊项目等）。

（15）职业道德和敬业精神。

（16）消防安全知识。

（17）物业管理基础知识。

218　在职员工培训

在职员工培训是以在职员工为培训对象，旨在改进或提高他们的知识、观念、技能、工作能力的一种培训。

1．在职员工培训需求调查

对在职员工的培训必须具有针对性。在职员工一般已经拥有了比较丰富的工作经验，物业经理需要针对他们在工作中存在的问题和他们的实际需求进行培训，因此，开展培训需求调查很有必要。

2．在职员工培训的内容

（1）员工手册的加强培训。

（2）岗位职责、操作规程的巩固培训。

（3）职业素养培训（包括职业道德、归属感、安全教育等）。

（4）新设备、新产品、新技术、新操作流程的培训。

（5）教授与本职位有关的管理知识、技能、技巧的培训。

（6）礼仪礼貌、仪容仪表的培训。

（7）对客人投诉反映出的问题进行案例分析。

3．在职员工培训的形式

在职员工培训的形式多种多样，常见的形式有如下几种。

（1）岗位培训

岗位培训是为了使员工掌握本岗位所需的专业知识，增加员工的知识量和知识深度，使员工能满足更高标准的岗位要求而开展的培训，既可以由公司自行组织，也可以由专业机构组织。

（2）业余学习

业余学习是员工利用工作之外的时间进行的以掌握专业知识、提高专业技能为目的的学习，如参加物业管理专业学习、自学考试、读夜校等。

（3）专题培训

专题培训是指物业公司采用了新的管理方法，应用了新的设备、新的技术或制定了新的制度时，为保证新方法、新设备、新技术、新制度的正常运行而开展的培训。专题培训的组织方式很灵活，既可由公司自己办班，也可以派员外出学习。

（4）脱产进修

脱产进修主要用来培养公司紧缺人才，或为公司培养高层次的管理人才、技术人才，一般做法是由公司推选员工到高等院校、科研单位、行业优秀公司去进修、学习。

219 制订员工培训计划

员工培训计划的内容主要包括培训的目的和意义、培训的基本内容、培训的方法、培训的分类、培训的组织实施、培训的监督管理、培训的效果评估等。下面是××物业公司新员工岗前培训计划，仅供参考。

【实用案例】

××物业公司新员工岗前培训计划

1．物业公司全体员工入职岗前培训计划

（1）目的：了解拟管物业项目的情况及管理目标，更新知识，增强技能，创建综合素质优良的管理人员队伍。

（2）要求：传递信息，通过培训及时了解物业公司的目标、方针以及本行业的各类信息；及时补充、更新各类知识和技能，跟上时代的步伐。

（3）培训计划见下表。

物业公司全体员工入职岗前培训计划

序号	课时	课程	授课人	培训对象	方式
1	2	物业公司概况、架构及规章制度	物业经理	全体员工	课堂讲授
2	2	××小区情况介绍及管理目标和方向	物业经理	全体员工	课堂讲授，视听教学
3	3	物业管理方案讲解	客服中心主管	全体员工	课堂讲授
4	3	企业文化和小区文化两项精神文明建设的融合	物业公司培训部经理	全体员工	课堂讲授
5	3	行为礼仪规范、服务理念、职业道德教育	物业公司培训部经理	全体员工	课堂讲授，样板示范
6	3	消防安全、应急常识讲解及案例分析	保安部主管	全体员工	课堂讲授，视听教学
7	4	各岗位职责、服务规程、服务标准培训	各部室主管	按部门、工程分散上课	课堂讲授，集中研讨
8	4	现场参观考察		全体员工按部门侧重参观	样板示范，现场模拟
9	2	考试	公司人力资源部	全体员工	笔试闭卷
备注		公司人力资源部统一规划、统一安排、统一考核、统一记录，培训时间为新员工入职前半个月，依据具体安排临时通知			

2．管理层员工及客服中心文员培训计划

（1）目的：更新知识，增强技能，创建综合素质优良的管理人员队伍。

（2）要求：传递信息，通过培训及时了解物业公司的目标、方针以及本行业的各类信息；及时补充、更新各类知识和技能，跟上时代的步伐；提高能力，提供各种外培机会，全面提高相关人员的各项管理和服务水平。

（3）内容与安排见下表。

管理层员工及客服中心文员培训内容与安排

时间		内容	目的	方式	考核
岗前培训	24学时	1. 岗位职责 2. 基本业务知识、业务范围、工作技巧 3. ISO 9000服务标准 4. 酒店式服务基本技巧	能独立上岗、独当一面	直接领导者的面授教育与自学、实践相结合	上岗考核鉴定
在职培训	240学时/年	1. 月工作总结，分析、积累工作中处理得好的和不当的案例，积累经验及吸取教训 2. 学习《物业管理通论》《物业管理动态》 3. 学习经济学常识和管理知识 4. 举行各类专题知识讲座（根据安排临时通知）	不断提高管理能力，更新管理知识，掌握行业信息	以部门为单位集中研讨，分析案例，灌输新知识	第四季末管理知识考试，年末职能考核
外培取证	按外培单位要求	1. 物业管理岗位资格培训 2. ISO 9000内部质量审核员培训 3. 各类专业知识培训	寻求发展，实现达标率	脱产或半脱产	取得证书
参观考察	每半年一次	到本行业中业绩优良的单位参观考察	更新管理理念，学习先进经验	公司人力资源部统一组织安排	

3. 维修工培训计划

（1）目的：明确维修工的职责任务，树立维修服务职业意识，不断巩固和提高基本理论知识及操作水平，培养一支技术熟练、纪律严明、热心服务的维修队伍，保质保量地完成维修任务，达到使业主满意的目的。

（2）内容及安排见下表。

岗前培训内容及安排

时间	内容	方式	负责人	考核
2小时	学习《员工手册》	面授	部门主管	笔试
一个月	维修文明语言、维修服务范围和流程、维修工职责、维修养护技能及操作技巧	个别辅导和自学实践	班长	期满由主管领导对其进行上岗考核鉴定
三个月	熟悉楼宇结构、初步了解设备特点（水电工）、水电气走向、班组主要成员、维修服务标准、维修工作程序	在班长带领下实地操练	部门主管和班长	笔试、实操、工作表现等针对具体业务进行考核

220　培训考核

培训考核方法主要有抽查、口试、笔试三种。

1．抽查

在日常工作中，不定期随机抽查员工对培训内容的熟练掌握和灵活运用程度，发现问题马上纠正，并在下一个培训阶段加以改善。

2．口试

以现场提问的方式检验员工对培训内容的掌握程度。

3．笔试

每个阶段的培训结束后都要进行闭卷考试，检查员工对培训内容的掌握程度以及培训效果。

221　培训成果反馈调查

为了确认培训效果，物业经理可在考核的同时对培训结果进行调查，收集员工对培训工作的意见和建议，以便在下次培训中做出相应改进。

第三节 员工绩效考核

222 选择合适的考核方法

绩效考核方法的选择会直接影响到考核结果。物业公司可根据自身业务特点，以下列几种考核方法为主，辅以其他考核方法来设计绩效考核方法。

1．强制分布考核法

强制分布考核法根据正态分布规律和“二八”原则以群体的形式对员工进行归类。这种方法要求管理人员将一定比例的员工放入事先定好的不同种类中去，如卓越、优秀、达标、还需改进、很差等。

2．行为锚定等级考核法

行为锚定等级考核法是一种通过建立与不同绩效水平相联系的行为锚定来对绩效进行考核的方法。它通过搜集代表工作中的优秀和无效绩效的大量关键事件来确定每一关键事件所代表的绩效水平的等级，以此作为员工绩效的评价标准。

3．目标管理法

目标管理法是相对成熟的一种绩效考核方法。它是一种以目标的设置、分解、实施和对完成情况的检查及奖惩为手段，通过员工的自我管理来实现企业经营目的的绩效考核方法。

4．360度考核法

360度考核法是一种由与考核者有密切关系的上级、下级、同级和外部客户分别对考核者进行匿名评价的考核方法。分管领导根据评价意见和评分，对比被考核者的自我考核向被考核者提供回馈，以帮助被考核者提高其能力和业绩。

5．KPI考核法

KPI考核法是一种对各部门（流程）的工作绩效特征进行分析，提炼出最能代表绩效的若干关键指标体系，以此进行考核的方法。

物业经理要想准确评估公司员工的实际工作效果，就必须先制定各级人员的KPI考核指标，依照指标开展考核工作。下面是保安部主管的KPI考核表（见表12-5）和工程部主管的KPI考核表（见表12-6），仅供参考。

表12-5　保安部主管的KPI考核表

被考核者姓名		职位		部门	
考核者姓名		职位		部门	

序号	KPI指标	权重	绩效目标值	得分方案
1	重大安全、消防责任事故	10%	0	根据物业项目的情况来定
2	车辆管理费用收缴完成率	5%	达到100%	根据物业项目的情况来定
3	年度一般火灾（损失价值为500元～5000元）	5%	发生次数不超过2起	根据物业项目的情况来定
4	业主对物业安保服务质量的综合满意率	8%	大于98%	根据物业项目的情况来定
5	治安、消防培训和演练计划实施率	5%	达到100%	根据物业项目的情况来定
6	法律纠纷	3%	无	根据物业项目的情况来定
7	保安员入职培训达标率	3%	达到100%	根据物业项目的情况来定
8	保安员全年培训计划实施率	3%	达到100%	根据物业项目的情况来定
9	保安队伍建设，员工流失率	3%	队伍人员齐、素质高，招聘、辞退手续齐全，员工流失率小于5%	根据物业项目的情况来定
10	有效流程和制度实施率	3%	达到100%	根据物业项目的情况来定
11	协调沟通	2%	与各部门、各辖区护卫队及各辖区治安民警的沟通主动、积极	根据物业项目的情况来定
考核得分				
考核说明				

表12-6 工程部主管的KPI考核表

被考核者姓名			职位		部门	
考核者姓名			职位		部门	
序号	KPI指标		权重	绩效目标值	得分方案	
1	业主对工程服务、设备运转、保养综合满意率		10%	大于等于98%	根据物业项目的情况来定	
2	有效报修处理及时率		5%	达到100%	根据物业项目的情况来定	
3	维修返修率		5%	小于等于1%	根据物业项目的情况来定	
4	重大工程施工、价格、合同的管理		6%	完全符合公司规定	根据物业项目的情况来定	
5	设备、设施保养计划执行率		7%	达到100%	根据物业项目的情况来定	
6	消防设施完好率		5%	达到100%	根据物业项目的情况来定	
7	技术咨询、指导		3%	按时、保质、准确、权威	根据物业项目的情况来定	
8	设施、设备管理		3%	符合公司规定	根据物业项目的情况来定	
9	工作团队建设		3%	工作团队凝聚力强，核心员工流失率小于____%		
10	协调沟通		3%	部门之间的沟通协调良好		
考核得分						
考核说明						

223　绩效考核申诉的处理

被考核者如对考核过程是否按绩效管理制度执行有异议，可以向上级或人力资源部提出申诉。人力资源部接受申诉后，视情况采取以下两种处理办法。

（1）由人力资源部进行调查和协调，如果应维持原考核意见，可通过被考核者的直接主管用翔实的证据向其说明；如经复审发现必须修正考核结果，则应在修正后由被考核者的直接主管记录并通知被考核者。人力资源部一般应在五个工作日内向申诉者答复最终结果。

（2）如果人力资源部与部门主管无法解决，则呈绩效管理委员会予以调查和协调，在七个工作日内向申诉者答复最终结果。申诉日期截至考核结果反馈给被考核者后三个工作日，逾期不予受理。

224　进行绩效考核反馈

1．绩效反馈的准备

绩效反馈的准备工作如图12-1所示。

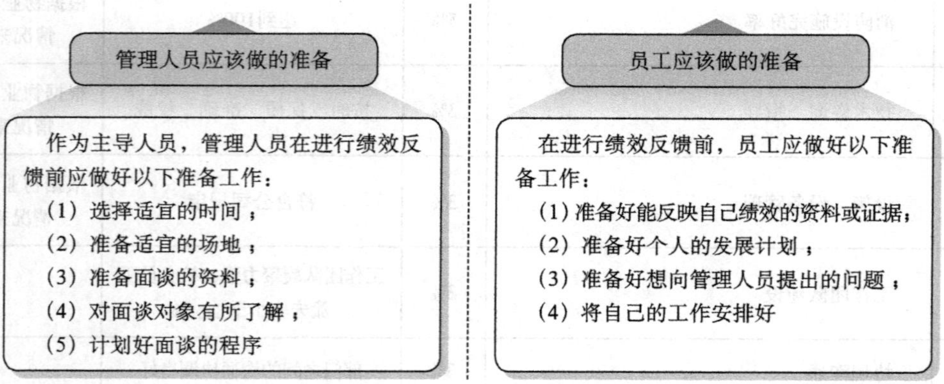
管理人员应该做的准备
作为主导人员，管理人员在进行绩效反馈前应做好以下准备工作：
（1）选择适宜的时间；
（2）准备适宜的场地；
（3）准备面谈的资料；
（4）对面谈对象有所了解；
（5）计划好面谈的程序
员工应该做的准备
在进行绩效反馈前，员工应做好以下准备工作：
（1）准备好能反映自己绩效的资料或证据；
（2）准备好个人的发展计划；
（3）准备好想向管理人员提出的问题；
（4）将自己的工作安排好

图12-1　绩效反馈的准备工作

2．使用绩效考核记录单

为了让主管与员工进行认真的谈话，避免主管人员单方面评价或对员工隐瞒结果，可采用谈话记录单记录双方的主要谈话，并由双方签字确认。绩效考核谈话记录单如表12-7所示。

表12-7 绩效考核谈话记录单

编号： 员工： 职务：
部门： 地点： 时间：

<table>
<tr><td colspan="3">考核人与员工本人回顾考核期内工作表现：</td></tr>
<tr><td colspan="3">考核综述（讨论存在问题的原因、总结成功的原因）：

考核结论：
□杰出，超出职责要求 □优秀 □良好 □尚能达到职位基本要求
□除非尽快改进，否则无法胜任</td></tr>
<tr><td colspan="3">工作绩效改进计划</td></tr>
<tr><td colspan="2">项目</td><td>完成时间</td></tr>
<tr><td>培训课程方向</td><td>(1)
(2)
(3)</td><td></td></tr>
<tr><td>期望完成的改进工作及采取的措施</td><td>(1)
(2)
(3)</td><td></td></tr>
<tr><td colspan="2">员工签名：</td><td>考核人签名：</td></tr>
<tr><td>部门负责人意见</td><td colspan="2"></td></tr>
<tr><td>人力资源部审核</td><td colspan="2"></td></tr>
</table>

225 制订绩效改进计划

为了保证绩效反馈面谈起作用，考核双方应根据被考核者以往的绩效情况，共同制订绩效改进计划。绩效改进计划的制订步骤如图12-2所示。

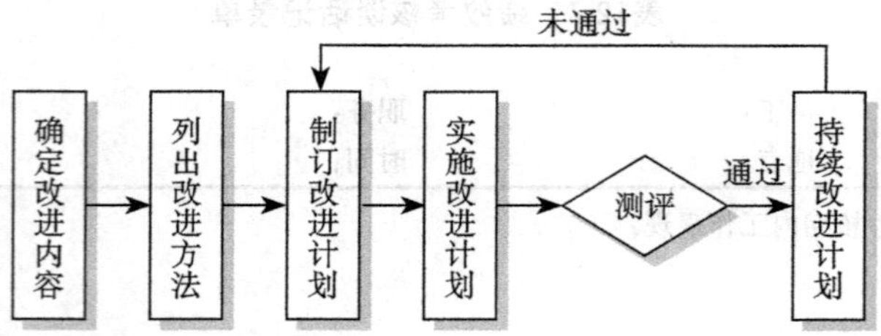
未通过
确定改进内容
列出改进方法
制订改进计划
实施改进计划
测评
通过
持续改进计划

图12-2 绩效改进计划的制订步骤

1．确定改进内容

要找出问题所在：为何绩效未达到预期的水准？确定待改进项目的工作应由管理人员和员工合力完成，确定时应先考虑下列几个问题。

（1）管理人员的想法是正确的吗？也许管理人员想改进的项目却是员工的优点。

（2）员工认为该从何处着手？考虑该问题可激发员工改进的积极性。

（3）哪一方面的改进较有成效？立竿见影的改进会让人产生成就感，也有助于推动其他方面的改进。

（4）考虑到所花的时间、精力和金钱，哪一方面的改进最合算？这是一项客观的决策，只需根据事实考虑即可。

2．列出改进方法

应将所有有利于改进绩效的方法列在一张表上，并分为员工能做的、管理人员能做的以及应改善环境的等，如：

（1）参加管理人员会议；

（2）工作轮调；

（3）与企业里的专家研讨；

（4）研读手册和程序说明；

（5）参加技术部门的研修活动；

（6）暂时派至其他部门。

3．制订改进计划

一个有效的绩效改进计划应满足下列四点要求。

（1）实际，计划内容应与待改进的绩效相关。

（2）时效，计划必须有截止日期。

（3）具体，应做之事必须阐述清楚。

（4）获得认同，管理人员与员工双方都应该接受这个计划并努力实行。

4．实施改进计划

管理人员在计划实施时应注意以下事项。

（1）确定员工了解此项计划。

（2）因环境变动需计划改变时应与员工洽商，并将变更部分在原计划上标注出来。

（3）管理人员要经常提醒员工，使其能依计划进行并避免因遗忘而导致计划失败。

（4）若计划有部分未按进度达成，应予以纠正。

5．持续改进计划

一个计划只针对一个改进项目，这种做法确实能使工作的一部分获得改善，但何时实施第二个改进计划，还得视实际情况而定。一般来说，当一个绩效改进计划全部或部分完成时，第二个改进计划就应确定好。当然，如果计划不是很复杂，管理人员和员工可以同时执行一个以上的改进计划。

226 绩效考核结果的应用

绩效考核本身不是目的，而是一种手段，物业经理应该重视考核结果的运用。绩效考核的结果可以应用于多个方面，具体如下。

1．调薪

绩效考核结果可作为薪资、年终奖金的分配依据。物业经理可根据绩效考核的结果，给绩效结果优秀者加薪，给绩效结果不合格者减薪。

2．调岗

绩效考核结果可用于调岗。持续优秀的绩效结果通常证明员工具有良好的能力，当员工取得这样的成绩时应考虑适当升迁。对于绩效结果持续较差的员工，则可做降职处理。

3．培训

绩效考核结果可用于安排培训。对于没有完成绩效目标的员工，要有针对性地提供提升其能力和技能的培训机会；对于那些完成了目标的员工，也要提供相关培训，帮助员工更好地发展。

4．人员配置

通过对绩效考核结果的分析，物业经理可以发现员工的优势和不足，依此将员工放到合适的岗位上。若员工不能胜任任何工作，应与其协商解除劳动合同。

第十三章　突发事件处理

导读 >>>

在物业管理的日常工作中，有些隐患不易提前发现，也就很难在事前加以防范，因此突发事件和危机的发生也就在所难免。突发事件发生后，如果物业从业人员能及时而有效地对其进行处理，就可以大大减少事件造成的危害。

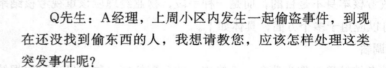

Q先生：A经理，上周小区内发生一起偷盗事件，到现在还没找到偷东西的人，我想请教您，应该怎样处理这类突发事件呢？

A经理：你要区分不同突发事件，既可以按性质区分，也可以按严重程度区分。同时，你要掌握其处理要点以及基本的应急处理程序，以便突发事件发生时能够迅速做出反应。

Q先生：但是，突发事件各有不同，并不是所有突发事件都能按照常规程序进行处理呀。

A经理：你要对可能会出现的突发事件进行分类，掌握相应的处理程序，如偷盗、抢劫的处理。斗殴的处理等，并在事件解决后做好记录，给下次同类事件的处理提供经验。

第一节　突发事件处理要求及程序

227　突发事件的分类

1．按性质区分突发事件

物业经理可按性质对常见的突发事件进行分类，具体如表13-1所示。

表13-1　按性质区分突发事件

序号	类别	具体内容
1	自然灾害	主要包括台风、暴雨等气象灾害，火山、地震、泥石流等地质灾害
2	事故灾害	主要包括小区里发生的重大安全事故（如交通事故），以及影响小区正常管理与服务的其他事故（如环境污染）
3	公共卫生事故	主要包括突发的可能造成社会公众健康损害的重大传染病等疫情，及群体性不明原因疾病、重大食物中毒，以及其他影响公共健康的事件
4	突发社会安全事件	主要包括重大刑事案件、袭击事件、经济安全事件以及群体性事件

2．按严重性区分突发事件

物业经理也可根据突发事件的严重程度将其分类，具体如表13-2所示。

表13-2　按严重性区分突发事件

序号	事件级别	具体内容
1	一级	物业管理区域内发生的爆炸、火灾、水患及自然灾害等造成人员伤亡或房屋危险的事件；房屋或设施设备发生安全隐患且在4小时内难以排险，严重影响业主安全使用的事件
2	二级	物业管理区域内发生整幢楼断水、断电、断气且在6小时内难以解决的事件；楼内电梯困人，专业维修人员到现场后在30分钟内难以解决的事件；整幢楼发生水箱供水二次污染的事件
3	三级	物业管理区域内发生房屋设施设备或业主重大财产被盗，造成一万元以上损失的事件
4	四级	物业管理区域内物业管理人员发生工伤事故，企业或职工财产被盗等事件

228　突发事件常规处理流程

突发事件的处理流程如图13-1所示。

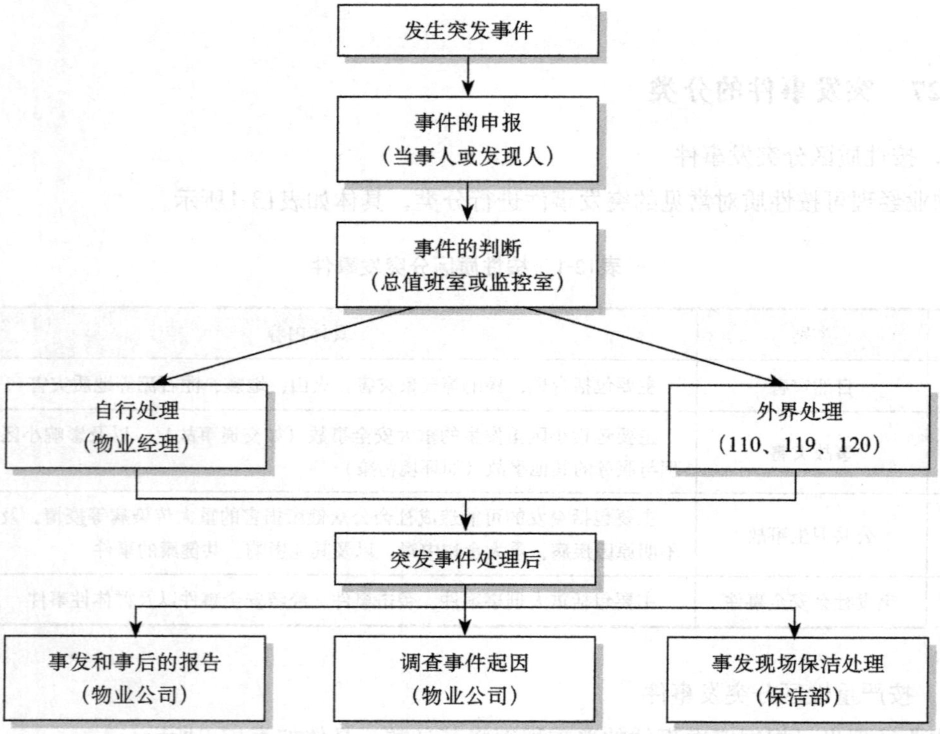
发生突发事件
事件的申报
（当事人或发现人）
事件的判断
（总值班室或监控室）
自行处理
（物业经理）
外界处理
（110、119、120）
突发事件处理后
事发和事后的报告
（物业公司）
调查事件起因
（物业公司）
事发现场保洁处理
（保洁部）

图13-1　突发事件的处理流程

229　突发事件应急演练

物业经理不能只制定应急处理流程和办法，还要为突发事件制定应急预案，并经常进行应急演练。如消防应急演练、盗窃应急演练等。只有让员工在演练中熟练掌握处理流程和办法，才能在突发事件发生时有条不紊地开展工作。

230　突发事件事后分析

无论是哪种突发事件，在处理完毕后，物业经理都应进行总结与分析，向全体员工通报事件的危害与造成的损失。物业经理尤其要关注物业公司员工在突发事件中的表现，考察他们是否按照既定的应急处理流程和办法行事。对在应急处理中表现优异的员工，物业经理要公开表扬；对那些没有按照处理流程行事而给公司造成重大损失的员工，物业经理应与其谈话，指出问题所在，并与其一起制订改善计划，避免其在下次事件中再犯同样的错误。

第二节 突发事件处理实务

231 偷盗、抢劫的应急处理

偷盗、抢劫应急处理的具体程序如下。

（1）保安员在执勤中遇到（或接报）公开使用暴力或其他手段（如打、砸、抢、偷等）强行索取或毁坏业主财物或威胁业主人身安全的犯罪行为时，要切实履行保安员职责，迅速制止犯罪。

（2）当发生突发事件时，保安员要保持镇静、随机应变，设法制伏犯罪分子；同时，通过通信设备呼叫求援。

（3）受调遣的保安员在听到求援信号后，应立即赶到现场，并由监控中心或保安员通知路岗封锁出口，及时向上级汇报。

（4）如果犯罪分子已经逃跑且无法追上时，要看清人数、衣着、体貌特征、所用交通工具等，及时报告物业公司。如果是重大案件，要立即报警。

（5）有案发现场的（如偷盗、抢劫现场），要保护现场（如犯罪分子留下的一切手印、脚印、烟头等），不得擅自破坏案发现场，不得让无关人员进入现场；保安员在公安机关人员未勘查现场或现场勘查完毕之前，不能离开。

（6）记录事主所提供的线索、被抢（盗）物品及其价值，询问事主是否有任何线索、怀疑对象等。

（7）犯罪分子流窜作案，无固定现场的，对犯罪分子遗留下的各种物品，如作案工具等，应戴手套或用其他工具拾取，然后放进塑料袋内妥善保存并交公安机关处理，不能将保安员或其他人员的指纹等痕迹留在物品上。

（8）现场如有事主或其他人员受伤，应设法尽快将其送医院救治并报告公安机关。

（9）保安班长做好现场记录，并总结成书面报告交至监控中心。

232 斗殴的应急处理

斗殴应急处理的具体程序如下。

（1）保安员在执勤中（或业主投诉）接到监控中心通知或发现争吵、斗殴等事故时，应及时制止。

（2）保安员应迅速报告物业经理、主管领导，由物业公司出面调解；如个人力量单薄，应立即请求增援。

（3）在制止争吵、斗殴的过程中，保安员应注意处理的方法与技巧，不能动粗，不能恶言相向。

233 对危险物品的应急处理

危险物品应急处理的具体程序如下。

（1）保安员发现或接到各类可疑物品时，要立即向主管领导和物业经理报告，并留守现场，阻止其他人接触可疑物品。

（2）主管领导立即组织保安员赶到现场，向有关人员了解情况。如确认可疑物品为危险物品，应立即对附近区域的人员进行疏散，并设置临时警戒线，防止无关人员进入。

（3）立即向公安机关报案，并向上级领导通报。

（4）对附近区域进行全面搜寻，以消除隐患。

（5）待公安人员到达现场后，协助公安人员消除危险隐患，并进行调查。

（6）如果危险已经发生，保安员要立即赶到现场协助抢救，运送伤员，稳定人员情绪，保护好现场和安置疏散人员。

234 接报刑事案件的应急处理

接报刑事案件应急处理的具体程序如下所示。

（1）接报人员首先要问清报案单位、报案人姓名，并要求在场人员不得动用现场的任何物品，保护好案发现场。

（2）将报案情况向主管领导及物业经理通报。

（3）保安员到现场后应立即保护现场，劝阻、疏散围观人员，仔细观察现场及外围人员，并记在心中。

(4) 对于焚物现场，要迅速组织人员扑救，并最大限度地将现场保护好。

(5) 向当事人及现场有关人员了解案情。

(6) 向公安机关报案，等待警车到达现场。

(7) 在向公安机关报案时应一并通报受伤人员的伤势，如伤者伤势较重，则应及时送往医院救治。

(8) 向警方介绍情况，并协助破案。

235　接报治安案件的应急处理

接报治安案件应急处理的具体程序如下所示。

(1) 接到打架、斗殴等暴力事件的报案时，要问清报案人案发地点、人数和闹事人是否带有凶器等相关问题。

(2) 通报主管领导及物业经理，并立即赶赴现场，控制事态，疏散围观人群。

(3) 制止闹事双方的过激行为，将其带到保安部进一步了解情况，做好笔录，并提出处理意见。

(4) 派人清查损坏物品的数量。

(5) 向公安机关报案，同时对打、砸、抢及蓄意破坏的肇事者进行控制或将其送至公安机关。

236　对水浸（跑、冒、滴、漏）的应急处理

水浸（跑、冒、滴、漏）应急处理的具体程序如下所示。

(1) 保安员发现或接报跑、冒、滴、漏水时，立即通知物业经理，并采取相应措施。

(2) 物业经理接报后，应通知维修部等部门的相关人员赶到现场。

(3) 相关人员到现场后应立即关闭水源，遏止受浸范围扩大，并及时修理设备。

(4) 清洁受水浸影响的区域。

(5) 向上级汇报。

(6) 工程部相关人员调试系统，恢复正常供水。

237　对盗窃事件的应急处理

盗窃事件应急处理的具体程序如下所示。

(1) 监控中心接到通知后，应立即派保安员赶到现场。

(2) 如证实发生盗窃案，保安员要立即报警并留守现场，直到警务人员到达。

(3) 在警务人员到达现场前，禁止任何人员触动现场物品。

(4) 若有需要，应关闭出入口大门，劝阻其他人暂停出入，防止窃贼借机逃跑。

(5) 待警务人员到达后，记下办案警员编号及报案编号，以备跟踪案情进展。

(6) 认真对待新闻媒体的入内采访。

(7) 迅速向主管呈交案情报告。

238　停车场（库）内被劫事件的应急处理

停车场（库）内被劫事件的应急处理如表13-3所示。

表13-3　停车场（库）内被劫事件的应急处理

行劫案件类别	应采取的行动
车主、司机、乘客、车上财物遭劫	(1) 报警并通知控制室 (2) 留意匪徒的容貌、人数、有无武器和接应车辆，记下接应车辆的牌照号码和逃走方向等
收银处	(1) 通知主管、控制室及警方 (2) 不可接触任何物品，如收银机等 (3) 查看现场是否仍有匪徒 (4) 照顾受伤者 (5) 待警务人员抵达现场后，应记录主管警官编号及报案编号，并尽快报告给主管

239　水管爆裂及水箱过满的应急处理

水管爆裂及水箱过满应急处理的具体程序如下所示。

(1) 检查漏水的准确位置及所属水质，确认是冲厕水、工业用水还是污水等，并在能力许可的情况下设法制止漏水，如关上阀门。若不能制止应立即通知工程部人员、上级主管及中央控制中心，寻求支援。在支援人员到达前须尽量控制现场，防止水浸范围扩大。

(2) 观察周围的情况，检查漏水是否影响其他设备，如电力变压房、电梯、电线槽等。

(3) 利用沙包及其他可用物件堵垒，防止漏水渗入其他设备设施，并立即将电梯升上最高楼层，以免电梯被水浸湿而受损。

（4）利用现有设备工具清理现场。

（5）如漏水可能影响日常操作、保养及保险金申报等，须拍照片供日后存档及证明。

（6）通知清洁部清理现场积水，检查受影响范围，通知受影响业主。

（7）日常巡逻时应留意渠道内是否有淤泥、石块或塑料袋等杂物，随时清理干净，以免堵塞。

（8）如果物业管理区域内曾发生过水浸事件，则必须在平常准备足够的沙包，以防水管爆裂及雨季水浸。

240 公共场所有人受伤或生病的应急处理

公共场所有人受伤或生病应急处理的具体程序如下所示。

（1）发现有人在公共场所突然晕倒或发生意外情况时，须立即通知主管并打急救电话求助。

（2）将伤病员安置在适当的休息场所，并设法通知其家人或附近的派出所。

（3）妥善保管好伤病员的财物，当派出所人员到达时，交派出所人员管理。

（4）尽量将伤病员与围观者隔离。

（5）记录详细情况后，尽快呈交主管。

241 电梯困人的应急处理

电梯困人应急处理的具体程序如下。

（1）如果有乘客被困在电梯内，须将闭路电视镜头移至困人电梯，观察电梯内的情况，详细询问被困者的有关情况，通知管理人员到电梯门外，并与被困者保持联系。

（2）立即通知电梯公司紧急维修站派人救援被困者及修理故障电梯。在打电话时必须询问对方姓名并告知有人被困。

（3）如被困者内有小孩、老人、孕妇或人多供氧不足，要及时请求消防部门协助。

（4）救出被困者后，询问他们身体是否有不适，是否需要帮助等，并请被困者提供姓名、地址、联系电话及到本物业的原因。如被困者不合作或自行离去，也须记录实际情况。

（5）必须记录事件从开始到结束的时间及详细情形，包括维修人员、消防员、警员、救护人员到达和离去的时间，消防车、警车及救护车的牌照号码等。

（6）必须记录被困者救出和伤员离开的时间，并查询伤员被送往哪家医院就医。

242 停电事故的应急处理

停电事故应急处理的具体程序如下。

（1）如果电力公司预先通知物业所在区域暂时停电，应立即将详情和相关文件呈交主管。

（2）应安排电工值班。

（3）停电通知须预先张贴在公告栏内。

（4）当供电恢复时，物业管理人员必须与电工、技术员检查辖区内所有开关是否正常工作，如有损坏，须立即报告主管安排修理。

（5）必须准备手电筒和其他照明用具，以备晚间突然发生停电时使用。

（6）当辖区晚间突然停电时，应立即通知主管及控制中心，安排工程部人员维修，并通知业主有关停电的情况，防止出现其他意外事故。

243 报警系统误报的应急处理

报警系统误报应急处理的具体程序如下。

（1）监控中心接到报警信号，迅速通知离报警点最近的巡逻保安员前往确认。

（2）受调遣的保安员一方面迅速赶往报警业主家查询情况，另一方面与物业经理取得联系。

（3）经查实为误报、误操作造成报警的，物业经理应向业主介绍相关设施的正确使用方法，防止日后再次发生类似事件。

244 易燃气体泄漏的应急处理

易燃气体泄漏的应急处理具体如表13-4所示。

表13-4 易燃气体泄漏的应急处理

序号	类别	具体处理方法
1	嗅到轻微的煤气味	（1）马上追查气味来源。如果煤气炉、热水器的导燃火苗已熄灭，很可能是被风吹熄了 （2）把煤气炉导燃火苗或炉火关掉。如果火苗没有开关，应把煤气表旁的总阀关掉 （3）熄灭香烟及一切火焰，关毕屋内所有电暖炉 （4）打开门窗，等待煤气完全消散才能继续使用 （5）若完成上述操作后仍然能嗅到煤气味，应马上通知煤气公司，切勿自行修理

（续表）

序号	类别	具体处理方法
2	嗅到浓烈的煤气味	（1）关上煤气表旁边的总阀 （2）打开所有门窗 （3）熄掉香烟及一切炉火 （4）如果屋里有伤者且不省人事，应立即将其移到空旷地方，并置其身体为复原卧式 （5）打电话呼叫救护车并及时通知煤气公司 （6）切勿用火柴或打火机点火的方式追寻煤气管上的漏气处 （7）切勿进入煤气味特别浓烈的房间

245　台风侵袭的应急处理

台风侵袭应急处理的具体程序如下。

（1）保安员对辖区内易受台风侵袭的部位进行全面巡查，若发现有可能被台风破坏的设备和物品，要及时进行处理；不能处理的，立刻报工程部，及时进行加固或转移。

（2）各部门人员负责确保各自工作环境的防风安全；检查设备、物品是否牢固、门窗是否关严。

（3）辖区各部门准备手电筒和其他必备应急物品。

（4）治安部成立后备队，在台风增强时随时准备出动。

（5）台风转变成烈风、暴风时，出动后备队，加强对辖区物业的巡查，密切注意各重点部位的防范工作。辖区其他部门成立后备队，一旦发生不测，随时出动抢险。

（6）灾后处理：

①清理台风过后的残余物；

②查明辖区财产损失和人员伤亡等情况；

③修复台风毁坏的建筑物和其他设施。

246　高空坠物的应急处理

高空坠物是一项严重的违法行为，很容易造成人员伤亡。当管理人员接获该类投诉时，应按照以下程序处理。

（1）立即派人进行调查，设法寻找违法者。

（2）如有需要，可向违规者发出警告，并立即报告公安机关。

（3）如果未能找出违法者，可在需要时通知相关业主，并指出该行为的恶劣性质。

（4）拍照存档。

（5）将详情记录在“物业日常管理记录簿”内。

（6）如高空坠物造成人员受伤，管理人员应做好以下几点：

①呼叫救护车，通知公安机关；

②协助照顾受伤者；

③设法寻找违法者或证人；

④封锁现场，等待公安人员到场；

⑤将一切有关资料记录在“物业日常管理记录簿”内；

⑥上报物业经理并提交书面报告。

247 交通事故的应急处理

1．无人受伤的交通事故应急处理的具体程序

（1）保安员维持秩序，使现场交通恢复畅通。

（2）保安员做好事件记录，如有需要，可拍照记录。

（3）如有可能危及他人安全，保安员应将事故范围封锁。

（4）如有需要，应通知物业维修人员到场进行维修。

（5）如有需要，应张贴警告标志。

（6）保安主管应将事件详情记录在“日常管理记录簿”内，并向物业经理呈交书面报告。

2．有人受伤的交通事故应急处理的具体程序

（1）保安员指挥交通，疏散围观车辆。

（2）在允许的情况下，保安员应将受伤者移离危险位置。

（3）拨打 110 报警，等候支援。

（4）记录事件并拍照。

（5）通知保安主管。

（6）保安员将事故记录在“日常管理记录簿”内，并将详细报告提交给物业经理。

248 火灾事故的应急处理

火灾事故应急处理的具体程序如下。

（1）保安员接到或发现火警时，应立即向上级、物业经理报告。

（2）保安主管接到火警通知后，立即到现场指挥灭火救灾工作。

（3）保安主管应指派一名保安班长协同管理人员疏散楼内人员。

（4）消防、监视中心立即通知有关人员到指挥部集结待命。

（5）大堂的保安员立即控制大堂的出入口，只许出，不许进。

（6）启动应急广播，向业主说明发生火情的位置，告诉他们不必惊慌，带上房间钥匙，锁门后安全有序地迅速撤离。

（7）通知工程部切断变电室电源，启动备用消防电源。

（8）通知空调机房关闭空调系统，开启防排烟系统和加压风机。

（9）通知水泵房，随时准备启动加压水泵。

（10）拨打 119，向消防部门报警。

（11）待消防人员到达后，积极配合其工作。

（12）通知有关工程人员将消防系统恢复正常。

第十四章　房屋及设施设备管理

导读 >>>

房屋及设施设备管理是物业经理的一项常规工作。只有做好了相关工作，才能使小区的房屋保持完好，使设施设备正常运转，降低这方面的维修成本，为物业公司创造更多效益。

Q先生：A经理，我发现小区内有些房屋比较破旧，想对它们进行维护，请问应该如何开展这项工作呢？

A经理：首先你要了解房屋本体维护的范围，要按照日常养护程序开展工作，如收集项目、编制计划等。你也可以对房屋进行计划养护，如每年维护一次内墙，维护内容包括对裂缝处进行修补，对污染处进行清洗粉刷等。

Q先生：那么，各类物业设施设备又该如何管理呢？

A经理：物业管理工作的顺利开展离不开各类设施设备。你必须了解物业设施设备的基本情况，做好对物业设施设备的运行管理，如技术运行管理、成本运行管理等。当然，日常的维护保养、计划检修、更新改造等工作也同样重要，同样不能忽视。

第一节 房屋本体维护管理

249 房屋养护的范围

房屋养护的范围包括与房屋结构相连或具有共有、共用性质的部位，包括以下内容。

（1）房屋的承重结构。

（2）抗震结构。

（3）外墙面。

（4）楼梯间。

（5）公共通道。

（6）门厅。

（7）公共屋面。

（8）公用排烟道等。

另外，与房屋本体相关的还有一些公用设施，如辖区内道路、公用区域照明设施、沟渠、池、井、园林绿化地、文化娱乐体育场所及设施、停车场、连廊、自行车房（棚）、地下排水管等。

250 房屋日常养护的内容及要求

房屋日常养护的具体内容如表14-1所示。

表14-1 房屋日常养护的内容

序号	项目	具体内容及要求
1	屋顶	每两年保养一次隔热层，面砖破碎或裂缝较大的应及时更换，面砖表面应用白水泥勾缝
2	外墙饰面	每年对重点部位进行清洗；每两年进行一次全面清洗；外墙饰面有脱落的应及时进行修补，使其恢复原样
3	内墙饰面	每三年进行一次全面保养。粉刷面有裂缝的应及时修补；瓷砖面裂缝较大的应予以更换；可疑部位应用小铁锤轻轻敲击，有空鼓的地方应马上进行更换或在以后的日常巡查中多加注意；脱落的应及时修补

（续表）

序号	项目	具体内容及要求
4	楼梯间	每三年保养一次楼梯间踏步，若发现问题，应及时修理。楼梯间墙面粉刷，有裂纹、龟裂、剥落的，应及时修理；每三年进行一次全面保养，粉刷内部有损坏的，用小铁锤在可疑的地方轻轻敲击，如发出空壳声，则说明有起壳现象，确定起壳范围后对其进行修补
5	门	防火门有生锈或掉漆的，应及时修理；每年全面保养一次，对生锈、掉漆或起皮部位应重新刷漆，每年给防火门轴承上油一次。其他类型门每年给轴承上油一次
6	防盗网、花园围栏	根据损坏程度确定重新刷油漆的周期，通常应每两年刷漆一次，间隔时间最长不得超过四年
7	窗	每年保养一次，窗框松动、翘曲的，应将锚固铁脚的墙体凿开，将铁脚取出、扭正，有损坏的应焊接好，矫正窗框后，用木楔固定，将墙体清理干净并洒水润湿后，用高强度水泥砂浆把铁脚重新锚固，并填实墙洞，等砂浆强度达到要求后，撤去木楔，把窗框与墙壁间的缝隙修补好；对于断裂损坏部位，可按原截面型号用电焊接换，翘曲或损坏严重的窗扇，应卸下进行矫正、焊接后重新安装；每年给窗户配件上油一次
8	公共地砖	发现损坏应及时维修，每三年全面保养一次，地砖损坏或裂缝严重的，应及时更换；若有大理石或瓷片破损，应加以修复
9	吊顶	日常对吊顶进行检查，破损的应及时更换，每三年揭开石膏板查看吊顶钢丝，生锈严重的应及时更换
10	人行道、车行道	损坏的人行道、车行道应及时修补；每年保养道路一次，表面起砂的应先用榔头把酥松起砂的部分敲松，然后用高压水枪冲刷干净，再用高强速凝水泥砂浆修复
11	管道	管道每三年刷油或保温一次，对于重点部位，必要时可以增加刷油或保温次数（例如，室外一楼地面的管道可以每年刷油或保温一次，对于室内管道，污染严重的应随时刷油）
12	污水井	每年揭盖检查清理污泥一次
13	挡雨篷	每年全面检查一次，对螺丝部位进行加固，对脱胶部位进行补胶；在大雨或台风等天气来临前，应视情况增加保养次数
14	玻璃门	每年对玻璃门进行一次全面清洗及保养，玻璃门应安装牢固，接缝严密，气窗铰链刚度好，开关灵活且密封好，不渗雨水。发现渗水现象时，应立即更换铰链或密封圈或做防水处理。玻璃门发生爆裂的，应及时清除碎片，并尽快联系厂家修复。在未修复前，应以木板遮挡牢固，以防风雨及意外发生。在大风、大雨等天气来临前夕，应仔细检查窗户、玻璃门，及时处理问题，以防发生意外
15	屋架、柱、梁、剪力墙	修缮时应查清隐患，损坏变形严重的，应加固、补强或拆换。若不合理的结构可能影响安全，大修时应整修改做。损坏严重的木构件，尽量用砖石砌体或钢筋混凝土代替；钢筋混凝土构件有轻微剥落、破损的，应及时修补；混凝土碳化、产生裂缝、剥落或钢筋锈蚀严重的，应通过检测计算，采取加固或替换措施
16	地基	地基不均匀沉降，引起上部结构砌体弓凸、倾斜、开裂、变形的，应立即联系开发商、设计院查明原因，拿出方案，有针对性地加固或拆砌

251　划分房屋养护职责

房屋养护职责具体如下。

（1）工程主管负责组织和检查房屋公共部位及室外公共设施养护工作。

（2）工程班长具体负责安排房屋公共部位及室外公共设施养护工作。

（3）维修员具体负责实施房屋公共部位及室外公共设施养护工作。

252　收集房屋养护项目信息

房屋养护项目信息主要通过走访查房和业主随时报修两种途径获得。

1．走访查房

走访查房是指物业管理员定期对辖区内业主进行走访，并在走访中查看房屋，主动收集业主对房屋修缮的具体要求，发现业主尚未提出或忽略的房屋险情及公用部位的损坏。为了充分发挥走访查房的作用，应编制走访查房手册。

2．业主随时报修

为了方便业主随时报修以及收集服务项目信息，物业公司可采取的措施主要有图14-1所示的三种。

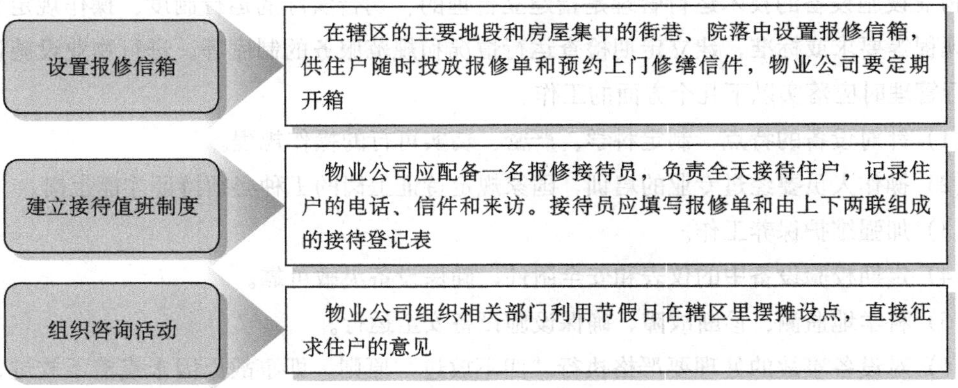
设置报修信箱
在辖区的主要地段和房屋集中的街巷、院落中设置报修信箱，供住户随时投放报修单和预约上门修缮信件，物业公司要定期开箱
建立接待值班制度
物业公司应配备一名报修接待员，负责全天接待住户，记录住户的电话、信件和来访。接待员应填写报修单和由上下两联组成的接待登记表
组织咨询活动
物业公司组织相关部门利用节假日在辖区里摆摊设点，直接征求住户的意见

图14-1　物业公司收集服务项目的三大措施

253　编制房屋养护计划

对于在走访过程中发现的一些不是特别危急的项目，工程人员要根据收集到的项目信息

制订养护计划，明确养护的时间、人员和花费等。对于业主随时报修的项目，要根据项目的危急程度和业主的要求，判断是否需要立即修理。对于不必紧急修理的项目，也要制订养护计划，有条有理地安排养护工作。

254　落实房屋养护计划

物业经理根据房屋养护计划表和业主随时报修的项目，开列小修养护单，维护人员凭养护单领取材料，根据养护单开列的工程地点、项目内容进行施工。

在施工过程中，物业经理应每天到施工现场，解决施工中出现的问题，检查当天任务完成情况，并安排次日的养护工作。

第二节　设施设备的日常管理

255　技术运行管理

物业设施设备的技术运行管理是指建立合理的、切合实际的运行制度、操作规定和安全操作规程等要求或标准，建立定期检查运行情况和规范服务的制度等。进行物业设施设备技术运行管理时应落实以下几个方面的工作。

（1）针对设备的特点，制定科学、严密、切实可行的操作规程。

（2）操作人员要经过专业的培训，国家规定持证上岗的工种必须持证才能上岗。

（3）加强维护保养工作。

（4）定期校验设备中的仪表和安全附件，确保设备灵敏可靠。

（5）科学地监测、诊断故障，确保设施设备安全运行。

（6）对设备事故的处理要严格执行“四不放过”原则，即事故原因未查清不放过，责任人员未处理不放过，责任人和群众未受教育不放过，整改措施未落实不放过。

256　运行成本管理

物业设施设备的运行成本管理主要包括能源消耗经济核算、操作人员配置和维修费用管理等。

1．能源消耗的经济核算

设备在运行过程中需要消耗水、电、压缩空气、燃油等各类能源，节约能源就是节约费用。能源消耗的经济核算工作主要包括表14-2所示的三个方面。

表14-2 能源消耗的经济核算工作

序号	核算工作	控制要点
1	制订能源耗用量计划并做好计量工作	（1）每年要预先制订每个月各类能源的耗用计划及能源费用支出计划 （2）要有正确可靠的计量仪表，坚持每天定时抄表记录，并计算出日耗量，每年统计一次实际耗用量，每月统计一次实际耗用量及能源费用，并将每月的实际耗用量及能源费用同年度计划进行比较 （3）如能源耗用量出现异常，应立即查清原因并报告负责人
2	采用切实有效的节能技术措施	（1）积极采用节能产品和节能技术，降低能源消耗；充分利用余热能源，减少一次能源的消耗 （2）在选用设备时，注意设备的技术参数要同工艺要求相匹配，优先采用先进的电子控制技术，实行自动调节，从而使设备在运行过程中始终处于最佳的运行状况 （3）在节约用水方面，要做到清浊分流、一水多用、废水利用 （4）在节约用电方面，优先选用节能型设备，在供配电设施上应有提高功率因数的措施；在照明用电方面，要尽量多利用自然光，选择合理的照明系统和照明灯具，照明灯具的控制应采用时间控制、光电控制或红外音频控制等节能控制方式 （5）在管网维护方面，要防止管道、阀门及管道附件的泄漏和损坏，发现问题后要及时修理和调换。对使用热源和冷源的管道和设备应加强保温绝热工作，以减少散热损失
3	切实做好节能管理工作	（1）应选择具有节能专业知识、实践经验和有技术职称的人员担任能源管理人员 （2）能源管理人员负责对本部门的能源应用状况进行监督、检查，按照合理用能的要点，推行节能的科学管理方法，组织实施节能技术措施，降低能耗 （3）制定本部门合理的能源消耗定额，建立节能工作责任制度并严格考核 （4）开展节能教育，组织有关人员参加节能培训 （5）能源管理人员和在重点耗能设备岗位上工作的操作人员，应经节能行政主管部门指定的机构培训，考试合格后持证上岗

2．操作人员的配置

物业经理应采取合理的形式安排操作人员，定岗定员，提倡由一专多能的复合型人才持证上岗，如使用万能工。

3．维修费用的管理

维修费用一般应由专人负责，做到计划使用和限额使用相结合。核算维修费用时，必须将故障修理记录作为维修费用开支的依据，这些记录也为今后的维修管理提供参考。

257 更新改造管理

物业经理在制定设备的更新与改造决策时，不能单纯考虑设备某一方面的寿命，还要考虑其他方面的寿命。在从事设备更新改造的过程中，必须注意以下几个问题。

(1) 确定设备合理的使用年限，应注意把设备的物质寿命、技术寿命和经济寿命结合起来考虑，从社会、经济和环境效益的角度，合理选择更新与改造的时机。

(2) 在做好设备的保养、修理工作的同时，应注意适时进行设备的技术改造，延长物业设施设备的使用寿命。

(3) 确定设备的最佳更新时期，应首先考虑设备的经济寿命，这也是业内普遍采用的做法，因为设备的经济寿命与其物质寿命、技术寿命密切相关。从理论上来说，通常以设备的物质寿命为基础，再通过确定一个设备维修费用的经济界限来确定设备的经济寿命。

设备更新改造的类型如表14-3所示。

表14-3 设备更新改造的类型

序号	类型	具体内容
1	设备的改造	设备改造是指为了满足使用功能或改进技术的要求，对设备所进行的更新或改造（如对设备的容量、功率、形状、体积所进行的改进工作），或应用最新科技成果改进现有设备的技术状况和技术水平所进行的工作（如对大楼电气系统的改造，运用数字程控交换机为核心的电话语音通信、传真机等手段建立通信网络等）
2	设备的原型更新	设备原型更新是指同型设备的以新换旧。设备原型更新往往操作方便，设备便于维修，物业管理人员也掌握其性能及运行管理方法
3	设备的技术更新	设备技术更新指以技术更先进、经济上更合理的新设备，替换物质上无法继续使用、经济上不宜继续使用的陈旧设备，它是实现物业设施设备现代化、合理化的物质和技术基础

258 基础资料管理

为了保证管理过程有序，物业经理必须对设备的基础资料进行管理。物业经理在接管物业之初就要有准备地收集、整理以下各项资料，有些资料是在开发商或物业公司接管时就接收的，如设备原始档案；有的则要靠物业经理自己去收集，如法律法规方面的资料。

1．设备原始档案

设备原始档案一般包括以下几个方面：

(1) 设备清单或装箱单、设备发票、产品质量合格证明书；

(2) 开箱验收报告；

(3) 产品技术资料，主要包括设备图纸、使用说明书、安装说明书等；

(4) 安装施工、水压试验、调试、验收报告。

2．设备技术资料

设备技术资料一般包括设备卡片、设备台账、设备技术登记簿、竣工图和系统资料等，设备台账如表14-4所示。

表14-4 设备台账

编号： 日期：____年__月__日

序号	设备编号	卡片编号	设备名称	型号	规格	制造商	出厂日期	安装日期	安装地点	设备原值	设备净值

制表人： 审核人：

3．政府相关部门颁发的文件

政府相关部门颁发的政策、法规、条例、规范和各种技术标准起着指导和约束物业设施设备管理工作的作用，须加以收集、整理。

259 给排水设施设备的日常管理

给排水设施设备日常管理的内容具体如下。

(1) 确保给排水设施设备保持良好的技术状态，保证生活、消防用水的需要。

(2) 专业维修人员负责给排水设施设备的维修保养。

(3) 值班人员负责给排水设施设备的操作、监控、记录及异常报告。

(4) 工程部经理负责给排水设施设备的综合管理及对上述工作的检查监督。

(5) 客服经理负责对上述工作的检查监督。

(6) 客户服务中心负责在需要时向业主通知停水情况并做好解释工作。

(7) 给排水设备设施发生故障时，维修人员负责对维修保养工作的指导、检查监督及委托修理的联络工作，及时处理给排水设施设备的故障，确保设施设备尽快恢复正常运转。

260　供电设施的日常管理

供电设施的日常管理措施具体如下。

(1) 确保供电设施设备保持良好的技术状态，满足内业主的安全用电需求。

(2) 高压运行工程师负责高压设备和变压器的巡检，并做好记录。

(3) 机电值班人员负责供电设备的操作、监控记录及异常报告。

(4) 工程部主管负责供电设备的综合管理及对上述工作的检查监督。

(5) 客服经理负责对上述工作的检查监督。

(6) 客户服务中心负责在需要时向业主通知停电情况并向业主解释。

(7) 供电系统发生故障时，工程人员负责及时报告主管，必要时报供电局进行抢修，确保设备尽快恢复正常运转。

261　电梯的日常管理

电梯的日常管理措施如下。

(1) 电梯机房除电梯维修人员、消防人员外，任何人不能进入，机房内的设备非电梯维修人员不得操作。

(2) 运行中电梯突然出现故障，值班人员应尽可能地先救援出被困人员，并通知电梯维修人员进行检修，如不能马上救援，应安慰被困人员，并尽快通知电梯维修人员前来救助。

(3) 乘梯人数过多时，应分批搭乘，以免超载发生危险。

(4) 切勿让幼儿单独搭乘或进入电梯，以免发生危险。

(5) 发生火警时，切勿搭乘电梯，因为电梯可能随时在半途停顿，将人困在电梯内，被困者可能会因浓烟而窒息，甚至危及生命。

（6）发现有水渗入电梯或电梯槽底部有积水时，应立即停止使用电梯，以免触电，并设法将电梯升高至较为安全的地方。保洁员在清洗走廊和楼梯时，应注意勿让水流入电梯内，以免损坏电梯设备。

（7）电梯维修人员应每天检查电梯机房是否有足够的通风，温度是否过高，气窗玻璃是否完整；机房门必须上锁。

（8）电梯内的求救警铃、电风扇必须保持工作状态，以免突发紧急事件时因无法求救而导致被困人员窒息。

（9）因维修、保养而正常停用任何电梯时，应提前在小区的公告栏内张贴通知。

262　消防设备的运行及养护

消防设备的运行及养护措施如下。

（1）小区内所有消防通道指示牌必须保持良好的状态，保证停电后仍能正常工作。

（2）小区内所有消防设备应每月测试一次，如发现故障应立即维修并做好记录。

（3）任何机房内均安装消防设备，并应每星期检查一次。

（4）消防报警系统应每月测试一次，如有故障应立即维修并做好记录。

（5）消防水泵应保持良好的状态，阀门无人为误开，保证消防水箱的水位处于正常。

（6）消防设备具备消防保养证明书。

（7）每年应开展一次消防演练。

263　闭路电视监视系统设施的日常管理

闭路电视监视系统设施的日常管理措施具体如下。

（1）保安部负责监控闭路监视系统主机，工程技术人员负责对该系统进行维修保养。

（2）闭路电视监视系统应由经过专业训练的人员负责操作、管理和维护，无关人员不得随意触动。

（3）值班员应熟悉闭路监视系统所拍摄的画面与各路段路口等实地目标的对应和编排。

（4）设备投入正常使用后，为确保运行正常，工程技术人员必须严格按“闭路监视系统保养项目计划表”进行检查。

（5）每日检查闭路监视系统控制主机各项功能是否正常，有无设备异常，将检查结果填写在“闭路电视监视系统设施每日保养记录表”中。

(6) 每月对电缆、接线盒、设备进行检查，清理尘埃。

(7) 每季对室内部分电缆、接头进行检查，清理尘埃，检查信号传输质量，并将结果填写在“闭路电视监控系统设备保养记录表”中。

(8) 闭路电视监控系统设备出现故障后，应分清故障类型、所处部位，并及时排除。如果故障一时排除不了，应立即通知专业维修单位。故障属于保修范围的，立即通知保修单位修理、保养，使之尽快恢复正常，并将报修情况记录在案。

(9) 确保中控室设备（如消防报警系统、保安闭路电视监控系统和红外线围墙可视对讲电话系统）处于良好状态，保证业主的人身和财产安全。

(10) 中控室保安员负责中控室设备的清洁、操作、监控和记录。

(11) 弱电维修工负责中控室设备的维修保养，确保中控室设备运行正常。

(12) 工程部主管负责中控室设备的综合管理以及对上述工作的检查监督，对维修保养工作进行指导，并负责委托修理的联系工作。

(13) 客户服务中心负责对上述工作进行检查监督。

(14) 中控室保安员负责中控室机电设备的操作，确保消防报警设备、保安闭路电视监控系统操作的安全性和准确性。

第三节　物业设备维护管理

264　了解保养的方式

设备保养的方式主要包括清洁、紧固、润滑、调整、防腐、防冻及外观表面检查。对于长期运行的设备，要巡视检查、定期切换、轮流使用，并进行强制保养。

265　了解保养的类别

设备保养的类别包括日常保养和定期保养，其要求如表14-5所示。

表14-5　保养工作的实施要求

序号	类别	管理要求	保养实施要求
1	日常维护保养工作	应长期坚持，并实现制度化	设备操作人员在班前对设备进行外观检查；在班中按操作规程操作设备，定时巡视并记录各设备的运行参数，随时注意设备在运行过程中有无震动、异声、异味、超载等现象；在班后做好设备清洁工作
2	定期维护保养工作	根据设备的用途、结构复杂程度、维护工作量及维护人员的技术水平等，决定维护的间隔周期和维护停机的时间	对设备进行部分解体并做好以下工作： （1）对设备进行内、外清扫和擦洗； （2）检查运动部件转动是否灵活、磨损情况是否严重，并调整其配合间隙； （3）检查安全装置； （4）检查润滑系统油路和过滤器有无堵塞； （5）检查油位指示器，清洗油箱，换油 （6）检查电气线路和自动控制元器件的动作是否正常等

266　制订设备保养计划

1．计划的准备工作

物业设备的保养计划一般以年度为时间单位制订，物业经理一般在上一年度的12月制订下一年度的设备保养计划。其中，保养的工作量是不直接反映在年度计划上的。但是，在编制设备保养计划时，物业经理要考虑保养的工作量，以便合理分配全年的工作量。制订设备保养计划时不能大概估算，必须采用相对准确的数据。

（1）确定需要保养的设备。物业经理应该建立按照设备系统划分的设备档案，这样一来，通过设备档案就可以全面了解设备现状并制订相应的保养计划。

（2）确定保养工作的内容。保养工作的内容要根据设备运行状态确定，主要是基于以下两个方面：一方面是设备供应商以及法律规定必须要保养的内容，这些信息是比较容易获得的；另一方面是设备的运转情况，尤其是设备的故障信息，这是制订设备保养计划时要重点关注的内容。

2．制订设备保养计划

设备保养计划并不仅仅是一张计划表，它是设备保养的框架，是一个“系列”的计划。年度保养计划要按月、周进行分解，并对工作内容进行细化。设备保养计划可以根据管理要求制订，形式也是多种多样的。

有些设备的运行受到季节因素的影响。例如，用于中央空调的制冷机，一般在气温高于

26℃的季节运行。因此，制订这些设备的维护计划时，除了要考虑设备本身的磨损，还要考虑它们的使用情况，即制冷机的定期保养应安排在不运行的期间进行。

3．保养内容。

设备的定期保养不论是一保、二保，还是大修，都要有详细的工作内容，特别要注意参考在日常保养中发现和记录的异常情况，在设备大修时更要详细列出维修内容与具体的维修项目。

267 明确保养工作定额

设备保养工作定额包括工时定额、材料定额、费用定额和停歇天数定额等。设备保养工作定额是制订设备保养计划、考核各项消耗及分析保养活动经济效益的依据。

设施定期保养计划如表14-6所示。

表14-6 设施定期保养计划

序号	设施名称	维修计划	实施方案	检验标准
1	上下水管道及相关阀门、配件（含洁具）	（1）每两年给各类管道及阀门刷防锈漆一次 （2）每半年阀门上油保养一次	工程班负责组织巡查、维修和检验	（1）管道通畅，无渗漏现象 （2）阀门配件无跑、冒、滴、漏现象 （3）完好率达到99%
2	落水管	每半年保养一次，每年检修一次，每十年大修一次	工程班负责巡查、维修和检验	（1）正常通畅 （2）完好率达到99%
3	消火栓及灭火器材等	（1）消火栓及管道，每年试验一次，每半年全面检修一次，每五年中修一次，每十年大修一次 （2）灭火器材每季度检查一次，每年统一检测一次	工程班负责组织巡查、维修和检验，公司本部负责抽查、检验	（1）平常处于良好状态，使用时才能正常发挥作用 （2）整齐有序、卫生清洁
4	公用标志	每季清洗一次，每四年维修一次	保洁班负责巡视检查	（1）标志清晰美观、安装牢固 （2）完好率达到99%
5	防雷系统	每年进行一次接地测试，每年检修一次	工程班或专业队伍负责完成	（1）接地阻值符合规定 （2）完好率达到100%
6	公共照明	每季度进行一次配电箱除尘	工程班负责维修及检验	运行正常，并达到使用标准

（续表）

序号	设施名称	维修计划	实施方案	检验标准
7	各种水泵	（1）每季度注油一次 （2）每周检查轴封情况 （3）消防泵每月试运作一次 （4）电控柜每季度除尘一次	工程班负责维修和检验	（1）保证使用运转正常 （2）外观整洁
8	生活水箱	（1）每年两次清洗 （2）消毒灯管8000小时更换	工程班负责维修和检验	（1）保证使用运转正常 （2）水质达标 （3）外观整洁
9	热力站	（1）每年交换器除垢、压力温度表检测一次 （2）每月泵加油一次 （3）每季度对配电柜清理一次	工程班负责维修和检验	（1）各种设备运转正常 （2）温度达到设计标准
10	电梯	每月一次：铰接处加油，机房、轿厢底坑除尘、清洁，测试安全系统动作、抱闸工作系数，紧固锁紧部件	公司运行部负责维修和检验	门机开启灵活，活动部件运转自如；机房卫生、清洁；控制柜散热良好；底坑、轿顶清洁
		每两个月一次：油盒加油；紧固各接线端子及插头	公司运行部负责维修和检验	润滑良好，动作灵活可靠
		每半年一次：更换齿轮油，更换液压油，清理钢丝绳，各注油孔注油	公司运行部负责维修和检验	润滑良好，磨损正常
		每年一次：检查部件磨损，润滑情况、检查各安全回路；全面保养；技术监督局年检	公司运行部负责维修和检验	润滑良好，磨损正常；运行正常

268 实施设备保养计划

如果没有特殊情况发生，设备保养的实施应按照保养计划进行。在具体工作开始前，要对工作进行分解，准备好相关材料，实施保养后要进行验收和记录。

如果当天的保养工作受到干扰，或者因为其他原因未能完成，则应重新安排维护工作，既要完成尚未实施的工作，又要不影响其他工作。

269　记录设备保养工作

每次保养都应当做好记录工作，以便公司能够及时了解所有物业设施设备的运行状况，物业设施设备保养记录表具体如表14-7所示。

表14-7　物业设施设备保养记录表

编号：　　　　　　　　　　　　　　　　　　　　　　　　　　日期：____年__月__日

项 目	地点		保养周期	
费用	保养量		完成日期	
保养内容	维修、保养人： ____年__月__日			
保养结果	班组长或房管员： ____年__月__日			
备注				

第十五章　保洁、绿化及其外包管理

导读 >>>

为业主们提供一个干净、整洁、优美的居住环境是物业经理的重要责任，这就要求物业公司认真做好日常保洁与绿化工作。物业经理也可以根据公司实际情况，将一些项目外包出去，以节省成本。

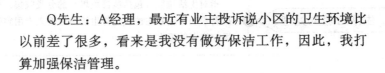

Q先生：A经理，最近有业主投诉说小区的卫生环境比以前差了很多，看来是我没有做好保洁工作，因此，我打算加强保洁管理。

A经理：没有哪个业主会喜欢一个脏乱的居住环境，因此，做好保洁管理不只是你的工作，还是你的责任。你要明确保洁管理的范围，制定保洁工作标准和工作计划，并对保洁工作进行监督，通过检查获知保洁计划实施的效果。

Q先生：绿化管理工作是不是与保洁管理工作类似呢？

A经理：你要了解绿化管理内容，制定绿化养护质量标准和绿化养护作业标准，并对作业成果进行检查。你也可以将保洁和绿化业务外包给专业公司，使物业公司集中精力处理更核心的事务。

第一节 日常保洁工作

270 了解保洁管理的内容

保洁管理的内容包括公共区域和共用部位的保洁及生活垃圾的处理，如图15-1所示。

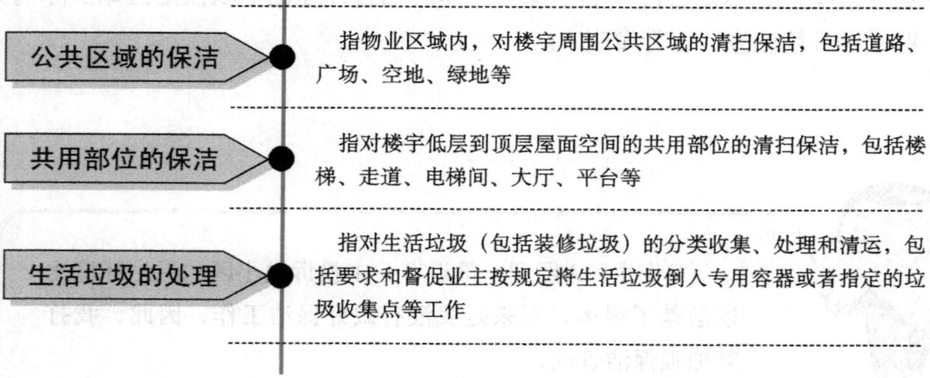
公共区域的保洁
指物业区域内，对楼宇周围公共区域的清扫保洁，包括道路、广场、空地、绿地等
共用部位的保洁
指对楼宇低层到顶层屋面空间的共用部位的清扫保洁，包括楼梯、走道、电梯间、大厅、平台等
生活垃圾的处理
指对生活垃圾（包括装修垃圾）的分类收集、处理和清运，包括要求和督促业主按规定将生活垃圾倒入专用容器或者指定的垃圾收集点等工作

图15-1 保洁管理的内容

271 明确保洁管理的重点

保洁管理的重点是防治“脏、乱、差”。“脏、乱、差”具有多发性、传染性和顽固性，所以对此不能掉以轻心。随手乱扔各种垃圾、楼上抛物、乱堆物品堵塞公共走道、随意排放污水废气、随地吐痰和大小便，以及乱涂、乱画、乱搭、乱建、乱张贴等都容易导致“脏、乱、差”。

提高业主的整体素质，也是保洁管理工作中的一项重要内容，这需要物业经理对业主多进行宣传教育和监督管理。如果物业公司与业主不能齐心协力，“脏、乱、差”就会使物业区域面目全非。

272　制定保洁工作标准

标准是衡量物业管理工作的准则，因此，物业经理必须制定好保洁工作标准。物业区域环境保洁的通用标准是“五无”，即无裸露垃圾、无垃圾死角、无明显积尘积垢、无蚊蝇虫滋生地、无“脏乱差”顽疾。

《城市道路清扫保洁质量与评价标准》中，有两条可以作为物业区域道路清扫保洁质量的参考：一是每天普扫两遍，每日保洁；二是达到“六不”“六净”标准，即不见积水、不见积土、不见杂物、不漏收堆、不乱倒垃圾、不见人畜粪以及路面净、路沿净、人行道净、雨水口净、树坑墙根净和废物箱净。

当然，不同类型、不同档次的物业对楼宇内公共部位清洁卫生的要求不同，相同的物业管理区域中不同的管理部位所要求的清洁卫生标准也可能不同。因此，物业公司应根据实际情况制定相应的卫生保洁标准。

273　制订保洁清扫计划

物业经理制订的保洁清扫计划应包含小区各栋楼的内外两部分。下面是两个保洁清扫计划的范本，仅供参考。

【经典范本 11】×× 公司楼内部分保洁计划

××公司楼内部分保洁计划

保洁项目		日常工作及周期工作内容			保洁标准
		每天	每周	每月	
公共地面	大理石	配合清洁剂湿拖一次，并随时保洁	清洗一次		无灰尘、污渍
	水磨石	配合清洁剂湿拖一次，并随时保洁	清洗一次		无灰尘、污渍
	木地板	配合清洁剂推尘一次，并随时保洁	清洁一次		无灰尘、污渍
三米以下墙壁	大理石	配合清洁剂擦抹一次，并随时保洁			无灰尘、污渍

（续表）

保洁项目		日常工作及周期工作内容			保洁标准
		每天	每周	每月	
三米以下墙壁	柱面	配合清洁剂擦抹一次，并随时保洁			无灰尘、污渍
	涂料	局部灰尘、污渍随时处理			无灰尘、污渍
	玻璃	配合玻璃清洁剂清洁一次，并随时保洁			无灰尘、污渍、痕印
消防楼梯		配合清洁剂湿拖一次，并随时保洁	清洁一次		无灰尘、污渍
楼梯扶手		配合清洁剂擦抹一次，并随时保洁	上不锈钢油	全面清洁	无灰尘、污渍
消防设施及其他设施		擦洗一次，并随时保洁	全面清洁		无灰尘、污渍
天台及相关设施			全面清洁		无垃圾、灰尘、污渍
公共门窗	门、门框	配合清洁剂擦抹一次，并随时保洁	全面清洁		无灰尘、污渍、痕印、手印
	窗体、窗台	配合清洁剂擦抹一次，并随时保洁	全面清洁		无灰尘、污渍、痕印、手印
	门窗玻璃	配合玻璃清洁剂清洁一次，并随时保洁	全面清洁		
公共洗手间	地面	拖扫数次，随时保洁	全面清洁		无灰尘、污渍、痕印、手印、垃圾、异味，保持清洁干净
	玻璃镜面	清洗数次，随时保洁	全面清洁		
	洁具、洗手盆	清洗数次，随时保洁	全面清洁		
	墙面、门框	擦洗一次，随时保洁	全面清洁		
	垃圾桶	及时清倒垃圾、随时保洁	清洗消毒		
植物、花盆		洒水一次、并随时清洁花盆			保持植物干净茂盛

（续表）

保洁项目	日常工作及周期工作内容			保洁标准
	每天	每周	每月	
不锈钢指示牌	配合不锈钢保养剂擦抹一次			无灰尘、污渍
信报箱、不锈钢设施	用不锈钢保养剂清洁一次，随时保洁	全面清洁一次	不锈钢上油	无灰尘、污渍、痕印、手印
垃圾桶、垃圾箱	更换垃圾袋一次，清洁烟灰缸，及时整理清抹箱盖、箱身	全面清洁一次		无溢出垃圾、异味
天台及相关设施		全面清洁一次		无垃圾、灰尘、污渍

【经典范本 12】××公司楼外保洁计划

××公司楼外保洁计划

保洁项目	日常工作及周期工作内容			保洁标准
	每天	每周	每月	
地面	清扫一次，并随时巡查保洁		全面清洗一次	无垃圾、污渍
指示牌	配合清洁剂擦抹一次，并随时保洁	全面清洗一次		无灰尘、污渍
射灯、路灯	配合清洁剂擦抹一次，并随时保洁	全面清洗一次		无灰尘、污渍
标识牌		配合清洁剂擦一次		无灰尘、污渍
旗杆	一米以下擦抹两次	配合清洁剂擦一次		无灰尘、污渍
旗帜			清洁一次	无污渍、痕印
水沟、管道	清洁一次			无垃圾、污渍
楼房两米以下墙面	局部污渍随时清洁			无明显污渍
玻璃	配合玻璃清洁剂清洁一次			无灰尘、污渍、痕印、手印

（续表）

保洁项目	日常工作及周期工作内容			保洁标准
	每天	每周	每月	
消防设施及其他设施	清洁一次	全面清洁一次		无灰尘、污渍、痕印
垃圾桶、垃圾箱	更换垃圾袋一次，清洁烟灰缸，及时整理清抹箱盖、箱身	全面清洁一次		溢出垃圾、异味
绿化带	清洁、洒水一次	施肥一次		绿化带内无纸屑、烟头、杂物；植物干净茂盛
垃圾清运	垃圾日产日清，垃圾站每天清洗一次		全面消杀两次	无溢出垃圾、异味

274　建立四级检查制

检查是保洁质量控制的常用方法，保洁质量控制的四级检查制如图15-2所示。

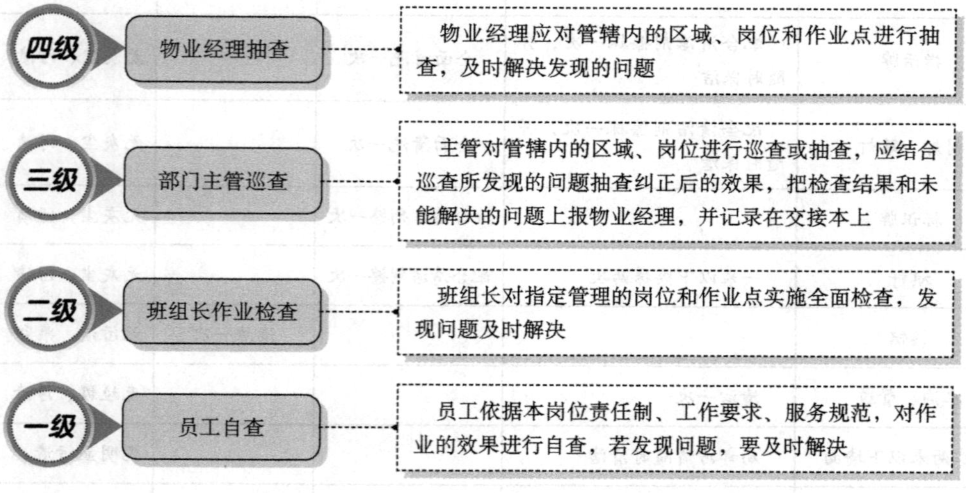
四级
物业经理抽查
物业经理应对管辖内的区域、岗位和作业点进行抽查，及时解决发现的问题
三级
部门主管巡查
主管对管辖内的区域、岗位进行巡查或抽查，应结合巡查所发现的问题抽查纠正后的效果，把检查结果和未能解决的问题上报物业经理，并记录在交接本上
二级
班组长作业检查
班组长对指定管理的岗位和作业点实施全面检查，发现问题及时解决
一级
员工自查
员工依据本岗位责任制、工作要求、服务规范，对作业的效果进行自查，若发现问题，要及时解决

图15-2　保洁质量控制的四级检查制

275 明确检查要求

保洁检查工作的要求如表15-1所示。

表15-1 保洁检查工作的要求

序号	要求	详细说明
1	检查与教育、培训相结合	对于在检查过程中发现的问题，不仅要及时纠正，还要帮助员工分析原因，对员工进行教育、培训，以防类似问题再次发生
2	检查与奖励相结合	物业经理在检查过程中，将检查的记录作为对员工工作表现等进行考核的依据，并依据有关奖惩规定和人事政策，对员工进行奖惩
3	检查与测定、考核相结合	通过检查，测定不同岗位的工作量和物料耗损情况，考核员工在不同时间的作业情况，更合理地利用人力、物力，从而达到提高效率、控制成本的目的
4	检查与改进、提高相结合	通过检查，对所发现的问题进行分析，找出原因、提出措施，从而改进服务质量和提高工作质量

276 记录检查结果

物业经理不能漫无目的地检查，而是要针对各个检查项目，边检查边记录。只有做好记录工作，才能明确保洁工作的完成情况。保洁检查记录表如表15-2所示。

表15-2 保洁检查周记录表

编号： 日期：____年__月__日至____年__月__日

日期 / 检查项目	__月__日	__月__日	__月__日	__月__日	__月__日	__月__日	__月__日

制表人： 审核人：

第二节　物业绿化管理

277　了解绿化管理内容

物业绿化管理主要是指在物业管理区域内进行的各种环境绿化活动，是物业经理日常管理工作的重要内容，其主要内容如下。

1．除杂草、松土、培土

除杂草、松土、培土是养护工作的重要组成部分。经常除杂草，可防止杂草在生长过程中与草坪争水、争肥、争空间而影响草坪的正常生长。

2．排灌、施肥

在对草坪、乔木、灌木进行排灌、施肥时，应根据植物种类、生长期、生长季节、天气情况等的不同有区别地进行，保证水、肥充足且适宜。

3．补植

对于被破坏的草地、乔木和灌木要及时进行补植，清除灌木和花卉的死苗，乔木发现死树时，也要进行及时清理。从而做到乔木、灌木无缺株、死株，绿篱无断层。

4．修剪、造型

根据植物的生长特性和长势，应适时对其进行修剪和造型，以增强其绿化、美化的效果。

5．病虫害防治

病虫害对花、草、树木的危害很大，轻者影响景观，重者导致花、草、树木的死亡，因此，做好病虫害的防治工作是物业经理的重要工作。病虫害的防治工作应以预防为主，平时对绿化植物精心管养，使植物增强抗病虫的能力。

6．绿地的维护

绿地维护应做到绿地完整，花、草、树木不受破坏，绿地不被侵占，绿地版图完整，无在绿地乱摆乱卖、乱停乱放的现象。

7．水池和园路的管理

水池管理要做到保持水面及水池内外清洁，水质良好、水量适度、节约用水，另外要保证池体美观、不漏水，设施完好，及时修复受损的水池及设施。同时要及时清除杂物，定时杀灭蚊子幼虫，定时清洗水池。

8．防旱、防冻

在旱季，根据天气预报和绿地的实际情况，检查花、草、树木的生长情况，做好防旱、抗旱工作。在进行防冻工作时，必须按植物生长规律采取有效的措施，保持花、草、树木的良好生长。

9．防台风、抗台风

在物业绿化的日常管理中，要树立和加强防台风、抗台风的意识，及时做好防台风、抗台风的准备工作。在台风来袭前要加强管理，合理修剪，做好护树工作和其他设施的加固工作，应派专人进行检查，并成立抗风抢险小组。

在接到八级以上台风通知时，主要管理人员要轮流值班，通信设备要24小时开通，人力、机械设备及材料等应随时待命。台风期间，发现树木等设施危及人身安全和影响交通的，要立即予以清理，疏通道路，及时排涝。台风过后要及时进行扶树工作，补好残缺，清除断枝落叶和垃圾，保证绿化带在两天内恢复原状。

10．做好配套工作

在节假日，应按要求配合做好节日的摆花工作，同时增加人员做好节日的保洁和管理工作；草坪、花、灌木等各种苗木应按其生长习性提前进行修剪，保证节日期间的美化效果。

278　制定绿化养护作业标准

物业经理应与绿化部门主管一起制定绿化养护作业标准，对绿化工作进行规范化管理。具体的绿化养护作业标准如表15-3所示。

表15-3　绿化养护作业标准

序号	类别	具体标准
1	草坪	（1）草坪长势良好，枝叶健壮、叶色浓绿，夏季无枯黄叶 （2）无裸露地，覆盖率达 98% （3）杂草率与病虫率均低于 3% （4）细叶结缕草、马尼拉草等细叶草类，高度应保持在 2 ~ 8 厘米 （5）修剪平整、边缘切齐
2	乔、灌木	（1）乔木长势良好，枝条粗壮，叶色浓绿，无枯枝残叶、萌蘖、死株 （2）灌木生长良好，枝繁叶茂，枝条分布均匀，衰老枝及时更新，枝梢不超过上缘线 20 厘米。单株灌木具有一定造型，枝梢不超过整形面 20 厘米 （3）病（虫）株率低于 3%，单株（根、茎、叶、花果）发病（虫）率低于（根茎、叶、花果）3%

（续表）

序号	类别	具体标准
2	乔、灌木	（4）乔木树冠美观，主、侧枝分布均匀，内膛不乱，枝梢不超过树冠上缘线 50 厘米 （5）无粉尘污染现象
3	绿篱	（1）长势良好，无断层、缺株、少株等现象 （2）修剪整齐，上平下直，有造型 （3）无粉尘污染，病（虫）率低于 3%，无枯枝死株 （4）枝梢不超出整形面 20 厘米
4	露地花卉与盆花	（1）幼苗与成株生育良好，成株枝繁叶茂，株型美观 （2）病（虫）率低于 3% （3）花坛内干净，杂草率低于 3% （4）盆花修剪成美观的形状
5	藤本植物	（1）枝蔓生长良好，叶色浓绿，无黄叶 （2）蔓、叶片分布均匀，覆盖率达 70% 以上 （3）病虫率低于 3%

279　制定绿化养护作业标准

绿化养护作业标准如表15-4所示。

表15-4　绿化养护作业标准

序号	作业	具体标准
1	浇水、施肥	（1）植物叶片不萎蔫（不缺水） （2）土壤表层不干旱，根系分布层土壤湿润 （3）浇水时间、方法正确，不浪费水 （4）植物生长正常（不缺肥） （5）施肥时期、方法正确，施肥量适中 （6）肥料保存方法得当
2	病虫害防治	（1）使用农药种类、倍数、方法适当，喷药均匀、周到 （2）喷药后病（虫）率低于 3% 或病（虫）情指数低于 20%
3	修剪	（1）乔木要修剪成冠形，主侧枝分布均匀，内膛不乱，枝梢不超过树冠外缘线 50 厘米 （2）灌木枝条分布均匀，衰老枝及时更新，新梢不超过外缘线 20 厘米 （3）绿篱修剪应达到横平竖直，枝梢不超过整形面 20 厘米

（续表）

序号	作业	具体标准
4	花木整形	(1) 按要求将花木修剪成一定的形状，枝梢不超过整形面 20 厘米 (2) 花木枝条分布均匀，不缺枝、少枝，不空膛、不偏体 (3) 蔓生植物枝蔓要及时牵引上架、绑缚，剪除过密枝蔓，使枝蔓分布均匀
5	防台风	(1) 台风来临前加固植株，使其牢固直立于土壤中 (2) 台风来临前修剪过密的树冠，使树冠保持良好的通透性 (3) 台风过后一日内，清除被台风危害的植物 (4) 台风过后三日内，恢复（补植）被台风危害的绿地植物

280　对绿化工作进行检查

物业经理应经常开展绿化检查，并将检查结果做好记录，对不合规范的行为要及时整改，确保小区的绿化工作完全到位。

第三节　物业外包管理

281　寻找承包商的途径

寻找承包商的途径主要有以下几种。

(1) 向本地区的其他物业公司了解他们用过哪些承包商，承包商的服务如何。

(2) 与现在使用的较高级设备的制造商联系，制造商可以提供其产品的维护和修理服务，也可能会推荐承包商来承接这项服务。

(3) 从指南、名录上查找承包商协会，从中找出符合专业要求的协会，这些协会可提供公司需要的承包商；也可以从电话簿上直接查找承包商，通过初步的电话沟通确定是否需要进一步联系或接触。

(4) 物业经理可以向社会公开发布招标公告或招标书，吸引承包商参与投标，通过招标的方式选择承包商。

282 审查承包商的能力

在审查承包商的能力时，物业经理必须认真考虑以下问题。

（1）承包商是否有足够的人员来支持项目工程？这些人在承包运作和维护工程方面是否有经验？

（2）承包商选择的项目经理的工作经验是否满足项目要求？

（3）承包商是否完全了解每个专业人员的能力水平？

（4）承包商的专业服务是否配套？其服务是否符合公司的要求？承包商是否拥有必要的设备、工具和设施来完成项目？

283 签订外包合同

1. 了解外包合同的类型

外包合同通常的合同类型有年度预防性维护协议、两年以上预防性维护协议和根据服务需要拟订的协议；其他类型还有特殊设备使用频繁的服务和应急服务的协议等。

不论选择哪种类型的服务合同，物业经理都应指定监督人员定期审查承包商的报告，监控承包商的合同履行情况。

2. 明确外包合同的内容

（1）服务内容和责任分工、设备和公用设施

一旦确定了承包商必须提供的具体服务，这些服务必须写入服务合同，作为以后划定各方责任的依据条款。换句话说，合同内容对各方的责任和义务必须有一个确定的解释，例如，由谁负责提供材料、设备和公用设施，哪些费用包括在内，所包括劳务的范围等。

（2）使用合格的外包工程人员

应在合同中规定，现场工作的每个员工证件的性质和员工自身的水平都应达到工程所在地区法规的要求。

（3）日程安排和报告要求

任何承包合同都必须包括基本的维护运作日程表，以及一项按照合同完成维护和运作的报告。另外，承包合同还应包括一张检验单或有关监督人员日常检验的记录表，作为报告要求的一部分。

（4）对合同履行情况的监督

在任何外包合同中，对合同执行情况的监督必须由内部人员负责。虽然这一要求明确合

理，但最好还是在合同中规定监督的性质和范围，以免对方发生纠纷。

3．开展外包合同谈判

在最终签订书面合同之前，应安排好合同谈判事宜。具体来说，在开始洽谈合同之前，必须详细阐明物业公司需要。最好的方法就是将这些要求以书面大纲形式详细列出，以招标建议书或承包服务要求两种形式体现皆可。

不论是哪种情况，主要目的是让承包商完全明了公司的期望，并且，所有这类文件必须包括在最终的合同内，或以附录或其他形式附在合同后面。

4．签订外包合同

完成合同谈判以后，物业经理可以与承包商确定外包事项，就相关条款做出明确规定，并签订外包合同。

284　对承包商进行评价

合同文件是对承包商进行管理的重要依据，物业经理应根据合同文本所规定的内容定期对承包商的工作情况进行总结，并形成评价报告。

第十六章 物业经营管理

导读 >>>

物业经营活动是指物业公司在物业管理工作之外开展的一些具有收益的业务，如租赁业务、广告业务、洗车业务等。通过开展这些业务，既可以为物业辖区内的业主提供方便，又可以为物业公司带来更多收入。

Q先生：A经理，公司有一些经营项目，可以用来增加收入，如租赁代理等。我想加强这方面的管理，尽力增加公司收入，我该怎样入手呢？

A经理：你的想法不错。你要了解每种经营方式的特点，如停车场经营，你可以在停车场开展汽车相关的业务代理，包括驾车培训报名、车检等业务。你必须先熟悉它们，才能做好相关工作。

Q先生：广告经营是增加公司收入的一个好办法，我想加强在广告方面的管理工作，通过广告获取更多收入。

A经理：你说得很对。物业公司可以利用的广告形式有很多，例如停车场广告、电梯广告等。你要了解每种广告形式的特点，根据其特点来开展业务。当然，你要注意，开展广告业务不能损害业主的利益。

第一节　物业租赁代理服务

285　出租/承租业务咨询

当有业主或租户前来客服中心咨询有关房屋租赁事宜时，客服人员应微笑相迎、热情接待。

1．填写意向

如果业主有意出租房屋或租户想租房，可以让其在“房屋出租信息登记表”（见表16-1）或“房屋租赁需求信息登记表”（见表16-2）中填写自己的意向，或者直接登记委托。

表16-1　房屋出租信息登记表

编号：　　　　日期：____年__月__日

序号	业主姓名	联系电话	出租房屋信息							备注
			出租房详细地址	面积（平方米）	布局	楼层	租金（元）	物业管理费	水、电、电视、电话	

制表人：　　　　审核人：

表16-2　房屋租赁需求登记表

编号：　　　　日期：____年__月__日

序号	租户姓名	联系电话	房屋需求信息							备注
			物业类型	面积（平方米）	房型	楼层	最高租金（元）	装修情况	家电、家具	

制表人：　　　　审核人：

客户服务中心应热情接待业主、租户，并为他们提供专业的顾问咨询，为其答疑解惑。客服人员要针对他们关心的问题，如房租的收取、房屋人为损坏的赔偿等问题，提供相应的物业服务。

客服中心在租赁代理工作中的重点，就是尽量避免业主、租户所担心问题的出现，同时及时解决新问题，不断满足他们的需求。

2．查验委托出租的相关证明

凡物业委托出租的业主，须携带该物业的有效证明（原件）、业主的有效身份证明和同住人同意出租的证明材料；委托办理出租的，需出具委托人的书面证明（由公司留存）；若是企业出租，需携带营业执照（商业登记）、法人代表证明书、法人代表委托书等。

3．查验委托承租的相关证明

凡委托承租的客户，须携带本人有效的身份证明或户籍证明；境内企业须携带有效的营业执照副本；境外人士须提供有效的护照或回乡证明，填写需求表并签署有关协议。

286　现场勘察确定价格

现场勘查确定价格的内容包括以下几个方面。

（1）以上手续办理完毕，物业管理人员须与业主、租户约定勘察日期、时间。

（2）在约定时间，物业管理人员到现场对房屋进行勘察（重点勘察确认物业的装修水平和设施配备）。

（3）物业管理人员分别与业主、租户根据租赁价格行情和房屋具体情况协商确定物业租金，并就租赁的各项条件达成协议。

287　开展配对看房工作

配对看房的具体内容如表16-3所示。

表16-3　配对看房

序号	类别	具体内容
1	承租方	（1）物业管理人员应与租户约定上门看房日期、时间，并在约定时间陪租户上门看房 （2）租户应严格守约，准时到出租方业主处看房 （3）租户在看房过程中，因自身原因导致出租房屋设施损坏的，应负所有责任
2	出租方	（1）业主与承租方预约租户上门看房日期、时间，并通知租户详细的房屋地址 （2）业主应严格守约，准时等候租户前来看房 （3）看房过程中，应配合租户看房

288 签订租赁代理合同

如果出租方业主与承租方租户洽商无异议，即可进入签约阶段。

(1) 代理租赁业务人员应认真查阅客户有效身份证件。以企业名义签订合同的，需同时查阅企业营业执照复印件。

(2) 同双方进一步交流，就出租事项中各个细节意见达成一致。

(3) 物业公司人员认真填写合同文本，内容准确，字迹清晰。

(4) 将合同文本交与租赁双方核实并签字，认真解释对方关注的合同条款。

(5) 租赁双方在租赁合同和协议签名（盖章）。

289 收取租赁服务的相关费用

物业公司人员带领租赁双方至客户服务中心交纳相关费用和办理手续。

(1) 向承租方、出租方各收取该出租房一个月的租金作为中介费。

(2) 承租方根据《房屋租赁合同》中的规定，向出租方支付押金（相当于两个月的租金）和租金。

290 交房与验房

交房与验房内容如下所示。

(1) 按《房屋租赁合同》中规定的日期，租赁双方到房屋所在地交验房屋。

(2) 交验内容：装修，家具，家电，水、电、煤气表读数，钥匙和其他。

(3) 交验方式：由物业公司人员陪同承租方到房屋现场，并有出租方在场，进行房屋交验。

(4) 交验手续：物业公司人员、租赁双方填写“房屋交验单”。

(5) 在租赁双方对“房屋交验单”无异议后，出租方向承租方交付房屋钥匙。

291 做好租赁登记台账

物业公司人员在承租人办理完入住手续后，登记“物业租赁与收费情况一览表”（见表16-4）和“待出租物业情况一览表”（见表16-5）。

表16-4　物业租赁与收费情况一览表

编号：　　　　　　　　　　　　　　　　物业公司：

物业类型	合同号	承租方	位置	面积（平方米）	合同起始日	合同终止日	月租金	联系方式	备注	1月	2月	3月	4月	……	12月	小计
代理经租																
代理租赁业务																
合计																

制表人：　　　　　　　　　　　　　　　　审核人：

表16-5　待出租物业情况一览表

编号：　　　　　　　　　　　　　　　　物业公司：

物业类型	位置	面积（平方米）	待租起始日	待租停止日	维修期限	维修费用	备注
代理经租							
代理租赁物业							

制表人：　　　　　　　　　　　　　　　　审核人：

292　固定车位租赁手续办理

1．审核资料

业主携带以下资料及复印件到物业公司申请租用车位，在接受申请时要对其所提供的资料认真审核。

（1）业主行驶证、驾驶证复印件（与原件核对）。

（2）车辆综合保险单复印件（与原件核对）。

（3）购房合同书或产权证明。

（4）业主联系电话，单位地址。

2．确认租赁合同

检查以上资料后，请业主阅读固定车位场地租赁合同书，当业主确定要签合同后，由物业公司经理和业主签订合同，合同一式两份，物业公司、业主各留一份。

3．收取车位使用费、发卡

（1）合同签订后，引导业主到物业公司收费处缴纳车位使用费，通常要求业主一次至少交付三个月的车位使用费。

（2）业主交费后，向其发放车辆出入IC卡。

4．合同的解除

若业主要提前解除车位租赁合同并退款时，由业主提出书面要求，物业公司签署意见，交公司领导批准后，由业主凭发票到公司财务稽核部门办理退款手续，物业公司收回租赁合同及IC卡。

293 非固定车位手续办理

业主带相应的资料（与固定车位租赁的资料相同）到物业公司申请车位租用，查验过资料后，可与其签订车位租赁合同。同时，由收款员向业主收取车位租用费。

第二节 停车场经营

294 汽车精品经营

汽车精品经营的内容包括香水、饰件、钥匙扣、中控锁、防盗器、手机托架、汽车雷达、防爆隔热膜、音响插座、纸巾盒、遮阳板套、杯架套、冰箱、遮阳板、CD袋、多功能架、安全带套、挂袋、靠枕、坐垫、地毯（脚垫）、方向盘套、座套、氧吧、换挡杆套、备胎套、泊车锁等。

另外，收藏车模可以陶冶性情、增长知识，也是一项很好的投资，车模不仅能保值，而且能增值。物业经理可以适当加大对这方面的推广，以取得较多的收入。

295 汽车业务代理

汽车业务代理的内容具体如表16-6所示。

表16-6 汽车业务代理的内容

序号	代理业务	具体操作
1	驾车培训报名	开展业务以后，可积极向小区业主宣传
2	车检、行驶证年检、驾驶证年检	（1）若物业公司暂时不能取得相关资格，则可通过加盟等方式开展此业务 （2）将业主的需求交给有社会信誉的专业代理公司受理
3	车辆大、中修	（1）物业公司与车辆修理店签订协议 （2）物业公司在停车场内设立代理点 （3）向业主进行宣传 （4）车主提出车辆大修或中修的请求 （5）物业公司代理点接受请求 （6）物业公司通知修理店取车 （7）物业公司将车送到修理店 （8）车辆大、中修完毕后将车返回停车场 （9）物业公司将车交车主验收

296 汽车美容及养护业务

汽车美容及养护业务的内容具体如表16-7所示。

表16-7 汽车美容及养护业务的内容

序号	业务	具体内容
1	汽车美容业务	（1）采取加盟连锁形式，邀请相关店铺入驻停车场开展业务，物业公司收取适当租金 （2）在停车场内设立代理点，将承揽的业务交给专业公司受理
2	汽车养护业务	（1）物业公司可以和汽车销售厂商合作，将汽车服务做到业主家门口，使普通养护内容在小区停车场内就可以完成 （2）汽车厂商负责培训物业公司的人员 （3）物业公司对业主的汽车养护服务是免费的，然后按养护的汽车数量从销售商处获取收入

297　汽车装饰及改装业务

汽车装饰及改装业务的内容如表16-8所示。

表16-8　汽车装饰及改装业务的内容

序号	业务	具体内容
1	汽车装饰业务	根据汽车装饰的内容不同，需要投入的资金以及对设施设备和场地要求也不同，对技术水平的要求也不同，其中简单的服务内容可以由物业公司提供，复杂的则需加盟其他专业厂商寻求支持，因此，物业公司最好加盟名店，在经营模式成熟之后再打出自己的品牌
2	汽车改装业务	每个车主都希望自己的车子彰显个性，突出品位，打造独属自己的汽车文化，这就使汽车改装大行其道，但汽车改装专业性强，需要设备、场地等条件，物业公司可采取加盟专业厂商的方式经营

第三节　广告经营

298　停车场广告经营

1．停车场广告的形式

停车场广告的形式如表16-9所示。

表16-9　停车场广告的形式

序号	停车场	广告形式
1	地下停车场	地下停车场的光线较暗，宜采取灯箱广告的形式或采取灯光投射的方式进行广告宣传，需要注意的是应避免光线影响车主的正常驾驶
2	地上停车场	（1）普通的平面广告 （2）将各种广告的内容印制成传单形式向业主们散发 （3）将广告内容编写成精美的画册发放给业主

2．停车场广告的投放位置

停车场广告一般可设置在以下位置。

（1）停车场出入口处。

（2）停车场管理人员岗亭。

（3）直接放置到地面的灯箱。

（4）喷涂在地面的文字及图案。

（5）地下停车场的四周墙壁、天顶、立柱。

（6）在停车场内悬挂气球、灯箱等广告载体。

（7）其他停车场设施设备。

（8）由停车场管理人员散发平面广告。

299 电梯广告经营

电梯广告已经是一种很成熟的物业广告经营方式，在物业管理较为成熟的地区，电梯广告均已进入小区。电梯广告的出现能让乘客在乘梯过程中避免无聊，也能让其通过阅读得到有用的信息。

1．电梯广告的做法

在电梯轿厢的箱壁上悬挂特制镜框，然后在镜框内放入可更换的广告画面。

（1）镜框的厚度越薄越好，以尽量减少所占用的空间。

（2）镜框的边缘切忌锋利，尽量不要有棱角，以免伤人。

（3）镜框安装的位置可放在电梯门之外的另外三面厢壁上，高低以与正常人的视线保持水平为宜。

2．候梯厅广告

有研究机构统计，绝大部分人在等待电梯时，会将注意力放在电梯的楼层显示上。如果在电梯门旁边放置广告，既可让乘客时刻注意电梯是否到来，也可边等待边欣赏广告作品，将是一举多得之举。物业经理应注意到这个商机，利用液晶显示屏进行广告轮播，其形式更新颖，效果也更明显。

3．其他电梯广告形式

（1）在候梯厅和电梯轿厢内播放音像公司的广告作为背景音乐。

（2）将广告宣传单、宣传画册等摆放在候梯厅内，供乘客免费取阅等。

300 屋顶及外墙广告经营

屋顶及外墙广告具体如表16-10所示。

表16-10 屋顶及外墙广告

序号	类别	具体内容
1	操作方法	（1）将所服务的物业屋顶及外墙统一规划成多种广告位，向外招租 （2）借鉴建筑物上各种广告发布的位置、形式、内容等经验
2	诉求对象	以社会受众为主，不以业主为主
3	注意事项	（1）位置设计要保持整体美观，不能影响业主的正常工作与生活 （2）广告位置的设计需要得到业主和城市管理部门等的同意 （3）与广告公司签订合同时，广告位租金要按市场价格逐年调整
4	适用范围	临街物业、商业发达区域的物业、高度有明显优势的物业、附近人流量大的物业、其他可以引人注意的物业

301 厅堂广告经营

厅堂广告的内容如表16-11所示。

表16-11 厅堂广告的内容

序号	类别	摆放位置	内容
1	液晶显示	合适位置放置液晶显示屏	动态广告画面
2	杂志架、广告架	物业管理用房、小区广场、门岗（传达室）、候梯厅	杂志、宣传单（页）、画册
3	壁挂广告	大堂、大厅合适的墙壁上面	广告作品
4	声音媒体广告	前台接待等处设置该音乐作品的代理销售点	背景音乐可选用由声像公司提供的CD音乐
5	物品展示	厅堂合适位置	摆放香水、鲜花、精品商品等

302 宣传栏广告经营

宣传栏广告具体如表16-12所示。

表16-12 宣传栏广告

序号	类别	具体内容
1	宣传栏形式	招贴栏、橱窗、画廊、标语栏
2	广告内容	（1）需要宣传的商品印制成宣传单样式后张贴在宣传栏内 （2）需要宣传的公司印制成宣传单样式张贴在宣传栏内 （3）商场优惠活动宣传 （4）开业公告 （5）书画作品展示
3	注意事项	（1）以社区文化为主，广告与社区文化内容融合 （2）广告内容以方便业主日常生活为主

303 公司形象展示广告经营

公司形象展示广告具体如表16-13所示。

表16-13 公司形象展示广告

序号	形式	具体内容	注意事项
1	艺术雕塑	在小区内树立艺术雕塑，并以投资公司冠名	雕塑要与小区整体风格相协调，公司冠名不可太突兀
2	花、草、树、木	在小区内种植花草树木，可以投资公司冠名	与小区整体环境相协调
3	伞类	在业主随便取用的挡雨遮阳便民伞、出入口的遮阳伞上做广告	与小区整体环境相协调
4	休闲椅	在小区内放置数量不等的休闲椅，在椅子上做广告	商业气息不能太浓，宜采用提示的形式
5	户外健身器材	健身器材的捐赠或广告可向游泳、网球、羽毛球等项目延伸	广告内容和形式要与健身及提示有关
6	户外垃圾桶	垃圾桶身上的广告	广告内容和形式要与清洁及提示有关

304 社区路灯广告经营

小区内有大量的非市政路灯，物业经理可以在路灯杆上发布广告。物业经理应根据路灯杆的形状及周边环境，制作相应的灯箱或其他广告载体，与路灯杆合为一体。

路灯广告投放的注意事项如下：

（1）不能影响路灯的正常功能；

（2）不可产生光污染；

（3）注意安全；

（4）广告载体要小巧玲珑；

（5）艺术性强，要有美感，商业气息不宜过浓。

305 公益性广告经营

公益性广告主要包括路牌和社区示意图。物业经理可以在辖区内安装一批触摸屏设施，介绍小区各种情况、城市旅游信息、当地风土人情，或介绍开发商和物业管理公司情况、房屋和物业管理知识等。

第十七章 物业管理风险防范

导读 >>>

近年来，物业纠纷屡见不鲜，大至人身伤亡、汽车被盗，小到管道堵塞、私搭乱建，这些都可能成为业主向物业公司索赔或拒付物业管理费的理由。因此，物业从业人员必须做好物业管理风险的防范工作。

Q先生：A经理，怎样才能做好物业管理风险的防范工作呢？

A经理：首先，你必须了解物业管理风险的类别和来源，然后，你可以采取一些必要的风险防范对策，例如，认真学习法律、法规，树立良好的公司形象等。

Q先生：那么，面对具体的事件，我又该怎么处理呢？

A经理：物业管理风险分为很多种，如治安管理风险，消防管理风险等，你在日常工作中应当多收集这些方面的成熟案例，通过具体案例学习处理方法。这样，一旦物业公司里发生类似的事情，你就可以从容应对了。

第一节　对物业管理风险的认知

306　物业管理风险的类别

1．项目客观风险

项目客观风险是指物业项目的自然条件（包括地质、水文、气象等）和物业的复杂程度等客观因素给物业管理带来的不确定性。例如，商业街与两个高档住宅区为同一个建设项目，商住合一，商业物业和住宅物业共用一个供水、供电系统等。

2．经营管理风险

经营管理风险是指物业公司在经营过程中因失误或工作疏忽导致的经济损失等风险。

3．人为责任风险

人为责任风险是指由于责任方的不当行为造成财产损失或人身伤害的风险，例如，恶意行为、故意破坏等造成的房屋及设备损坏，不良行为（如乱扔烟头）引发的房屋火灾，疏忽或违规操作造成的电梯等设备失控等。

307　物业管理风险的来源

物业公司的风险按其来源分类，有外部的风险和内部的风险。当然，一些风险同时具备外部和内部的因素，应该进行综合分析。

1．物业管理的外部风险

外部风险主要包括以下内容。

(1) 过度依附于房地产开发单位

很多物业公司虽有独立的法人资格和独立的经营管理团队，但实际在财务、人事和经营决策上等都依附于房地产开发企业，这会造成物业公司的服务目标、服务对象在一定程度上偏离了广大业主。

房地产开发商在项目开发设计时未充分考虑后期物业管理的需要和运行维护成本；在建设过程中未按质量标准施工、安装；分期开发周期过长，部分设施设备交付时间不同步；在个别销售过程中对业主作出不负责任的承诺等，这些问题在一定程度上增加了物业管理的难度和成本。

(2) 各行政主管部门和各相关专业部门服务不及时、不到位

物业公司仅是个经济实体，很多需要行政干预和支持的管理问题还需要相关行政主管部门的帮助。例如，令很多小区物业管理人员头痛的问题中，住宅区内乱搭乱建、违规装修、宠物扰民等，物业公司只能疏导、教育、报告，相关的管理和处理需要行政主管部门的支持。

由于相关法规未细化造成的责任不清、互相推诿、拖延等问题，也会造成物业公司额外的营运成本风险。

(3) 业主的物业服务消费观念不成熟

由于历史原因，物业服务消费存在一个被认识和接受的过程，加上一些媒体对物业管理中存在的问题没有进行全面的分析和公平合理的评价，造成不少业主对物业管理服务存在误解。一些非业主用户滥用业主权利造成物业公司与业主等多方之间的矛盾。很多业主甚至认为，他们交了钱养活了物业公司，物业公司就应该包办一切，甚至业主提出的不合理要求。

业主委员会难成立，或少数业主委员会委员存在不管事、乱管事、谋私利等问题，对物业公司正常工作的开展构成了极大的风险。

减少来自以上外部的风险，物业公司能做的主要是在合同上尽力减少公司的风险。当然还有很多其他种类的外部风险，像各种自然灾害、人为破坏、设备的意外事故等也是企业经常会遇到和应考虑的风险，一般这些风险通过专业的保险公司基本可以转嫁出去，从而减轻企业的压力。

2．物业管理的内部风险

内部风险主要来自以下方面。

(1) 企业领导不重视长期利益，过度追求短期利益所造成的风险

许多物业公司认为物业管理中最重要、最中心、也是最终的目标，是物业管理服务费的高收缴率。这种观念和指导思想错误地引导着物业人员，使他们脱离了服务于业主的本职工作，淡化了提供优质物业服务的工作理念，造成公共卫生不能得到有效维持，设施设备处于“亚健康”状态运行，缺乏常规检查保养，增加了损坏或发生事故的频率，不能提供其他人性化、精细化的服务等问题。如此本末倒置，必将导致服务质量降低、投诉增加等情况，物业费更难收齐，增加了企业的运行成本，甚至加大了业主解除物业服务合同的风险。

(2) 物业从业人员素质偏低带来的风险

物业从业人员素质偏低是一种综合性的风险。首先，在当前的就业环境中，物业行业还不具备吸引高素质人才的基础；其次，物业公司为了控制成本，未考虑长期效益，而不愿意支付高薪来聘请高素质人才；最后，企业聘请人员后未严格按法规和合同的要求，或者按照

服务工作的需要，进行必要的、完善的培训。

由于人员素质未达到要求、违规操作等造成已显现的或隐形的事故，往往让物业公司担当起很大的社会责任风险。

(3) 内部管理不科学、不规范、不全面或制度执行不到位等造成的一系列风险

以上几点是物业公司最常见、最普遍，也是目前众多风险中最容易进行自我控制的内部风险。

第二节　风险的防范对策

308　认真学习法律法规

物业管理行业发展至今日，已成为一个高风险行业，且物业管理行业所面临的风险有不断加大的趋势。物业公司应首先加强企业管理，认真学习贯彻相关法规及配套文件，了解和熟悉法律法规对物业公司有哪些强制性的要求，了解物业公司在物业管理活动中所承担的责任。通过法制化建设，理顺与开发商、业主、业主委员会以及相关职能部门等的关系，依法维护物业管理各方权利人的合法权益，依法规范物业公司行为。

309　依法签订合同

管理规约、委托合同、前期服务协议等详细地规定了物业公司与业主及其他管理主体之间的权利和义务。

在订立物业服务合同时，物业公司务必依法把握细节，明确哪些该做，哪些不该做。特别要注意服务内容要详细，不能笼统和简单。哪些是物业常规服务，哪些是物业特约服务，权利和义务是否对等，企业自身的合法权益在物业服务合同中是否依法得到保护，合同双方的责任是否明确等，都应在合同订立时考虑周全。

企业一定要认真审定合同中的责任条款，它们是评判风险责任的重要依据。例如，物业公司维护小区安全秩序，实际上是承担约定责任，而不是法定责任，因此，物业公司必须增强合同意识，订立物业服务合同时，要把物业公司应尽的安全防范义务明确载入合同。

对于安全责任问题，在不违反法律法规和相关政策的前提下，最好实行菜单式服务，由业主与物业公司双方协商、具体约定，而且约定得越明确越好。只有在合同中对物业公司的

安全防范责任做出明确、具体的约定，才能有效地规避物业公司在安全责任上承担的风险。

310 积极宣传相关法律法规

物业公司服务的对象是广大业主，要想让广大业主支持和理解物业公司的工作，就要肩负起大力宣传《物业管理条例》及相关物业管理法律法规的责任。

物业公司应利用一切条件和机会，广泛、耐心地向业主们宣传《物业管理条例》精神，使其深入人心，家喻户晓。这样才能使物业公司与业主共同按照《物业管理条例》的规定行事，规避可能出现的风险。

311 加强公司内部管理

物业经理要抓制度建设、抓员工素质和抓管理落实，建立健全并严格执行物业公司内部管理的各项规章制度和岗位责任制，不断提高员工服务意识、服务技能和风险防范意识。通过机制创新、管理创新和科技创新改进经营管理方式，提高管理水平和效率，降低运营成本，增强企业自身的市场竞争能力和抵御风险能力。管理中要特别注意对事故隐患的排除，在服务区域的关键位置设立必要的提示和警示标牌，尽可能避免意外事件的发生。

目前的现实情况是：许多物业公司内部管理制度很齐全、很细致，但有的制度制定者未充分考虑操作的可行性，造成员工面对制度要求无能为力的局面；而有的制度适宜性很好，却因为没有后期强有力的执行，而没有获得很好的效果，使一些完善的管理制度成为纸上空文、墙上摆设。

要解决因内部管理带来的风险，目前有一个很好的办法，那就是参照推行ISO9001质量标准体系要求，结合企业内外部的实际情况，建立系统、适宜、简单明快、高效、持续改进的管理制度，然后从企业最高领导到企业所有一线员工，全员坚决贯彻执行。如果在一段时期后执行仍有困难，经过认真研究、分析、调整后还不能有效解决，宁可降低执行标准，也不能让制度成为摆设。

312 妥善处理与各主体的关系

1. 妥善处理与业主的关系

物业公司在向业主提供规范、到位、满意服务的同时，也应通过业主公约、宣传栏等形式向业主广泛宣传物业管理的相关政策，帮助业主树立正确的物业管理责任意识、消费意识和合同意识，使他们既行使好权利，又承担相应的义务。

2．妥善处理与开发建设单位的关系

物业公司可通过加强早期介入，帮助建设单位完善物业项目设计，提高工程质量，节约建设资金等，努力引导建设单位正确认识物业管理活动。

3．妥善处理与市政单位及专业公司的关系

按照《物业管理条例》第四十五条的规定，在物业辖区内，供水、供电、供气、供热、通信、有线电视等单位应当向最终用户收取有关费用。物业公司应当按此规定，与有关单位分清责任，各司其职。对分包某项专业服务的清洁、绿化等专业公司，要认真选聘，严格要求，并在分包合同中明确双方的责任。

4．妥善处理与政府主管部门、街道办事处和居委会的关系

物业公司应积极配合各级政府主管部门的工作，主动接受政府主管部门、街道办事处、居委会对物业服务工作的指导和监督。

313 树立良好的公司形象

物业公司应重视企业的宣传，建立舆论宣传平台，树立企业良好的形象。要与政府主管部门、行业协会、业主大会和新闻媒体等建立良好的沟通与协调机制。在风险与危机发生后，应当从容应对，及时、妥善处理，并做好相关协调工作，争取舆论支持，最大限度地降低企业的经济和名誉损失。

314 引入风险分担机制

物业管理行业具有公众服务的特点，各种潜在的风险客观存在。因此，物业公司有必要购买物业管理保险，以减少物业管理中的风险和损失。例如，为所辖物业的公共设施设备购买保险，若发生楼宇外墙皮脱落伤及行人或砸坏车辆等意外事件，保险公司将承担相应赔偿责任。

第十八章　社区文化管理

导读 >>>

作为小区物业管理工作的负责人，物业经理应该积极组织社区文化活动，提高社区文化活力，同时促进物业公司与小区住户的良性互动，使双方建立良好的合作关系，共同创造一个和谐的小区环境。

Q先生：A经理，想让小区气氛活跃起来，我应该从哪里着手呢？

A经理：你的想法很好，这涉及社区文化管理。社区文化包括很多方面，如环境文化、行为文化等，每个方面都需要你去了解。同时，这也涉及很多主体，如各个业主、业主委员会、开发商，还有物业公司自身。你要协调好这些主体之间的关系。

Q先生：文化活动是社区文化管理的一个重要手段。我该怎样开展社区文化活动呢？

A经理：你可以设立文化活动管理机构，选择合适的活动形式，如仪式活动、咨询活动等。你要掌握社区文化活动的要点，如老少结合、大小结合，充分激发社区业主的活动热情，然后制定相关活动方案，开展具体活动。

第一节　社区文化活动的前期准备

315　设立活动管理机构

为了更好地实施社区文化建设，物业经理可以设置一个专门的部门——社区文化部，由其负责策划、组织、实施一系列有针对性的文化活动。同时，该部门还要承担新闻宣传、文体活动场所和设施的管理维修等工作。社区文化部通常应配备宣传、文艺、体育、美工和文秘等相关工作人员。

社区文化活动的组织机构可大可小，主要是依据社区文化活动的多少而定。社区规模大、活动多且坚持常年活动的，可设常设机构；反之，可设兼职机构。

1．常设机构

如果是社区文化活动常设机构，则工作人员的配备应根据物业管理区域规模和业主需求等实际情况而定，专职人员通常为1～3名；必要时，也可聘请一些兼职人员，最好是本社区业主或业主委员会中的热心人士。

2．兼职机构

如果社区规模不大，则只需设立兼职机构。兼职机构除了固定的1～3名兼职人员外，也可以聘请几名本社区业主或业主委员会中的热心人士兼职。

316　了解常见活动形式

社区文化活动应该百花齐放，满足不同层次业主的兴趣爱好，兼顾不同类型的文化品位。这就要求物业经理充分做好社区文化调查工作，真正摸清业主在想什么，希望得到什么样的文化服务，愿意参加怎样的社区文化活动等。

物业公司可依托丰富的社会资源，对各方面的客户资源进行整合与利用。如与专业旅行社合作组织夏令营、特色旅游；与美容机构合作举办女性护肤养肤知识讲座；与健身机构合办健身训练等。同时，对于某些在专业上无法直接进行合作的单位，可由其以赞助、协办的形式介入社区活动，以节约社区文化建设经费。

社区活动可采取的形式如表18-1所示。

表18-1　社区文化活动可采取的形式

活动形式	举例
仪式活动	入伙揭幕仪式、欢迎入住仪式、国庆升旗仪式等
常规文体活动	棋类、牌类、球类、健身、健美、钓鱼、园艺、茶艺等
大型文体活动	艺术节、运动会、文艺晚会等
生日活动	儿童生日、老人生日等
郊游活动	野外踏青、花展观赏等
节日活动	六一儿童节绘画比赛、中秋节晚会、九九重阳节登高等
讲座活动	养生保健讲座、美容美发讲座、证券买卖讲座、家居美化讲座、消防安全讲座、智能化建筑讲座等
沙龙活动	音乐欣赏、舞蹈表演等
培训活动	计算机、书画、交谊舞、游泳等培训班
公益活动	义诊、义卖、助残、助贫、助学等

317　把握活动开展要点

1．老少结合

老少结合是指社区文化活动应该抓住老人与儿童这两个大的群体，通过他们，可以带动中青年人参与社区文化活动，原因主要有以下几个方面。

（1）社区成员中老人与儿童所占比例较高，在很多住宅小区，其比例占总人口的一半以上，这一群体自然应受到关注和重视。

（2）参与社区文化活动必须有充裕的时间。现代都市节奏加快，迫于竞争压力和生存需求，中青年人的大部分时间都用于工作和围绕工作所进行的学习、交往上，没有太多时间和精力参与社区文化活动；相反，老人和孩子时间比较宽裕。特别是老人，他们除了日常家务，有充足的时间参与社区活动。

（3）参与社区文化活动必须有强烈的需求。中青年人当然也有一定的需求，但他们被繁杂的事务所限制，需求成了深层次的期盼；而老人和孩子的需求是直接的、显在的，只要有环境，就可以实现。

（4）社区是老人和孩子满足文化需求的最主要的场所，他们的文化活动更具有区域性，他们对本区域的关注和依赖远胜过中青年人。中青年人更愿意参与本区域以外的文化活动，音乐厅、舞厅、咖啡屋等可能是其主要活动场所。

2．大小结合

“大”是指大型的社区文化活动，需精心策划与组织，参与人数众多，影响面广，如体育节、艺术节、文艺汇演、入住仪式、社区周年庆等。

“小”是指小型的社区文化活动，是指那些常规的、每日每周都可以开展的，又有一定的组织安排的社区文化活动，如每日的晨练、休闲、娱乐等。

在组织文化活动时，大型活动和小型活动要合理搭配，合理安排，大型活动不能没有，也不能过于频繁。大型活动以2～3个月开展一次为宜。小型活动要经常性开展，而且涉及面可以广一些，琴棋书画、天文地理、娱乐游戏、吹拉弹唱等都可以形成兴趣小组。组织小型活动时要充分利用已有资源，尽可能地节约开支，并且注意不要扰民。

3．雅俗共赏

雅俗共赏是指社区文化活动应当注重社区成员不同层面的需求，高雅与平凡同在，崇高与优美并存。通俗的活动如家庭卡拉OK比赛、舞蹈表演等，高雅的活动如组织交响音乐会、旅游、书画珍藏品展、编队舞等。

当然，社区文化之雅也不能曲高和寡，那样会失去群众基础；俗也不可以俗不可耐，那样会导致社区文化的畸形发育。所以，社区文化的开展一定要做到雅俗共赏，火候适当。

4．远近结合

“远”是指组织开展社区文化活动要有超前的意识，要有发展的眼光，要有整体的目标；“近”是指要有短期周密的安排、落实和检查。

社区文化活动要有长远的规划，对社区文化开展的效果等要进行预测分析。在此基础上的短期安排也非常重要，每一次大型活动事先都要有计划，事后都要有分析。只有对社区文化活动的开展过程进行有效的控制，才能真正做到切实可行、行之有效。

318　掌握活动问题解决方法

1．单纯接受多，双向交流少

物业经理往往以包办者的姿态组织和控制整个活动过程，参与的业主仅仅是被动地接受，缺乏反馈与交流细节。

解决方法：在小区内组织一支文化活动骨干队伍，在开展活动前以问卷调查或随机抽查的方式询问业主开展活动内容的意愿；在每个活动结束后，除必须做好活动效果记录外，还可以座谈会等形式征求业主对活动内容、组织、方式等的看法与想法。

2．个体活动多，群体参与少

物业公司组织的活动缺少让业主广泛参与的基础，即选择的活动内容仅使少部分业主有兴趣、有能力参与，使得活动无法广泛、深入、持久地开展，无法形成良好的规模效应。

解决方法：在组织活动时除开展必要的“阳春白雪”活动以提高小区业主的综合素质外，还应开展一些有深厚群众基础的“下里巴人”活动，让广大业主有兴趣、有能力参与；同时，还可组织部分业主培训活动，培养他们的兴趣与能力。

3．被动欣赏多，主动创造少

文化活动以“外来和尚主持”为主，业主仅停留在被动欣赏层面，主观能动性无法被有效调动起来，使得活动无法形成特色。

解决方法：物业经理应尽可能挖掘业主中间的能人参与组织活动，如文艺工作者、体育工作者、文体活动爱好者、文化活动热心人等，让他们出主意想办法，让他们登台献技献艺，这样，社区文化活动就有了广泛的群众基础，业主的主观能动性就会被有效调动，形成小区自有的特色。

对于业主中间的能人物业经理平时要留心多沟通，并对其情况作详细记录，如表18-2所示。

表18-2 公司管理辖区业主文体特长登记表

编号： 物业公司名称：

序号	姓名	性别	年龄	学历	职业	专业	特长	电话	地址	日期	备注

制表人： 审核人：

319 开展活动需求调研

需求调研是策划的第一步，即先了解所辖物业区域内业主对社区文化活动的需求。社区文化活动的需求调研可以利用业主调查问卷等办法来进行。

【经典范本 13】社区文化活动问卷调查表

社区文化活动问卷调查表

1. 您的性别：□男 □女

2. 您的年龄：□18～25岁 □26～35岁 □36～45岁 □46～55岁 □55岁以上

3. 您的文化程度：□本科以上 □大、中专 □高中 □初中

4. 您的职业：□工人、初级职员 □政府机关公务人员 □外资或合资企业的高级职员 □国有企业的高级职员 □私营企业的高级职员 □独立商人 □其他

5. 您的家庭情况：□三口之家 □两口之家 □家庭成员多 □单身

6. 您对报栏和公告栏的信息：□非常注意 □很少留意 □从不留意

7. 您认为小区报栏和公告栏的数量：□多 □少 □刚好

8. 您认为小区的活动室应该有：□露天的 □室内的 □两者都有 □两者都不要

9. 您认为小区应该有：□花店 □书店 □邮局、银行代理处 □其他活动中心 □不需要

10. 您希望的社区文化活动应该以谁为主：□少年 □老年 □青年 □三者都要

11. 下面这些社区文化活动哪些您愿意参加或愿意您的家人参加？

（1）培训类：□音乐 □书法 □绘画 □舞蹈 □太极拳 □气功 □计算机 □游泳 □健美 □烹饪

（2）比赛类：□篮球 □羽毛球 □乒乓球 □桌球 □门球 □棋牌类 □卡拉OK □全家趣味比赛类 □演讲类

（3）公益类：□少儿家教 □露天舞会 □社区服务 □假期活动（集体购物、旅游等） □参加各种协会（互助会、舞协等）

（4）社会性公共活动：□各种咨询讲座 □评选最佳住户、最佳社区服务员等活动

调查时间：____年__月__日

第二节　社区文化活动的开展与实施

320　进行活动总体构思

通过对社区文化活动进行需求分析，物业经理应结合本物业的实际情况，对社区文化活动进行总体构思，做好初步的策划。总体构思包括目标、原则、文化背景分析、方式方法构想、活动主题构想等。

321　制定详细的活动方案

1．方案的主要内容

在进行有效调查之后，物业经理应针对具体项目制定活动的实施方案，通常方案编制应考虑时间、地点、主题、形式、活动参与对象、活动邀请对象、活动组织安排、活动后勤保障、活动费用测算、活动费用来源及其他相关事宜。

2．影响方案的相关因素

制定社区文化活动方案所涉及的因素很多，具体如表18-3所示。

表18-3　影响方案的相关因素

因素	具体措施
人员配备	可在物业公司下设置社区文化专员，主要负责社区文化活动的开展和环境文化建设，包括： （1）社区文化专员采用专职和兼职相结合的方式以适应社区规模的不同，主管负责整个社区的社区文化活动，包括策划、实施和监督，如大型文体活动、编辑月报、接待来访等； （2）客户助理参与协助工作； （3）也可聘请部分热心业主（5～7人）共同组成社区文化活动组织小组的基本成员
活动场地	（1）物业公司可划出一间办公室作为社区文化活动小组的日常办公地点和联络场所 （2）社区内规划出的户外活动场地，可作为活动开展的主要地点 （3）社区中心广场作为活动开展的主会场 （4）大型或特大型活动可借助社区内或附近中小学的操场或教室举行 （5）社区内开辟的科技馆、图书馆（室）也是学习交流的极佳场所 （6）体现报栏、宣传栏功用，利用报栏、宣传栏发布活动信息

（续表）

因素	具体措施
经费来源	（1）物业公司出资或物业公司拨出专项经费 （2）如图书馆、科技馆等酌情收费 （3）寻求个人或企业赞助 （4）活动受益人自筹资金
相关规范	社区文化活动能否正常有序地开展，还要有一套行之有效的运行规范，在活动策划时应充分考虑到运行规范，最好边进行活动策划，边建立和完善相关规范

以下是某物业经理策划的“六·一”儿童节文化活动方案，请结合本物业实际参考使用。

【实用案例】

“六·一”儿童节文化活动方案

在“六·一”国际儿童节来临之际，为了让小区儿童过一个快乐、祥和的“六·一”国际儿童节，经物业公司研究决定，在本小区举行儿童节庆祝活动，欢迎各位业主带领自己的孩子积极参与。

一、活动场地

小区文化活动中心广场。

二、活动经费

从管理费中支取，赞助商提供道具、礼品，费用明细如下表所示。

活动经费明细表

序号	项目明细	数量	单价	费用	负责人	需求支持

三、活动时间

6月1日下午3：00～6：00。

四、活动项目及规则

1. 猜谜语：每人可以猜三条，每猜中一条获奖券一张。

2. 绕口令：抽号进行，每人读绕口令一次，凡能准确、流利、不停顿读完绕口令者，获奖券一张。

3. 吹蜡烛：每人吹一次，凡一口气吹灭十支蜡烛者，获奖券一张。

4. 摸鹿鼻子：每人摸一次，蒙上眼睛转三圈，凡摸到鹿鼻子的，可获奖券一张。

5. 打保龄球：每人打三次，凡在十米距离内打中目标者，获奖券一张。

6. 盲人击鼓：每人击一次，蒙上眼睛转三圈，凡击中鼓者，获奖券一张。

7. 钓鱼：每人钓一分钟，钓到三条者，获奖券一张，钓到六条者获奖券两张，依此类推。

8. 夹乒乓球：每人夹一分钟，一分钟内夹完20个乒乓球者，获奖券一张；夹完40个乒乓球者，获奖券两张。

9. 套圈：每人套五次，套中两个者，获奖券一张；套中四个者，获奖券两张；套中五个者，获奖券三张。

10. 飞镖：每人投三支，在规定位置内每投中一支，获奖券一张。

11. 抢说运动：项目主持人准备好一个篮球。参赛者两人一组。两人互相传球。一人在传球时必须先说出一个运动项目名称（如滑冰），另一个人在接球时必须马上说出另一个运动项目名称。在一分钟内，谁说出的运动项目多，谁即得奖。

12. 运用爆破音吹蜡烛：主持人准备好若干道问题，点燃六支蜡烛。主持人提出一个问题，参赛者需用回答问题时的气息吹灭蜡烛，成功吹灭即可得奖。如主持人问："有兔子在草地上你会怎么做？"回答者用回答"扑过去"时发"扑"音所喷出的气息来吹灭蜡烛。

322 动员积极分子参与

活动前做好小区居民的宣传动员工作，特别是动员一些积极分子进行活动前的排练和预演，以提高社区居民的参与热情。物业经理平时就要了解住户中有哪些积极分子，多与他们进行沟通，征求他们对社区文化活动的意见，邀请他们参与策划、组织和实施各类活动，并为积极分子建立名单，如表18-4所示。

表18-4 社区文化积极分子名单

编号：

序号	姓名	爱好或特长	住址	联系电话	备注

制表人： 审核人：

323 发布活动通知

开展社区活动必须让所有人知晓，可以在公告栏上以通知或者邀请函的形式发布，通知的写法请参考其他章节的内容。下面是活动通知的范本，仅供参考。

【经典范本 14】社区活动通知

社区活动通知

尊敬的各位业主/住户：

迎中秋，庆国庆！在这万家团圆、举国欢庆的日子来临之际，物业公司将组织一场丰富多彩的“迎双节”社区大型文化文艺汇演活动，同时将组织猜谜、钓鱼、套圈、蒙眼敲锣等内容丰富、益智娱乐的参与项目，并有大量精美的奖品赠送，望各位业主/住户踊跃参加。

活动时间：____年__月__日下午6：30开始。

地点：__________________广场。

××物业管理有限公司

____年__月__日

324 控制好活动现场

社区活动现场控制的内容有如下几个方面。

（1）保安员要维护现场秩序，确保活动现场的安全。

（2）要营造良好的活动气氛，尤其是一些重大的节日活动，要事先进行现场布置，用装饰物营造出活跃热闹的现场氛围。

（3）活动时要组织相关人员进行现场报道，对活动过程进行影像资料保存，现场进行一些必要的居民观众采访，收集报道素材。

325 做好活动记录工作

社区文化活动结束后，物业经理要及时组织人员对活动现场进行清理，填写“社区活动记录表”（见表18-5），并对活动进行总结。

表18-5 社区活动记录表

编号：　　　　日期：____年__月__日

主办单位：	
参与者：	
时间：	场所：
活动主题：	
活动内容概况：	
活动经验总结：	

制表人：　　　　审核人：

326 撰写活动总结报告

物业经理可以就一次活动进行总结，也可以就阶段性活动进行总结（如一个月内的活动）。总结时可以参考每次活动的记录表及相关影像资料进行。

第十九章 创优达标管理

导读 >>>

创优达标是指物业公司推选合适的管理项目，参加由政府行业主管部门组织的对管理项目整体形象、综合管理及全面服务工作的综合考评验收。参与创优达标有利于提高物业公司的管理水平，因此，物业经理必须认真做好创优达标的管理工作。

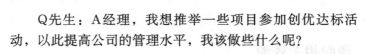

Q先生：A经理，我想推举一些项目参加创优达标活动，以此提高公司的管理水平，我该做些什么呢？

A经理：你的想法很好。你要仔细选择参评项目，调配相关资源，然后进行项目申报和内部初评，对初评过程中发现的缺陷一定要及时整改，以免在之后的检验中再出现漏洞。你需要准备好迎检资料，同时动员全体员工一起参与到活动中来。最后，你还要带领公司人员全力做好接待工作。

Q先生：A经理，我知道创优达标不是接待完了就没事了，还必须巩固创优达标的成果，那么究竟该怎样巩固呢？

A经理：创优达标成果的巩固也同样重要，你要使管理活动规范化，开展质量评定工作，这项工作包括内部评定和外部评定两个方面。当然，你还要参与和配合复检工作，确保创优达标工作圆满完成。

第一节 创优达标的准备

327 选择参评项目

一般来说，选择参评项目时主要考虑以下几个方面的因素。

（1）委托方的要求。如果委托物业管理合同中约定了创优达标项目且项目自身条件符合申报要求，就必须进行创优达标考核。

（2）企业规范管理、提升品牌的自身要求。如果物业公司希望通过参加创优达标提升管理水平、提高企业知名度，就应选择合适的项目参与创优考评。

（3）企业在管项目中如有基础条件好、符合申报条件的项目，应积极参加创优考评活动。

物业经理要把创优活动当作物业公司上台阶、提高管理水平的重要手段之一；树立管理服务的长远目标；通过推行标准化的管理服务手段，不断增强公司的核心竞争力。

328 调配相关资源

企业要达到预定的创优目标，必须配备相应的资源，包括组织资源、人力资源、财力资源、物资资源等。要做好调配资源工作必须注意表19-1所示的要点。

表19-1 调配资源工作的要点

序号	注意要点	具体要求
1	领导重视	主要领导应在创优的各个阶段予以高度重视，并要求相关部门负责人经常到参评项目现场检查、指导，确保创优工作按计划进行
2	组织保证	企业应成立由公司领导、相关部门负责人和创优项目负责人共同参加的创优领导小组；并指定一个部门作为创优主要责任部门。针对各参评项目，也应相应建立以负责人为首的创优工作小组，明确分工，责任到人
3	员工培训	创优达标几乎涉及参评项目管理服务工作的全部内容，因此必须对员工进行培训，让每位员工都清楚创优的目的和意义，明确创优达标的任务和要求，了解考评标准的内容及本人在创优工作中担任的角色

（续表）

序号	注意要点	具体要求
4	激励机制	可采用相应的激励机制，如把创优工作成果与员工职位升迁和奖金挂钩等。尤其是进入项目初评阶段后，要把整改的项目落实到责任部门和负责人，对整改时间、整改效果也要做出明确规定并进行控制

329 进行创优项目申报

创优项目的申报过程中一定要注意表19-2所示的事项。

表19-2 申报过程中应注意的事项

序号	注意事项	具体内容
1	注意收集申报信息	一般情况下，政府行业主管部门会在每年年初就当年的创优考评工作发布通知。物业公司可根据通知要求进行申报，并主动与政府行业主管部门取得联系，了解当年考评工作的安排，以免因信息不对称而漏报
2	填写、呈送申报表	物业公司确定参评项目后，应到行业主管部门领取申报表，按照规定时限填好申报表并送到指定的接收部门
3	跟踪申报结果	政府行业主管部门收到创优申请之后，在组织检查考评之前会对企业及申报项目的资格进行审查，确认参评资格，企业应注意跟踪资格确认结果
4	逐级申报	企业的申报程序是由低级向高级进行的。一般来说，应从区优起步，每通过一级考评验收后，再申请参加高一个级别的达标考评

330 创优项目内部初评

在确定创优项目之后，物业公司应当立即组织相关部门和人员对申评项目进行全方位的综合检查，对创优项目进行初次评定。初评应该有计划进行，内部初评时应明确表19-3所示的要点。

表19-3 内部初评的工作要点

序号	工作事项	具体要求
1	选用初评标准	内部检查考评应参照新颁布的国家示范小区标准，同时结合本公司的检查标准进行

（续表）

序号	工作事项	具体要求
2	明确牵头部门	由牵头部门负责组织初评的实施，包括检查评估的时间、参加考评的人员、检查的内容、顺序、考评结果的汇总等
3	选定检查人员	为了保证内部初评的质量，应从各部门选抽知识和经验丰富的人员参加检查
4	细致分组检查	一般分为软件组（文件、资料、档案、培训等）、环境组、设备组（强电、弱电、电梯、锅炉等）和财务组。分组遵循细致分工、宁重不漏的原则
5	参评项目配合	受检单位应组织人员引导和陪同检查组进行检查，并认真做好记录
6	提出整改方案	现场检查结束后，应以会议的形式，由各检查小组汇报检查中所发现的问题，分析问题出现的原因，提出整改意见；由初评牵头部门汇总初评意见并形成书面报告，提交给公司领导并发放给各受检部门

331　创优项目缺陷整改

在项目初评过程中，检查人员会发现一些项目存在的缺陷，对这些缺陷要及时进行整改。在整改过程中应考虑表19-4所示的事项。

表19-4　整改过程中应考虑的事项

序号	工作事项	具体要求
1	整改效果	应将整改效果与检查标准联系起来综合考虑，一般可分三种，分别是完全整改、部分整改和无效整改。整改效果是缺陷整改前和提出整改方案时必须考虑的首要问题
2	整改时间	应考虑整改所需的时间，并尽量精确估计检查考评时间，使整改在适当的时间开始和结束，以便达到事半功倍的效果
3	整改技术	（1）对企业有能力解决的问题和无法解决的问题应及早进行分析、确认 （2）在计划安排上，应先将自身无法解决的问题委外解决 （3）在整改过程中应注意控制成本、质量和工期
4	二次自查	（1）整改工作要分清轻重缓急，有序展开 （2）由于不同项目整改工期的不同，各责任部门和责任人都必须按时完成并保证质量 （3）单项整改完成后，验收小组应进行验收 （4）全部整改项目基本完成时，企业应再次组织内部检查考评

332 创优项目的软件准备

创优过程中的软件准备主要是迎检资料的准备，即将考评标准的全部内容转化成相关主题的资料。创优资料的整理主要包括以下内容。

（1）项目产权资料。

（2）竣工验收资料。

（3）图纸移交资料。

（4）管理公司成立登记资料。

（5）业主委员会成立与活动资料。

（6）公众管理制度。

（7）所有内部管理标准作业规程。

（8）所有内部管理的日常质量记录。

（9）员工绩效考评结果记录。

（10）所有的住户投诉记录。

（11）所有的住户回访记录。

（12）所有的住户报修记录。

（13）所有的住户意见征集记录。

（14）所有的物业公司对外通知和通知记录。

（15）财务损益表。

（16）所有的对外委托合同书。

（17）所有的员工培训记录。

（18）所有的员工岗位、职称证书，员工档案。

（19）小区业主档案。

（20）所有的住户装修管理档案。

（21）政府相关部门出具的无治安案件、火灾事故证明书。

（22）所有的社区文化活动记录。

（23）所有的电梯年检、二次供水检疫、卫生消杀检疫证书。

（24）所有的标志复印件。

（25）所有的多种经营的资料。

（26）政府、住户、上级公司、外界对物业公司工作的评价资料以及其他应提供的资料和记录等。

所有资料应充分体现物业公司完整、规范的管理与服务，并且创优活动已得到业主委员会的支持和配合，大多数业主均知晓和理解此事。

333　创优项目的硬件准备

硬件是软件运行的环境，包括楼宇建筑及配套设施设备等。要想开展创优达标工作，硬件必须达到以下要求。

（1）项目外观要完好、整洁。

（2）楼宇内部整洁、有序、安全，无违反装修管理和消防管理法规的乱搭、乱建、乱改等违章行为。

（3）设施设备的维护、使用、管理制度完善。各类公共设施设备应保持良好的工作状态。

（4）机房环境和设备表面维护管理应做到整洁、干燥、无灰尘、无锈迹、无脱漆、无虫害、无鼠害。

（5）消防系统配置齐全，标志清楚完善，消防疏散通道畅通。

（6）二次供水系统、水池、水箱的清洁、消毒措施以及煤气管道、电梯等设施设备的安全防护措施一定要到位。

（7）无卫生死角。

（8）环境绿化美化效果好。

（9）公共防护设施完好齐整，治安、交通标志齐备，设备先进完善。

334　动员全员参与

创优准备是一项复杂的工作，要求参评项目负责人在整个整改、完善的过程中，充分发挥其领导才能及沟通协调能力，动员所有员工自觉地参与准备工作。为了达到预期的目标，项目负责人则应达到图19-1所示的要求。

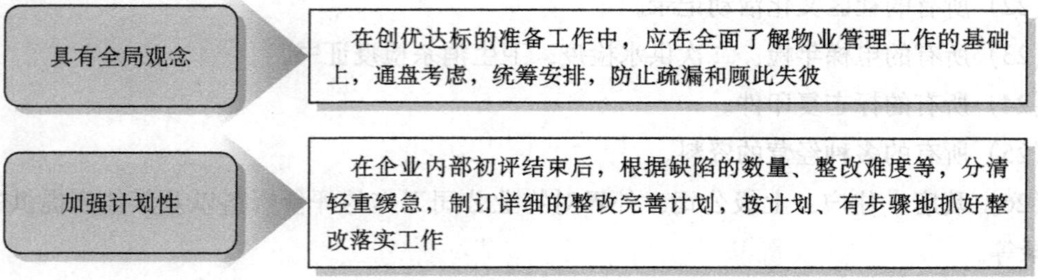
具有全局观念
在创优达标的准备工作中，应在全面了解物业管理工作的基础上，通盘考虑，统筹安排，防止疏漏和顾此失彼
加强计划性
在企业内部初评结束后，根据缺陷的数量、整改难度等，分清轻重缓急，制订详细的整改完善计划，按计划、有步骤地抓好整改落实工作

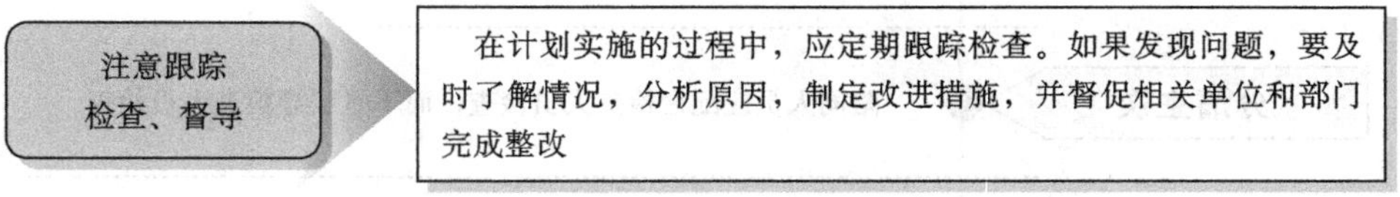
注意跟踪
检查、督导
在计划实施的过程中，应定期跟踪检查。如果发现问题，要及时了解情况，分析原因，制定改进措施，并督促相关单位和部门完成整改

图19-1 创优准备的要求

335 迎接考评组

接到考评准确时间的通知后，物业经理应率领相关人员提前到达考评现场迎候考评组，具体要求如下。

（1）全体受检人员要分工种统一着装，佩戴工作证，仪容端庄，精神饱满。

（2）接待、汇报现场的布置要做到整洁、明亮、宽敞、舒适，能够烘托出创优的氛围。

（3）考评组到达后，接待要热情，服务要周到。

336 开展汇报工作

汇报工作包括落实汇报人员、提供汇报材料等。

1．口头汇报

口头汇报通常由项目主要负责人进行。负责口头汇报的人员要十分熟悉项目的管理运作情况和创优的全过程。汇报时要语言流畅、条理清楚、突出重点、控制好时间。切忌照本宣科或吞吞吐吐。

2．提供汇报资料

提供的汇报资料一般包括项目创优工作情况的汇报材料、创优方案、创优达标资料总目录等，一式10～15份为宜。另外，制作装订要精致、美观，内容要实在、精练、准确，排版要规范，印刷要清晰。

337 进行现场陪同

现场陪同是指物业公司为保证检查工作顺利进行，而安排管理和技术人员陪同、引领、配合考评组进行现场考评。现场陪同的三大要点如图19-2所示。

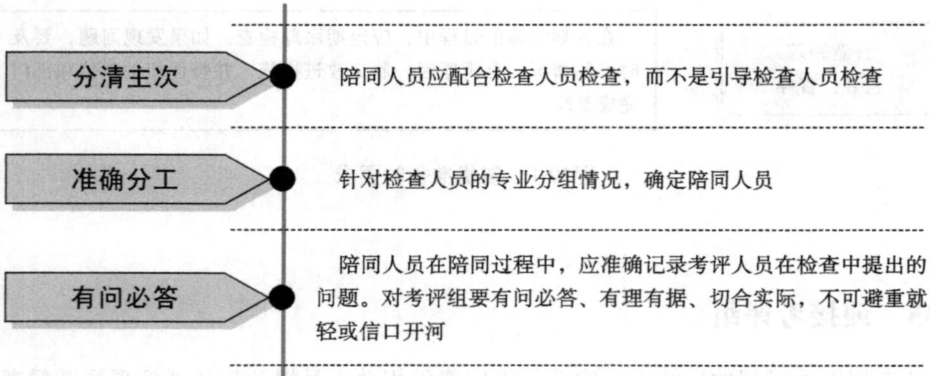
分清主次
陪同人员应配合检查人员检查，而不是引导检查人员检查
准确分工
针对检查人员的专业分组情况，确定陪同人员
有问必答
陪同人员在陪同过程中，应准确记录考评人员在检查中提出的问题。对考评组要有问必答、有理有据、切合实际，不可避重就轻或信口开河

图19-2　现场陪同的三大要点

338　汇总考评情况

一般情况下，现场检查结束后，考评组要向受检单位通报考评情况并提出希望和要求。此时，物业经理应安排人员进行记录。对考评人员指出的问题，必要时可适当进行解释；同时要明确表态，对考评组指出的问题提出具体的整改措施和完成整改的时限。

第二节　创优达标成果的巩固

339　推动管理活动规范化

物业经理要建立和完善自检功能，首先必须对管理服务活动进行细分，并有针对性地制定出每一项服务活动的内容规范、服务规范和质量控制规范。管理活动规范化要求如表19-5所示。

表19-5　管理活动规范化要求

序号	规范分类	具体要求
1	内容规范	规定服务内容以及服务应达到的标准和要求，即物业公司应提供哪些服务，这些服务由哪些分项服务进行支撑

（续表）

序号	规范分类	具体要求
2	服务规范	应明确每一项服务活动怎样做，才能保证服务质量，也就是要将服务过程的每个环节程序化，从而对其每一步骤进行控制
3	质量控制规范	对服务的全过程进行控制，即怎样控制服务各个阶段的质量，特别是服务提供过程的质量。制定质量控制规范，包括以下四项内容： （1）识别关键活动； （2）分析关键活动，给出标准并加以控制； （3）规定特性评价方法； （4）建立控制手段

通过以上方式，物业公司可以将创优标准融入相应的检查标准和操作规程中。

340 开展质量工作评定

为了评价物业公司的所有服务质量是否达到本身及相关方的要求，还应开展两个评定工作，即内部评定和外界评定。开展评定工作是为了对关键活动的质量、效果进行测量及验证。

1．内部评定

内部评定包括以下几个方面。

（1）各岗位操作人员对每日操作工作的检查。

（2）创优项目管理人员每日对各自分管范围的检查。

（3）公司每月对管理项目的工作进行全面检查。

（4）开展单项检、季检、半年检、年检等各项检查工作。

2．外部评定

外部评定是指通过接受公司外部的监督，促使公司不断改进和提高，包括向服务对象征询意见、参加评定机构的各项达标评比活动等。

341 参与和配合复检工作

在参评项目获得相应级别的称号后，评定机构会定期、不定期地进行抽查或复检。

1．创优达标的项目可能面临的问题

（1）人员的变动。由于人员的流动变化，当抽检或复检来临时，受检项目的管理人员可能仍未参加过创优达标活动，因此缺乏迎检经验。

（2）创优资料不完整。早前整理的迎检资料中缺少物业公司考评以后的资料，因此必须对其加以补充、整理。

（3）建筑、设备老化等。天气等的不可抗力决定着建筑外墙，特别是涂料外墙面的陈旧、老化、污染；设备的寿命决定着某些设备在运行过一定的时间后会老化。这些又给迎检增加了整改工作量。

（4）相关方的制约因素。物业公司的复检项目应与相关方面保持良好关系，尤其要与业主委员会保持良好关系。

2．复检工作要注意的重点

复检工作的开展方式和检查重点与创优达标采取的方式有所不同，复检工作对业主委员会、建筑外观及住户评议方面的考评较为侧重，因此，物业公司的工作重点是保持建筑外观和环境的美观，设备运行正常；另外，要注重协调好与业委会的关系。同时，要加强对员工的培训工作，使员工通过熟悉创优过程了解复检工作的程序和注意事项。

第二十章　物业投标管理

导读 >>>

参与物业投标能为物业公司带来经营项目，对物业公司而言具有非常重要的意义。因此，物业经理要对从招标信息的获取与跟踪直到招标现场答辩这一系列过程进行严格管理，尽力争取投标成功。

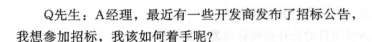

Q先生：A经理，最近有一些开发商发布了招标公告，我想参加招标，我该如何着手呢？

A经理：你要了解招标信息的获取途径，如招标通告、房地产交易会等。你必须对招标信息进行甄选和跟踪，及早与招标方取得联系，分析招标文件，进行现场摸底，还要准时递送投标保函和标书。

Q先生：只有通过了现场答辩，才能赢得招标项目。那么，在进行现场答辩时，我应该注意些什么呢？

A经理：首先你必须了解物业招标答辩会的相关规定，把握评委心理，并保持良好的仪容仪表。同时，招标后的相关工作你也不能忽视，如中标后合同的签订与执行以及未中标的总结等。

第一节 物业招标信息的获取与跟踪

342 了解招标信息的获取途径

物业经理可从以下途径获得招标信息。

（1）招标通告。招标通告是获取物业招标信息最常见的途径。

（2）实地收集新建、在建或已建物业的项目信息。

（3）参观各类房地产交易会。

（4）收集项目在报刊、网络平台及电视、广播等各类媒体上的广告宣传。

（5）物业管理主管部门及政府相关机构的推介。

（6）中介机构及房地产相关行业等各类企业单位的推介。

（7）公私关系的熟人、朋友及已签约发展商的推介。

（8）主动上门联络的发展商。

（9）参加项目的公开招投标或邀请招投标。

343 甄选招标信息

一般来说，看到招标公告后，物业经理可立即派人前往先查阅招标文件，不必购买。物业经理应先了解招标物业对商务及技术方面的要求，对获取的信息进行仔细的论证和甄选，再结合自身情况决定是否参与投标。

信息甄选一般参考表20-1所示的内容。

表20-1 信息甄选一般参考的内容

序号	考虑因素	具体内容
1	经济效益	盈利是企业生存的前提。物业公司应尽可能地把精力重点放在盈利能力强、效益较高的项目上，如大型高档写字楼和高档小区
2	社会价值	有些物业项目社会价值相对较高，如人员流动量大的飞机场、火车站、医院，为这些项目提供物业服务相当于给公司做免费广告，可扩大物业公司的社会影响力和品牌知名度

（续表）

序号	考虑因素	具体内容
3	战略价值	有些项目面积并不大，经济效益和社会价值也不明显，但有非常强的战略价值。如某公司在打入某市开发区市场时，首先竞标获得了开发区管委会的办公楼物业管理权。这个项目面积较小、没有多大的经济和社会价值，但有很强的战略价值，承接管委会可以为以后项目的承接打开局面

344　跟踪招标信息

有些项目在获得信息和发布招标文件之间往往有较长的时间，短的几个月，长的达一年多甚至两年。在实际工作中，往往会出现信息跟丢的情况，虽然物业公司已经和对方进行了初步的接触，但对方在招的时并没有邀请参与，因而错过了机会，造成遗憾。导致这一结果的原因是平时信息跟踪工作的疏忽，长时间没有和对方进行联系或者对方分管领导工作多顾不过来而忽略。

因此信息的跟踪要根据项目的进度确定频率，定期与招标方联络，尤其是项目接近收尾濒临招标阶段，更应该增加联络的频率。物业项目跟踪应做好记录，具体如表20-2所示。

表20-2　物业项目跟踪联系表

编号：　　　　　　　　　　　　　　　　　　　　　　　　　日期：____年__月__日

物业名称					
开发商					
地址					
联系人		联系电话		传真	
总建筑面积		物业类型		竣工时间	
业务意向		竞争对手		联系时间	
项目进度与跟踪计划：					
备注					

制表人：　　　　　　　　　　　　　　　　　　审核人：

第二节　投标准备工作

345　及早与招标方建立联系

获得招标信息后，物业经理应该积极地与用户、项目主管单位建立联系，争取在招标通告前，甚至在项目进行评估和可行性研究的阶段介入，及早了解招投标单位对物业管理的设想和安排。及早建立联系的作用主要体现在以下两个方面。

1．可以有针对性地做好前期工作

通过这些工作，物业公司可以及早了解业主或建设单位制定的对物业管理项目的详细要求，包括招投标项目概况、招标对象、招标说明、“标”或“包”的具体划分、采用的技术规范和对工作的特殊要求等。

更重要的是，业主或建设单位在进行立项、研究和设计等工作的过程中，往往已经形成了一些意向性的想法，包括对物业公司的看法等，物业经理如果在交流中多掌握这些信息，就可以有针对性地做好前期工作，及早开展投标的准备工作。

2．可以进行充分的技术交流

物业经理通过接触业主或建设单位，可以与其进行充分的技术交流，并起到下列作用。

（1）起到介绍和宣传的作用，让业主或建设单位对物业公司及其服务有一个感性认识。

（2）对业主的要求有更深刻的理解，以便在编制投标文件时准确响应或着重加以说明。例如，有时业主或建设单位尚未确定招标文件中某一部分的具体内容及指标，通过技术交流，可能使用户愿意采用物业公司提供的服务及管理模式；当业主在设计中有不当之处时，通过技术交流帮助业主作出修改，加深业主对物业公司的信任。

346　有效的联络方式及联络人

物业经理可通过面谈、电话、微信、QQ、传真、电子邮件、邮政速递等方式来与招标方进行联络。若是新建物业，则应与发展商销售主管、发展商物业管理事务主管、发展商决策高层人士联络。若是已使用物业的重新招标，则应与业主委员会委员进行联络。联络内容主要如下：

（1）了解项目具体情况，索取项目总平面图及其他相关图纸、资料；

（2）了解项目发展商的实力背景、以往业绩，发展商对项目物业管理的合作意向等；

（3）向发展商、业主委员会介绍本公司的发展规模、实力背景、管理业绩。

347　仔细分析招标文件

物业公司要想取得招标文件必须向招标方购买。而取得招标文件后，要对招标文件进行仔细分析，找出决定成败的重要环节。

1．认真阅读，找出错误与遗漏

招标文件可能会由于篇幅较长而出现前后文不一致、某些内容不清晰的情况。因此，投标企业拿到招标文件后，应本着仔细谨慎的原则，认真阅读招标文件并找出当中的错误与遗漏；再按其不同性质与重要性，将这些错误与遗漏分为“招标前由业主明确答复”和“计入索赔项目”两类。

2．仔细研究各项规定

在阅读招标文件时，应注意要对招标文件中的各项规定，如开标时间、定标时间、投标保证书等，尤其是图纸、设计说明书，以及管理服务的标准、要求和范围予以足够重视，进行仔细研究。

3．分析招标要求条件

对招标方要求的条件进行深入分析，具体内容包括以下两方面。

（1）招标方资格预审的要求、合同的附加条件等，预测中标的可能性。

（2）对招标文件和招标过程中出现的异常要求和情况进行分析判断，调整招标策略，避免因招标方或竞争对手使用违规手段操纵招标活动，使企业蒙受不必要的损失，如有的招标文件会因招标方的利益趋向而呈现出某种明显偏向，这对其他物业公司是极为不利的。

4．阅读、分析招标文件的注意事项

在阅读、分析招标文件时，应注意以下事项。

（1）在阅读标书时，应特别注意招标公告中的一些特殊要求，以便做出正确判断。

（2）招标方增加的特殊条款是否符合《物业管理条例》的规定，是否会给自身带来风险。

（3）招标方在选择招标范围和制定评标标准方面是否存在着明显的操纵意向。

（4）在研读招标文件时可以设计一份表格（见表 20-3），将需要注意的内容逐一填入。这样既能对招标要求一目了然，同时也能提高阅读的有效性和效率。

表20-3　招标文件研读备忘录

编号：

招标人		项目名称	
招标地址			
招标项目基本情况			
管理期限			
开标时间		定标时间	
投标保证书			
招标方资格预审的要求			
管理服务标准、要求和范围			
合同的附加条件			
有无特邀某企业竞标			
招标公告中的一些特殊要求			
前后文不一致的地方			
内容不清晰的情况			
招标前须由业主明确答复的问题			

348　参加标书说明会

标书说明会又称标前会，是招标方对招标文件进行说明并为投标方答疑的会议。参与投标的物业公司一定要利用这个机会，弄清楚招标文件的全部内容与含义，请招标方解答自己的疑难问题。在参加标书说明会时，应注意以下技巧。

（1）对于招标文件中招标项目的内容、范围、要求不清楚的地方，应提请招标方予以说明，但不要提出任何修改标书的要求。

（2）对于招标文件中相互矛盾之处，可请求招标方说明，但不要提出修改技术标准的要求。

（3）对于含糊不清的合同重要条款，可请求招标方解释澄清，但不要提出任何修改合同条款的要求。

（4）要注意提问的方法、语气和语调，不要使招标方感到反感、难堪。

（5）要求招标方对所有问题做出答复并发出书面文件，该答复文件是招标文件的组成部分，与招标文件具有同等法律效力。

349　进行现场摸底

1．物业现场摸底的作用

通常，开发商或业主委员会根据需要组织参与投标的物业公司统一参观现场，并向他们进行相关的介绍。其目的在于帮助物业公司充分了解招标物业情况，以便合理计算标价。在考察过程中，开发商或业主委员会还会就物业公司代表所提出的有关投标的各种疑问做出口头回答，但这种口头答疑并不具备法律效力。只有在投标者以书面形式提出问题并由招标人做出书面答复时，才能产生法律约束力。

按照惯例，物业公司应对现场条件考察结果自行负责，开发商或业主委员会认为投标者已掌握了现场情况，明确了现场物业与投标报价有关的外在风险条件。物业公司不得在接管后对物业外在的质量问题提出异议，申明条件不利而要求索赔（当然，其内在且不能从外部发现的质量问题除外）。

因此，物业经理对这一步骤不得掉以轻心。必须安排合适的人员去现场摸底（填写项目考察申请表，协调各个部门），以便能完全地掌握招标物业的情况。若发现问题，也能及早提出，以避免日后管理过程中一些纠纷的产生。

2．现场摸底的考察重点

（1）前期介入的考察重点

若物业管理在物业竣工前期介入，则应现场查看工程土建构造、内外安装的合理性。尤其是消防安全设备、自动化设备、安全监控设备、电力交通通信设备等，必要时做好日后养护、维护要点记录及图纸更改要点记录，交与开发商商议。

（2）物业已经竣工的考察重点

若物业已经竣工，则物业管理公司应按以下标准考察项目。

①工程项目施工符合合同规定与设计图纸要求。

②技术经检验达到国家规定的质量标准，能满足使用要求。

③竣工工程达到窗明、地净、水通、电通及采暖通风设备运转正常。

④设备调试、试运转达到设计要求。

⑤确保外在质量无重大问题。

⑥周围公用设施分布情况合理。

(3) 主要业主的情况

主要业主的情况包括业主的收入层次、主要服务要求与所需特殊服务等。这些情况可由物业公司自行安排人员与时间进行调查。

(4) 当地的气候、地质、地理条件

这些条件与接管后的服务密切相关。例如，上海的气候四季分明、昼夜温差较大，春夏之交还有黄梅季节。因此这里的物业应注重朝向、通风与绿化，相应地，其物业管理也更应注意加强环境维护与季节更替时的服务。再如，素有“山城”之称的重庆，其特点在于春秋两季不分明、湿度大、夏季气候闷热，且由于地势起伏大，交通不便。因此，这里的物业管理应突出交通便利与夏季防暑工作。

由此可见，地理与气候的差异必然导致具体服务内容的差异。只有当物业管理公司了解这些差异时，其服务才会有的放矢，管理才能事半功倍。同时，应对物业项目的实地考察进行记录，具体如表20-4所示。

表20-4　物业项目实地考察记录表

编号：

招标项目	
坐落地址	
招标项目基本情况	
现场考察的情况及问题描述	
土建	
机电	
弱电	
电梯	
安保	
清洁	
绿化	

（续表）

现场考察的情况及问题描述
主要业主的情况：
当地的气候、地质、地理条件：

制表人： 审核人：

350 投标前的经营管理测算

经营管理测算是整个投标方案中最重要的一部分。经营管理测算的合理、正确与否直接关系到投标方案是否具有竞争力，是投标成功与否的关键。

1．经营管理测算的内容

经营管理测算主要包含以下内容。

（1）前期介入服务费用预算，包括办公设备购置费、工程设备购置费、清洁设备购置费、通信设备购置费、安保设备购置费、商务设备购置费和绿化设备购置费等。

（2）第一年度物业管理费用预算，包括物业管理人员的工资、福利费、办公费、邮电通信费、绿化清洁费、维修费、培训费和招待费等。

（3）年度能源费用测算，包括水费、电费和锅炉燃煤费等。

（4）物业所具有的各项经营项目的经营收入预算，包括各项收入和利润分配等。

（5）年度经营管理支出费用预算，包括人员费用、办公及业务费、公用事业费和维修消耗费等。

2．经营管理费用测算的要求

物业经理在组织投标过程中，要把较多的精力、人力花在经营管理费用测算上，注意管理费用的合理性。

（1）能源费、修理费、排污费、垃圾清运费等要按实计算。

（2）人工费要与管理水平相一致。

（3）按行业内通行的做法，管理者酬金以实际发生的管理费用乘以10%～15%的比率计算得出，过高或过低都将影响投标的成功。

（4）其他管理酬金可以确定一个固定数，经营性的管理可与营业指标挂钩。

在测算前期介入费用时，还要遵循勤俭节约、最低配置、急用先置的原则。

351　开展投标报价工作

物业经理应当充分理解招标文件对报价的要求，在对现场进行充分、详尽勘察的基础上，制定合理且有竞争力的报价策略。确定投标价格时要注意以下问题。

1．合理报价

在确定报价时，物业经理与业主或建设单位应遵循双方坦诚相待的原则。很多物业公司参加公开招标的经验不足，往往存在侥幸心理，或者希望在价格上留一手，赚取高额利润，或者企图以不合理的低价抢标，因为有些物业公司参与竞争只是为了扩大公司的影响力，并不在乎效益问题，所以即使亏损也在所不惜。

这些行为都是不正当的。物业公司应确定合理的利润比例，这样一来，经过努力即使最终未能中标，也不会有什么遗憾。物业管理是以服务为本，但物业公司是自负盈亏的企业，企业要生存，必须有利润。

在物业管理投标竞争中，特别要注意：有些单位为了中标，过分降低利润甚至亏损报价，这实际上是不利于整个物业管理市场良性发展的。同时，即使因此中标了，亏损的报价也对该公司的长期发展不利。结果，物业管理自然就成了无源之水，管理质量得不到经济保障，广大业主受害。当然，利润也不能太高，按目前业内的通行做法，利润率一般是实际发生的管理费用的5%～15%。

2．注意竞争对手

报价时要注意分析竞争对手的情况。一般来说，每个投标企业在作价时都有自己的原则和规律。因此，在每次投标前，都要尽量摸清其他参与投标对手的名单，搜寻以往在类似项目中对手物业公司的投标价格，结合当前因素的变化，分析测算对手在此次投标中的可能报价范围，为自己的最终报价提供参考。

3．因地制宜，有理有据

物业公司不能想当然照搬自己的测算模式，应根据招标物业的实际情况因地制宜进行费用测算，同时也要结合自身的品牌价值、服务特色，以能为业主提供更优质的服务为目的，有理有据地制定合理的费用报价。同时在确定报价时，还要考虑可能影响中标后项目收益的一些因素，如原材料价格、人工费用、管理费用等，辅助确定最终的报价。

352　办理投标保函

1．投标保函的内容

投标保函是指在投标中，招标人为防止中标者不签订合同而使其遭受损失，要求物业公司提供的银行保函，是保证物业公司履行招标文件所规定的义务的文件。

(1) 在标书规定的期限内，物业公司投标后，不得修改原报价、不得中途撤标。

(2) 物业公司中标后，必须与招标人签订合同并在规定的时间内提供银行的履约保函；若物业公司未履行上述义务，则担保银行在受益人提出索赔时，须按保函规定履行赔款义务。

投标保函的主要内容包括：担保人、被担保人、受益人、担保事由、担保金额、担保货币、担保责任、索偿条件等。

2．投标保函的出具单位

投标保函通常由投标单位开户银行或其主管部门出具。

3．办理保函的程序

通常办理投标保函应经过以下程序。

(1) 向银行提交标书中的有关资料，包括物业公司须知、保函条款、格式及法律条款等。

(2) 填写要求开具保函的申请书及其他申请所要求填写的表格，按银行提供的格式一式三份。

(3) 提交详细材料，说明物业管理服务质量及预定合同期限。

353 投递标书、保函

1．标书、保函的呈送时间

所有投标文件都必须于招标人在投标邀请书中规定的投标截止时间之前送至招标人处。投标文件从投标截止之日起，有效期为30天。招标人将拒绝在投标截止时间后收到的投标文件。

递标不宜太早。即使投标单位对投标文件的编制已相当满意，但在整个投标期间，有些情况可能会发生变化。另外，投标单位可能会获得有关招标物业的新情况。这样，就可在标函送出前作必要的修改，使标函更趋合理、完整。一般在招标文件规定的截止日期前一两天将文件密封送交指定地点即可。

2．封送标书的一般惯例

封送标书的一般惯例如下。

(1) 物业公司应将所有投标文件按照招标文件的要求准备正本和副本（通常正本一份，副本两份）。

(2) 标书的正本及每一份副本应分别包装，且都必须用内外两层封套包装与密封。

(3) 密封后打上“正本”或“副本”的印记（一旦正本和副本有差异，以正本为准）。

（4）两层封套上均应按投标邀请书的规定写明投递地址及收件人，并注明投标文件的编号、物业名称以及“在某日某时（指开标日期）之前不要启封”等。

（5）内层封套是用于原封退还投标文件的，应写明物业公司的地址和名称。

第三节　招标现场答辩

354　了解物业招投标答辩会的规定

《中华人民共和国招标投标法》对物业招投标答辩会做出了如下规定。

（1）评标委员会可组织一次答辩会，由评标委员会对投标文件中感兴趣、有疑问或其他需投标物业公司作出说明的问题，在答辩会上向投标物业公司代表提问，如向投标物业公司代表当面提问一些有关企业情况、中标后的打算和采取的措施等，也可以要求物业公司回答或澄清某些含糊不清的问题，但不能要求投标者调整报价。

（2）答辩会应给予所有投标物业管理公司相同的答辩时间，答辩只可作为投标文件的补充，不得改变投标文件中的实质性内容，若有差异，应以投标文件的表述为准。

（3）由于评标委员会和投标物业管理公司在答辩会不可避免的会面，应当尽量缩短答辩会与确定中标结果之间的时间，以保证贯彻第三十七条中“评标委员会成员的名单在中标结果确定前应当保密”的条款。

（4）如业主委员会希望调整价格，只能在评选出中标者后、签订合同前，通过双方协商，适当调整最后的合同价。

355　了解招标现场常见问题

投标现场是展示投标企业自身实力，从众多物业公司中脱颖而出的关键环节。因此，投标代表的现场感染力和现场把握能力，决定了招投标双方是否能够产生共鸣、达成合作意向。

一般来说，评委质询包括以下内容：

（1）投标文件所涉及的法律问题；

（2）投标文件所涉及的技术问题；

（3）投标文件中某些数据的来源；

（4）投标文件中某些概念的解释。

针对以上一些问题，回答的要领如下：

（1）引用数据；

（2）用法律法规和政策说话；

（3）运用过往成功的经历和方法回答。

因此，答辩人应对投标书的内容了如指掌，对投标书中涉及的相关法律、行政法规、地方政策、行业标准等都有明确的认知；同时，应对标书中所包含的作业常识、技术性指标、测算依据等有清晰的思路。

356 运用合理的工具

有些企业在投标过程中，做了大量的前期准备，精心策划，但是在正式投标时却不能把标书的特色展示出来。招标方对答辩往往都规定了时间，因此在规定的时间内投标者应尽可能采用合理的工具（DVD、多媒体、投影等），把自己标书的特色和管理这个特定行业的特别做法、精华之处全面展现出来。

357 把握招标评委的心理

把握招标评委心理的具体内容如下。

（1）由于时间限制，评委不可能对标的和标书非常了解。因而在向物业公司提问时，评委一般都是问自己擅长的问题。如评委在工作时对社区文化有研究，那么，关于社区文化的内容就会问得多。作为答辩人一定要以谦虚的姿态认真回答，而不要争辩。

（2）评委在听取答辩时，更看重听取物业公司对这个物业的管理有哪些独特的做法和具体措施。作为投标者，对评委的这一心理也要有所把握。

358 保持良好的仪容仪表

发言者的着装和体态尤为重要。发言者的着装应舒适而且适合答辩会的场合，并和与会者可能的穿着相匹配。笔直站立，双腿有力，双肩稍向后，这种姿势能够表现出自信和自尊。

359　巧妙利用站位和动作

1．身体位置

发言者站在哪里很重要。许多专业人士认为，发言者的最佳位置是站在视觉材料（屏幕）的右边。这样，听众的视线在转移到视觉材料之前会集中在发言者身上。如果发言者在发言的过程中需要走动，记住要站在不会挡住屏幕的位置上。

2．目光接触

发言者和听众保持目光接触非常重要。

(1) 在开始发言前，发言者要花一点时间从一边到另一边看看各位评委与业主代表，使听众意识到发言者很放松、做足了准备。

(2) 在发言过程中，发言者应该保证你与听众一直有目光交流，使每一位听众感到发言者在与他保持接触。目光接触的技巧有以下两点。

①在答辩过程中，评委说完话之后，发言者的眼神不要马上移开。如果必须移开，也要慢一点。

②不论讲话的人是谁，发言者应一直盯着其目标。这样让目标感觉到发言者对他的注意，紧张的气氛就可以稍微舒缓一点。

3．手势和举止

手势和举止要自然。发言者的手部动作应该与其平常和他人进行一对一交谈时所用的手势差不多。发言者也可用手势来强调重点内容。

360　准确把握招标时间

任何一场答辩会都有时间限制。因此如何把握时间，如何在发言者所拥有的时间内完成对发言者的工作最有意义的事情，显得尤为重要。发言者应明智地选择哪些内容该讲，而哪些内容是浪费时间不该讲的。

第四节　物业投标的事后工作

361　中标后的合同签订

经过评标与定标后，招标方将及时发函通知中标公司。中标公司可自接到通知之时做好准备，进入合同的签订阶段。

通常，物业委托管理合同的签订需经过签订前谈判、签订备忘录、签订合同协议书几个步骤。由于在合同签订前双方还将就具体问题进行谈判，中标公司应在准备期间对自己的优劣势、技术资源条件以及业主状况进行充分分析，并尽量熟悉合同条款，以便在谈判过程中把握主动，避免在合同签订过程中使物业公司利益受损。

物业管理合同应当载明下列内容：

(1) 合同双方的名称、地址；

(2) 物业管理区域的范围和管理项目；

(3) 物业管理服务的事项；

(4) 物业管理服务的要求和标准；

(5) 物业管理服务的费用；

(6) 物业管理服务的期限；

(7) 违约责任；

(8) 合同终止和解除的约定；

(9) 双方约定的其他事项。

362 中标后合同的执行

在准备签订合同的同时，物业公司还应着手组建物业管理专案小组，制订工作计划，以便签订合同后及时进驻物业。物业委托管理合同自签订之日起生效，业主与物业公司均应依照合同规定行使权利和履行义务。

363 中标后合同的调整

如果招标方在招标工作结束时发生了一些情况变化，如招标主管换人等，招标合同也可能会随之进行调整。

物业公司要与招标方做好协商工作，就合同的调整进行磋商，确定合同细节，再与之签订合同。

364 未中标的总结

竞标失利不仅意味着物业公司前期工作的白白浪费，还将对公司声誉产生不利影响。因此，物业经理应在收到通知后及时对本次失利的原因做出分析，避免重蹈覆辙。分析时可从以下几方面考虑。

1．准备工作不充分

物业公司在前期收集的资料不够全面，导致公司对招标物业的主要情况或竞争者了解不够，因而采取了某些不当的策略，导致失利。

2．估价不准

物业公司还可分析自身报价与中标标价之间的差异，并找出存在差异的根源，到底是工作量测算得不准，还是服务单价定得偏高，或者是计算方法不对。

3．报价策略失误

这里包含的原因很多，物业公司要具体情况具体分析。对未中标项目进行总结、分析所产生的材料，物业公司应整理并归档，以备下次投标时借鉴参考。

365 资料整理与归档

无论物业公司是否中标，在竞标结束后都应将投标过程中的重要文件进行分类，归档保存，以备查核。这样做一来可为公司在合同履行中解决争议提供原始依据；二来也可为公司分析失败原因提供参考。通常归档的内容主要包括以下文档和资料。

（1）招标文件。

（2）招标文件附件及图纸。

（3）对招标文件进行澄清和修改的会议记录和书面文件。

（4）投标文件及标书。

（5）同招标方的来往信件。

（6）其他重要文件资料。